상담기관의
기록관리

상담기관의 기록관리

Record Keeping in Counseling Institution

유정이 저

학지사

이 저서는 2010년 정부재원(교육부)으로 한국연구재단의 지원을 받아 연구되었음(NRF-2010-812-B00048)
This work was supported by the Korea Research Foundation Grant funded by the Korean Government (NRF-2010-812-B00048)

{ 머리말 }

상담하기에도 부족한 시간을 쪼개어 상담과정을 상세하게 기록하는 일은 대부분의 상담자에게 어려운 과제일 것이다. 때로는 상담기록을 남기는 일에 시간을 쓰느니 상담시간을 조금 더 길게 갖는 것이 오히려 낫지 않을까 하는 생각을 하기도 한다. 상담자로 일해 온 저자도 상담기록을 남기는 특별한 방법이나 기술, 그리고 기록을 관리하는 절차에 대해 무관심했다. 많은 상담실에서 몇 년간 쌓아 두었던 상담기록이 수천 건에 이르고 이를 보관할 수 있는 물리적 공간이 부족한 상황이라고 한다. 상담기록은 어떻게 관리되고 처리되어야 하는가?

상담기관에서 일하던 저자와 동료 상담자들은 상담실의 전산시스템에 모든 상담기록을 남겼다. 하지만 그것이 안전한지 아닌지 확인해 보지 않았다. 누가 그 기록에 접근할 수 있는지도 생각하지 못했다. 상담의 성과를 확인하고 싶어 하는 기관장은 상담기록을 제출해 줄 것을 요구했지만, 우리는 기록을 제출할 수 없다고 항변하고, 타협점으로 상담 건수의 통계만을 제출했다. 어떤 내담자는 자신의 상담기록을 자신에게 모두 넘겨줄 것을 요구했다. 상담기관에 자신에 대한 기록이 남는 것을 불안해했다. 회사 상담실에 남은 상담기록이 철저하게 비밀보장되는지 의심스러워하는 것 같았다. 반면에 어떤 내담자는 좀 더 긴 휴가를 얻고 싶은 마음에 자신이 얼마나 힘들고 괴로운지 회사에 알릴 수 있는 증빙자료로 상담기록이 사용되기를 바랐다.

상담기록을 남기는 것이 내담자를 보호하는 것인가? 기록을 없애는 것이 내담자를 보호하는 것인가? 상담자들은 왜 기록을 작성해서 유지해야 하는가? 만약 그래야 한다면 무엇을 기록에 포함시켜야 하는지, 얼마나 간직해야 하는지, 법률과 보험이나 경찰, 혹은 학교와 같은 기관에서 오는 소환장이나 기록요청에 어떻게 응해야 하는지 궁금하다. 한편, 한국의 상담자 제1세대가 은퇴를 앞둔 상황이 되었다. 은퇴를 앞둔 상담자는 이제까지 자신이 해 온 상담에 대한 기록을 어떻게 처리하고 있는 것일까? 안타깝게도, 우리는 상담자의 사유로 상담이 종결되거나 중단될 때 어떻게 기록을 정리할 것인지에 대해 논의한 경험이 거의 없는 것 같다. 제1세대의 상담기록은 역사적 의미도 지니고 있다는 점에서 그들의 기록에 관한 우리의 관심이 더욱 중요해 보인다.

이제까지 상담자들은 대부분 기록의 비밀보장에 관해 관심을 가져왔다. 대다수의 상담자들은 내담자와의 상담을 기록으로 남겨 왔다. 하지만 내담자를 보호해야 한다는 생각으로 기록의 이용가능성을 크게 제한해 왔다. 만약 연구와 교육을 위해서 앞선 상담자들의 자료를 검토하길 원한다고 가정해 보자. 상담기록이 남아 있다는 것은 귀중한 기회이며 연구와 교육을 위한 좋은 자원이 아닐 수 없다. 그렇다 하더라도, 상담연구자는 기존의 기록에 어떻게 접근해야 하며 어디까지 접근할 수 있는지에 대해 잘 알지 못하고 있다. 내담자의 사생활 정보를 침해하지 않으면서 정당한 권리로서 상담기록에 접근할 수 있는 방법이 무엇인지에 대해서도 알지 못한다. 그렇다면 우리는 왜 이용하지도 못할 상담기록을 그토록 많이 생산해 내고 보존하는 것일까?

상담기록이란 상담의 사례관리 및 성과제고, 교육 및 연구, 행정 등의 목적으로 상담자가 상담의 내용과 사실에 대해 기록한 일체의 기록을 말한다. 상담기록은 내담자의 신상에 관한 내용과 사적인 정보가 담기게 되는 기록으로 개인정보와 사생활의 보호 원칙에 의해 철저히 보호되어야 할 기록이다. 한편, 상담에서의 기록은 상담의 진행은 물론 상담의 계획, 평가, 교육과 연구의 전 영역에 걸쳐 이용되는 매우 가치 있는 중요 기록이다. 상담기록의 이러한 두 가지 양면적인 특성에 대해 상담자들은 어느 정도 인지해 왔다. 그래서 이미 각 상담자와 기관에는 방대한 양의 상담기록이 남겨져 있기도 하다. 그러나 상담자들은 상담과정에는 깊은 관심을 가지지만 상담의 기록을 남기고 정리해서 활용하는 데에는 그다지 큰 관심을 갖지 못했던 것이 사실이다.

많은 상담실에서 상담기록부의 부피가 늘어나면서 상담기록의 관리를 위한 별도의 공간을 확보하는 데 어려움을 겪고 있다. 이러한 문제를 해결하기 위한 방안으로 모든 기록의 내용을 전산화하고 종이자료는 모두 폐기하는 방식을 사용하는 사례도 늘고 있다. 그렇다고 이것이 최선의 방법이라고 생각하는 사람은 많지 않다. 한편 상담기록이 관리의 사각지대에 놓여 있다는 자성의 목소리도 들려온다. 전국의 상담실 혹은 상담센터에는 개인파일을 비롯한 개인상담 기록이 차곡차곡 쌓여 있으며, 오랜 역사를 가진 상담실은 상담기록을 어떻게 처리해야 하는지, 그리고 개인정보와 사생활의 보호 문제에 저촉되지 않으면서도 상담기록을 연구와 교육을 위해 어떻게 사용할 수 있을지에 대해 고민하고 있다.

미국의 경우 「사생활보호법(Privacy Act, 1974)」과 「건강보험의 이동성과 책임에 관한 법률(the Health Insurance Portability and Accountability Act of 1996: HIPAA, 이하 건강보험법률로 지칭)」이 제정된 이후에 내담자들에게 자신의 상담기록을 볼 수 있는 권리가 부여됨에 따라 자신의 기록을 요청하는 경우가 많아지고 있다고 한다. 또한 상담에 대한 보험급여가 지급되고 기업에서 외부기관에 아웃소싱으로 상담료를 지불하는 제도가 만들어지면서, 상담과정에 대한 자료요청이 공식화되었다. 이러한 현상은 우리나라에서도 마찬가지다. 「공공기관의 기록물 관리에 관한 법률」「공공기관의 정보공개에 관한 법률」「개인정보 보호법」 등이 제정되면서 상담기록관리와 상담기록 공개에 관한 상담자의 의무와 내담자들의 권리에 많은 변화가 생겼다. 특히 전산으로 작성된 상담기록의 경우 상담기록의 비밀보장과 체계적 관리의 필요성 또한 증대되고 있다. 개인기록을 분석하는 사례연구법이 상담교육과 연구의 핵심적인 방법으로 사용되고 있어 학회를 중심으로 상담기록이 사용되는 일이 빈번해졌다. 이 과정에서 내담자의 개인정보보호와 상담기록 활용의 두 가지 목표를 안전하게 달성할 수 있는 지침이 요청된다. 법원에서도 재판을 위한 증거자료로 면접기록을 요구하는 사례가 꾸준히 발생하고 있어 체계적인 상담기록의 유지관리가 반드시 필요하게 되었다.

상담기록은 사적인 정보보호라는 원리와 정보 이용의 활성화라는 일견 상호 배치되는 목적을 담보하면서 과학적으로 관리되어야 한다. 이러한 두 가지 관점에서 상담기록의 생성에서 폐기까지의 원칙이 수립될 필요성이 제기되는 것이다. 이제까지 상담기록은 내담자에게 최선의 상담을 제공하려는 기본적인 목적에서 작성되어 왔을 뿐이다. 대체로 비밀보호의 원칙에만 주의하다 보니, 교육과 연구 그리고 질적인 평가 등을 염두에 둔 활용의 측면을 간과해 왔다.

상담기록의 관리와 보존에 관한 책을 쓰기로 한 후에, 기록 보존에 관한 기왕의 연구 성과를 파악하기 위해 문헌들을 검토했지만, 놀랍게도 상담기록의 관리와 보존에 관한 연구는 매우 제한적이었다. 그나마 조금이라도 관련되어 있다고 할 수 있는 자료는 대부분 상담자의 윤리를 주제로 다루는 것의 일부로 논의되고 있었다. 상담과정을 내담자의 동의 아래 기록으로 남겨야 한다는 점에 초점을 두고 있을 뿐, 상담과정의 기록화에 대해서 상담자로서 가질 수 있는 의문점을 충분히 다루지는 못하였다.

이 책은 모두 8장으로 구성되어 있다. 대부분의 장은 각 장과 관련 있는 기록관리의 개념적인 요약으로 시작한다. 책의 사례들은 각 장의 개념과 관련 있으면서 상담 현장에서 볼 수 있는 사례들로 구성되었다. 부록에는 채택해 볼 만한 규정과 기록관리기준을 제시하였다. 또한 미국심리학회의 기록관리 지침도 참고가 되도록 하였다. 제1장은 상담기록의 의의를 논한다. 상담기록이 기록학적 관점에서 볼 때 어떤 특징을 가지는지, 그리고 그것이 왜 관리되어야 하는지를 논하였다. 제2장은 상담기록관리의 책임이 누구에게 있는지 명료화하고자 했으며, 상담기관에서 갖추고 있어야 할 정책과 규정을 제안하였다. 특히 상담기관의 기록관리 규정은 기록학 연구자들과의 협업으로 마련되었다. 제3장은 상담기록을 생산과 관리, 이용과 처분의 전 과정을 안내하는 기록관리기준표를 작성하여 제시하였다. 여기에는 기록의 종류, 보존기간, 보안분류 등을 포함하였다. 제4장은 상담기록 작성의 실무적인 측면을 다루었다. 기록으로서의 가치와 임상적인 효용성을 동시에 갖출 수 있는 기록을 생성하는 데 필요한 몇 가지 기준을 제시하였다. 제5장은 기록의 신뢰성과 비밀보장의 전제조건으로 고지에 의한 동의의 과정을 문서화하는 원리를 정리하였다. 제6장은 상담기록을 획득하여 등록, 편철, 분류, 이관하는 과정, 이 과정에서 요구되는 요소에 대해 논의하였다. 제7장은 상담기록의 이용을 원활하게 하는 장치를 제시하였다. 또한 상담기록의 정보를 보호하기 위한 장치로서 접근통제에 대해 논의하였으며 전화, 컴퓨터 등 전자기기의 보안 문제도 거론하였다. 제8장에서는 상담기록의 이관, 폐기, 영구보존 등을 포함하는 처분과정을 다루었다.

이 책은 현장에서 상담활동을 하는 상담자는 물론 상담교육을 담당하는 전문가들에게도 유용하도록 기획되었다. 이 책에서 사용하는 용어나 개념들은 상담의 영역에 제한된 것이 아니다. 상담 분야의 기록을 어떻게 생성하고 관리할 것인지에 대해 기록관리학의 관점을 폭넓게 채택하였다. 기록학의 개념들은 처음에는 매우 낯설게 느껴질 수도 있겠지만, 상담심리전문가 혹은 모든 직종의 정신건강 상담자들이 직면하고 있는 기록의 문제를 개념화하여 원리적인 측면에서 인식하게 하는 데에 궁극적으로는 도움이 될 것이다. 이런 원리적 접근, 개념적 접근은 각 상담자의 이론적 오리엔테이션과 상관없이 임상상담이나 상담심리학, 결혼과 가족치료, 아동상담과 같은 모든 분야의 전문가에게도 유용할 것으로 본다.

이 책을 통해 초보 상담자는 상담기록의 논리적인 체계와 기록관리의 기초를 배울 수 있을 것이다. 경력이 많은 상담자들은 그동안 기록에 투자했던 시간과 노력을 좀 더 의미 있는 것으로 받아들이고, 상담기록과 상담실제를 보다 체계화된 과정으로 재구조화할 수 있을 것이다. 상담학을 배우는 대학원 학생들은 내담자와의 관계를 형성하고, 상담의 방향을 모색하거나 사례를 분석하는 데 상담기록의 작성과 관리로부터 적절한 도움을 받을 수 있을 것이다. 이 책을 계기로 상담기록관리의 영역이 매우 흥미진진한 연구영역으로 인식되기를 바란다. 상담에 대해 교육하거나 인턴에게 슈퍼비전을 실행해야 하는 전문가들에게도 지금껏 충분히 다뤄 보지 못했던 많은 아이디어를 얻을 수 있는 계기가 되길 바란다.

상담 현장에서 기록관리의 필요성에 대한 인식이 높아졌지만 그에 대한 개념과 방법을 가지고 있지 않았기 때문에 기록관리학의 도움이 절실하다. 이 책의 기획부터 마무리까지 기록관리학에 관한 부분에서 남편 이원규 박사의 큰 도움이 있었음을 기록하고 싶다. 특히 상담기록관리규정과 상담기록관리기준표를 개발하는 과정에서 헌신적인 도움을 주었음은 말할 나위 없다. 상담기록관리라는 새로운 연구분야를 출발시키기 위해 기록관리 법령을 참조하고 상담분야의 업무를 분석하는 데 시간과 정성을 아끼지 않고 헌신해 준 남편에게 감사의 마음을 전한다.

낯선 주제임에도 불구하고 상담의 필수기록 목록을 도출하는 연구에 함께해 준 두경희 교수와 이아라 교수에게도 감사를 표한다. 이 책의 주제가 상담자들에게도 과연 의미 있는 주제인가에 대해 의구심을 가지고 있었을 때 이에 대해 확신을 가지고 격려해 주셨던 홍지영 교수와 손진희 교수, 그리고 구자경 교수께도 감사의 말씀을 전하고 싶다. 상담기록관리 분야에 관심을 가지고 이 책의 발간을 흔쾌히 수락하신 학지사 김진환 사장님과 예쁘고 완성도 높은 책을 만들기에 숨은 노력을 다해 주신 허소라 선생님께 감사의 마음을 전하고 싶다. 마지막으로 저자의 작업을 말없이 믿음으로 지켜봐 주시는 네 분의 부모님께 감사드린다.

이 책의 집필을 위해 많은 기존 연구성과를 참조하고 인용하였다. 인용의 정확성을 기하기 위해 노력했으나 부족한 부분이 남아 있고, 이는 모두 저자의 부주의에서 비롯된 것임을 알고 있다. 부족함을 알고도 탈고를 결심할 수 있었던 것은, 상담기록과 관련된 분야에서 이 책이 결론이 아니라 문제제기의 역할이 되기를 바라는 마음 때문인 것 같다.

{ 차 례 }

제1장

상담기록의 의의

1. 기록과 기록관리의 개요
2. 상담기록과 상담기록의 관리
3. 상담기록의 필요성
4. 상담기록이 안고 있는 과제

Record Keeping in Counseling Institution

제1장

상담기록의 의의

1. 기록과 기록관리의 개요

1) 기록과 기록관리

우리나라의 「공공기록물 관리에 관한 법률(약칭: 공고기록물법)」에서 기록이란 “공공기관이 업무와 관련하여 생산하거나 접수한 문서 · 도서 · 대장 · 카드 · 도면 · 시청각물 · 전자문서 등 모든 형태의 기록정보 자료와 행정박물(行政博物)”로 정의하였으며, 기록관리란 “기록물의 생산 · 분류 · 정리 · 이관(移管) · 수집 · 평가 · 폐기 · 보존 · 공개 · 활용 및 이에 부수되는 모든 업무”라고 정의하였다. 즉, 기록이란 “인간이 개인 또는 조직 차원에서 활동을 수행하는 과정에서 생산하거나 입수한 데이터나 정보를 특정 매체에 고정시킨 것”이라고 할 수 있다(한국기록관리학회, 2010). 기록의 영문인 records가 현재 진행 중인 업무의 기록이나 빈번하게 참조되는 기록이라면 archives는 영구 보존되고 있는 기록이라 정의하기도 한다. 결국 기록이란 현재 사용되고 있거나 보존의 가치가 인정되어 보존되고 있는 기록을 모두 포괄하는 의미로 사용된다(ISO 15489-1, 2007).[1]

기록관리(records management)란 "기록을 만들어 내고 관리하고 활용하며, 폐기하는 일련의 과정"으로 정의된다(한국기록관리학회, 2010). 모든 업무활동은 최초의 기획 단계부터 그 과정과 결과가 기록으로 작성된다. 따라서 업무활동에 참여하는 모든 구성원은 자신의 업무활동 일환으로서 기록을 작성하고 운영하며 관리해야 한다. 이때 기록에 대한 체계적인 관리와 안전한 보존을 보장하기 위해서 기록의 생성과 관리, 활용, 폐기와 보존의 모든 과정이 원칙에 의거하여 이루어지도록 통제하는 과정을 기록관리라고 할 수 있다(이원규, 2015).

2) 기록의 특성

기록이 기록으로서의 가치를 인정받기 위해서는 진본성, 신뢰성, 무결성, 이용가능성을 확보해야 한다(ISO 15489-1, 2007). 기록관리는 기록의 생산에서부터 폐기와 보존에 이르는 모든 과정에서 이 속성들이 훼손되지 않고 보장되도록 하는 활동이다. 진본성(authenticity)이란 기록이 위조되거나 훼손되지 않은 원본임을 의미한다. 기록이 표방하는 그대로의 기록인지, 그 기록을 생산했거나 보낸 것으로 되어 있는 그 사람이 생산했거나 보냈는지, 기록에 명시된 시점에 생산되었거나 보내졌는지를 입증할 수 있는지를 말한다. 진본성이 보증되기 위해서는 기록의 생산 · 접수 · 전송 · 유지와 처분을

1) 기록관리에 대한 국제표준 ISO 15489-1에서는 기록(records)이란 "조직이나 개인이 법적 의무를 수행하거나 업무를 처리하는 과정에서 증거나 정보로서 생산, 접수, 유지되는 정보"로 정의하고 있다. 미국기록관리자협회(Society of American Archivists)가 발행한 용어집에 의하면 "기록이란 ① 증거로 사용될 수 있는 법적 또는 공식적 속성을 가진 필사본이나 인쇄본, ② 매체에 고정되어 있고, 내용 · 맥락 · 구조를 가지며, 인간 기억의 확장으로서 또는 설명책임 의무(accountability)를 다하기 위해 사용되는 데이터나 정보, ③ 개인이나 단체의 활동 과정에서 생산되거나 입수되어 해당 활동에 대한 미래 참조용 증거로서 보존되는 고정된 형태의 데이터나 정보"라 한다(Pearce-Moses, 2005).

통제하는 정책과 절차를 시행하고, 이를 문서화해야 한다.

신뢰성(reliability)은 기록의 내용이 입증하고 있는 것이 업무처리나 활동 혹은 사실을 완전하고 정확하게 표현하고 있다고 믿을 수 있는 성질이다. 신뢰할 만한 기록은 그 기록이 관련된 업무처리나 사건이 일어난 시점 혹은 직후에, 그 사실에 관한 직접적인 지식을 가지고 있는 사람에 의해 생산되어야 한다.

무결성(integrity)은 기록이 완전히게 보존되어 변경되지 않은 상태를 말한다. 기록은 생산된 이후 시간이 지나면서 잉크가 흐려지거나 종이 끝이 떨어져 나갈 수 있는데, 이것으로 무결성이 손상되었다고 보기는 어렵다. 그러나 만약 서명을 한 부분이 없어졌다면 그 기록은 무결성을 잃어버린 것이다(한국기록관리학회, 2010). 기록의 무결성을 유지하기 위해서는 기록이 생산된 이후에 누가, 어떤 절차에 의해서 무엇을 추가하거나 삭제할 수 있는지를 추적할 수 있어야 한다.

이용가능성(usability)이란 기록의 위치를 찾을 수 있고, 검색할 수 있고, 재현할 수 있으며, 해석할 수 있는 상태를 말한다. 기록은 나중에도 그것을 생산한 업무처리와 행위 등이 연결되어 재현되어야 하고, 일련의 활동과정에서 생산된 기록들 간의 연계성도 유지되어야 한다.

또한 기록이 기록으로서의 가치를 지니기 위해서는 내용(contents), 구조(structure), 맥락(context)이라는 조건을 충족해야 한다(한국기록관리학회, 2010). 내용이란 생산자가 문자, 숫자, 이미지, 소리 등을 사용하여 표현한 정보를 말한다. 즉, 상담자가 기록한 내담자에 관한 관찰과 평가, 그리고 상담의 진행에 관한 정보가 여기에 해당한다.

구조는 기록의 내용이 담기는 형식을 말한다. 구조는 내적 구조와 외적 구조로 나누어 볼 수 있다. 내적 구조는 기록의 내용이 표현되는 물리적 특성을 뜻하는 것으로 언어, 서식, 활자체의 크기, 쪽과 문단 나누기, 인코딩과 파일포맷 등이 해당된다. 외적 구조는 본문과 첨부문서, 링크된 기록 등과 같이 어떤 기록과 관련된 다른 기록과의 관계를 의미한다.

맥락이란 기록이 생산되고 활용되었던 환경과 정황을 가리키는 것으로서 기록의 의미를 이해하는 데 유용한 배경정보를 제공한다. 여기에는 제목, 생산자명, 생산날짜 등 특정 기록을 확인하고 식별하는 데 필요한 정보와 업무기능이나 활동의 성격, 생산기관과 관련부서 등 생산자와 생산목적에 관한 정보 등이 포함된다(서혜란 외, 2004; Pearce-Moses, 2005).

3) 기록관리 법령

기록은 업무와 활동의 결과물이자 증거라고 할 수 있다. 업무와 활동의 중요성이 큰 경우, 그 내용이자 증거라고 할 수 있는 기록에 대한 관리의 중요성 또한 매우 크다. 우리나라에서도 기록의 관리와 보존에 대한 법적 규제가 이루어지고 있다. 「공공기록물 관리에 관한 법률 및 시행령」, 「공공기관의 정보공개에 관한 법률 및 시행령」 등이 대표적인 것이라 할 수 있다.

「공공기록물 관리에 관한 법률」(법률 제12844호, 2014.11.19.)
「공공기록물 관리에 관한 법률 시행령」(대통령령 제26126호, 2015.3.3.)
「공공기록물 관리에 관한 법률 시행규칙」(행정자치부령 제1호, 2014.11.19.)
「공공기관의 정보공개에 관한 법률」(법률 제12844호, 2014.11.19.)
「공공기관의 정보공개에 관한 법률 시행령」(대통령령 제25751호, 2014.11.19.)
「공공기관의 정보공개에 관한 법률 시행규칙」(행정자치부령 제8호, 2014.12.10.)
「개인정보 보호법」(법률 제12844호, 2014.11.19.)

「공공기록물 관리에 관한 법률」은 "공공기관이 업무와 관련하여 생산 · 접수한 기록물과 개인 또는 단체가 생산 · 취득한 기록정보 자료(공공기관이 소 유 · 관리하는 기록정보 자료 포함) 중 국가적으로 보존할 가치가 있다고 인정되는 기록정보 자료 등 공공기록물에 대하여 적용"되는 법률이다. 이 법령에서 규정하는 공공기관은 다음과 같다.

- 국가기관, 지방자치단체, 대통령령으로 정하는 기관 (법률 제3조 정의)
- 대통령령이 정하는 기관 (시행령 제3조 공공기관의 범위)
  - 「공공기관의 운영에 관한 법률」 제4조에 따른 기관
  - 「지방공기업법」에 따른 지방공사 및 지방공단
  - 특별법에 의하여 설립한 법인
  - 「유아교육법」, 「초 · 중등교육법」 및 「고등교육법」, 그 밖에 다른 법률에 따라 설립된 각급 학교

이에 따르자면, '공공기록물'은 공공기관의 기록과, 민간의 기록으로서 국가적으로 중요성을 인정할 수 있는 기록정보를 망라하는 개념이다. 공무원을 구성원으로 하는 조직에만 적용되는 것이 아니라, 공공성이 강하고 공공재정이 사용되는 민간의 조직(이하 준공공기관으로 칭함)도 일부 포함하고 있다. 학교와 같은 공공기관의 기록물을 모두 포함한다(이원규, 2015).

4) 법령이 정한 기록관리의 원칙

법령에 따르면 각 기관은 기록관리의 원칙과 시스템을 갖춰야 할 의무가 있으며, 기록의 관리와 활용을 위한 시설과 장비 및 전문요원을 갖추어야 한다. 또한 공공기록이 필요와 요청에 따라 서비스 되는 것을 보장해야 한다.

- 기록의 진본성, 무결성, 신뢰성 및 이용가능성이 보장될 수 있도록 관리
- 기록의 전자적 생산과 관리의 원칙
  - 전자기록생산시스템, 전자기록관리시스템, 영구기록관리시스템의 구축 · 운영
- 기록관리의 표준화 원칙
- 업무수행의 모든 과정 및 결과가 기록물로 생산 · 관리될 수 있도록 업무과정에 기반한 기록관리체계 수립
- 기록관리 정책과 절차의 수립 · 시행 및 기록화
  - 기록관리 현황의 점검, 평가, 국무회의에 보고
- 기록의 체계적 관리, 안전한 보존, 효율적 활용을 위한 시설과 장비 구비
  - 중요 기록의 안전한 보존을 위한 이중보존
- 체계적이고 전문적인 기록관리를 위한 전문요원 채용, 배치
- 기록의 공개 및 이용제공 서비스 보장(이원규, 2015에서 재인용)

2. 상담기록과 상담기록의 관리

기록에 관한 학문적 · 법적 논의를 바탕으로, 이 책에서는 상담기록이란 '상담기관과 상담자가 상담활동을 전개하는 과정에서 생산되고 유지되는 일체의 정보'라고 정의하고자 한다. 상담기록물이란 '상담기관이 업무와 관련하여 생산하거나 접수한 문서 · 도서 · 대장 · 카드 · 도면 · 시청각물 · 전자문서 등 모든 형태의 기록정보 자료'를 말하고, 그 범위는 상담회기에 대한 기록을 비롯하여 행정기록, 교육 및 슈퍼비전 기록, 종이기록뿐 아니라 전자기록, 녹음이나 녹화를 통해 만들어진 매체기록, 그리고 기록에 대한

기록을 모두 포함한다. 상담기록관리란 '상담기록물의 생산 · 분류 · 정리 · 이관 · 수집 · 평가 · 폐기 · 보존 · 공개 · 활용 및 이에 부수되는 모든 업무'라고 정의하고자 한다.

미국심리학회의 기록관리 지침(APA, 2007)은 "상담기록은 상담관련 서비스의 성격, 전달, 그리고 서비스의 과정 또는 결과를 서류화할 때 사용되는 모든 정보를 포함한다."라고 규정하여 상담기록의 범위를 상담회기 기록뿐만 아니라 상담활동 전반에 걸쳐 수행되는 모든 행위의 기록정보를 포괄하는 것으로 규정한다. 이와 비교하여 국내의 상담관련 학회는 윤리강령을 통해 상담기록에 관해 규정하고 있는데, 기록과 관련한 규정은 있으나, 상담기록이 무엇인지에 대해서 독립적으로 정의하고 있지는 않다. 다만 "면접기록, 심리검사자료, 편지, 녹음 · 녹화 테이프, 기타 문서기록 등 상담과 관련된 기록들"이라 언급하여 상담기록의 범위를 규정하고 있다.

한편, 기록은 일반적으로 생산주체에 따라서 공공기관이 업무수행과 관련하여 생산하는 공공기록(public records)과 개인이나 기업, 민간단체 등이 활동과정에서 생산하는 민간기록(private records)으로 나눌 수 있다. 한국의 상담기관은 공공기관과 사설기관이 공존하는데, 공공기관과 기타 기관의 기록관리는 규제받는 법령의 경계가 다소 애매하다고 할 수 있다. 예를 들어, 한국청소년상담복지개발원은 특별법인으로 공공기록물 관리의 법령을 모두 준수해야 하는 기관인데, 이는 사설 상담실이나 센터의 기록물보다 보다 엄격한 기록관리 대상임을 의미한다. 또한 각급 학교의 상담기록도 공공기록으로 규정된다. 사설 상담실의 상담기록은 공공기록은 아니지만, 마땅히 해당 상담실에서 관리해야 할 기록으로 볼 수 있다.

기록이 기록으로서 인정받기 위해서는 진본성, 신뢰성, 무결성, 이용가능성을 유지해야 한다. 기록관리(records management)는 기록의 생산에서부터 폐기와 보존에 이르는 모든 과정에서 이 속성들이 훼손되지 않고 보장되도록 하는 활동인 것이다. 상담기록도 역시 네 가지 속성을 유지하는 것이 중요하다. 상담기록의 진본성과 신뢰성을 유지하기 위해서는 기록에 상담의 과정이 온전히 표현되어야 함은 물론 기록의 생산과 관리에 관한 정보도 동시에 온전히 기록되어야 한다. 진본성과 신뢰성을 갖춘 기록이라고 하더라도 생산된 이후 허용되지 않는 접근이나 행위에 의해 기록의 수정이나 삭제 등이 발생한다면 기록으로서의 의미를 상실하게 된다. 따라서 기록의 생산이 종료된 이후에는 적법하지 않은 접근을 방지하고 적법한 접근에 대해서는 그 기록을 충실히 남기는 체계가 갖추어져야 한다.

기록의 가치에 대한 또 다른 논의로 Shepherd와 Yeo(2003)의 모형을 들 수 있다. 그들은 기록의 가치를 [그림 1-1]과 같이 세 가지 관점에서 설명하고 있다(Shepherd & Yeo, 2003, 한국기록관리학회, 2010 재인용).

그림 1-1 기록의 가치와 활용성(Shepherd & Yeo, 2003)

'업무활용성'은 기록이 가지고 있는 정보 기능적 가치를 의미한다. 업무를 수행하는 과정에서 생산 · 접수되는 기록들은 효율적인 업무 진행을 가능하게 하는 도구이자 자산이다. 상담기록은 업무활용성의 측면에서 가장 큰 가치를 인정받아 왔는데, 앞서 이루어진 상담의 과정을 기록함으로써 연속되는 다음 상담의 진행에 중요하고도 직접적인 정보를 제공해 준다. 또한 내담자에 대한 평가를 기록하고 심리검사 결과 등을 종합할 수 있어 내담자에 대한 정확한 판단에 이르도록 도와준다. 이처럼 상담기록은 상담 실무에 중요한 정보를 제공하여 시간과 노력을 절약해 준다.

한편, 상담자와 상담기관은 내담자에게 최선의 상담서비스를 제공하기 위해 노력하는 동시에 기록의 측면에서는 비밀보장에 최우선의 중점을 두고 활동하고 있다. 상담자 윤리강령을 통해 내담자 복지 최우선 원리와 비밀보장의 원리를 지키도록 하는 높은 윤리기준을 가지고 있다. 하지만 얼핏 상반되어 보이는 두 원리가 상담의 실제에서 어떻게 적용되어야 하는지에 대해 구체적인 지침이나 판례 등이 자리 잡지 못하고 있는 실정이다. 각 기관마다 상담기록의 관리에 관한 기준을 명시적으로 가지고 있지 않은 점과 상담자들이 대학원과 인턴쉽을 통해 배운 것만으로 상담 실무에서 일어나는 다양한 상황에 대처하기 어렵다는 데 대한 자성의 목소리가 높다.

'대내외 설명책임 의무의 지원'은 기록의 생산자가 업무를 수행할 때 준수했어야 하는 법규와 규정을 따르고 최선의 작업을 했다는 것을 보여 주는 증거로서의 가치를 말한다. 내부에 대한 설명책임 의무는 조직 구성원이 수행한 업무나 의사결정이 성과를 평가받아야 할 의무를 말하고, 외부에 대한 설명책임 의무는 감사기관이나 이해당사자들에게 정책결정과 집행의 이유와 근거를 체계적으로 설명할 수 있어야 하는 의무를 말한다(한국기록관리학회, 2010). 상담자의 상담과정과 결정이 최선의 것이었으며 타당한 것이었다는 점을 입증해야 할 상황이라면 결국엔 잘 관리된 상담기록이 이를 입증해 주는 유용하고 유일한 도구가 된다. 즉, 상담자가 내담자의 복지를 위해 최선의 결정을 내렸으며, 윤리적 의무를 다 했음을 입증해 주는 역할을 한다는 것이다.

기록을 생산하는 본래 목적은 이처럼 업무수행과 설명책임 의무를 지원하는 것이지만, 어떤 기록은 그것을 넘어서는 가치를 가진다. 동심원의 가장 바깥쪽에 있는 문화활용성이 그것이다. 기록이 담고 있는 정보는 각종 연구와 교육, 창작활동에 필요한 자료와 근거를 제공하고 또는 역사 기술을 위한 사료가 될 수 있다. 기록은 지식과 지혜의 원천이다(한국기록관리학회, 2010).

상담기록이 문화활용성의 관점에서 평가된 일은 많지 않다. 하지만 Freud의 치료사례 기록이나 Yalom의 기록은 그 자체로 중요한 지적 자산이며 문화적 유물이다. 이처럼 상담기록은 교육과 연구의 귀중한 자료가 될 수 있다. 상담기록이 슈퍼비전과 상담자 교육의 자료로 안전하게 활용될 수 있도록 제도적 · 절차적 장치가 고안되어야 할 것이다.

상담기록은 상담자에 의해 남겨지는 기록이다. 가치 있는 상담기록을 남길 수 있는 상담자 역량은 구체적으로 계획된 교육에 의해 획득될 수 있다. 기록을 생성해야 할 책임을 가진 상담자는 물론 그 기록을 관리하는 책임을 가진 담당자에 대한 교육에 어떤 내용이 포함되어야 하는지 또한 매우 중요한 연구과제다. Wiger(2012)에 따르면, 상담기록에 대한 교육에는 다음과 같은 내용이 포함되어야 한다. 우선 중요한 것이 무엇인지를 파악하고, 전체 과정에서 간결하면서도 핵심적인 내용을 선별하여 기록할 수 있는 기록의 기술이 개발되어야 한다. 또한 서로 상충되는 정보를 구별하고 그들 간의 차이가 어떻게 발생하였는지 확인할 수 있어야 한다. 상담과정은 매우 창의적으로 그들이 따르는 이론적 배경에 따라 달라져야 하지만 기록은 기본적으로 과학적이고 실무적이어야 한다는 점을 이해해야 한다.

반면, 기록이 작성될 때 개인정보를 보호하고 상담기록의 신뢰성을 확보하기 위해 매우 유의해야 할 정보들도 있다. 상담자의 사고과정이나 의견은 최대한 객관적으로 기술해야 하며, 내담자 본인이 아닌 다른 사람의 이름, 동성애 등과 같은 개인의 성적 편향성, 범죄경력, 배우자의 부정과 같은 사생활 관련 정보들은 기록해 가는 과정에서 매우 신중해야 한다. 그렇다고 이러한 정보들이 구체적인 상담의 핵심적인 정보라고 한다면 이를 기록하는 것을 주저해서도 안 된다.

상담자의 이론적 편향성에 불구하고 상담기록은 일정한 수준에서 만들어지고 유지되어야 한다. 상담기록을 남길 때 유념할 상황을 분별할 수 있다면 보다 효율적인 기록이 가능할 것이다. 상담자는 상담기록이 언제라도 이용될 수 있다는 점을 기억해야 한다. 내담자의 요청에 의해서 혹은 법적인 강제력에 의해서 이용될 수도 있다. 이처럼 새로운 상황에서 예기치 못했을 수도 있는 또 다른 필요에 의해서 누군가에 의해 이용될 경우를 염두에 두고 최대한 객관적이며 정확한 기록을 남겨야 한다.

3. 상담기록의 필요성

오래전부터 상담자들은 상담의 내용을 기록으로 남겨 왔다. 그러나 우리가 다시금 던지지 않을 수 없는 질문이 여전히 남겨져 있다. 내담자의 입장에서 생각해 본다면, 그들은 자신의 상담내용이 남겨지기를 원할 것인가, 아니면 기록이 만들어지지 않거나 혹은 만들어졌다 하더라도 삭제되거나 폐기되기를 원할 것인가? 반대로 상담자의 입장이라면 상담기록을 만드는 것이 상담에 도움이 된다고 생각하겠는가, 아니면 상담기록을 만드는 데 드는 시간과 노력 대신에 상담과정에 더욱 정성을 쏟는 것이 낫다고 생각하겠는가? 또 상담기록은 무엇을 위해 그리고 누구를 위해 만들어져야 하는가?

Luepker(2003)는 미국의 상담자들을 대상으로 하여 상담기록이 필요하다고 생각하는 입장과 그렇지 않다는 의견을 종합하여 다음과 같이 정리하였다.

표 1-1 상담자가 기록을 남기지 않아야 한다고 생각하는 입장

- 상담기록을 남기지 않는 것이 내담자의 비밀을 확실하게 보장할 수 있는 길이다.
- 어떤 내담자들은 상담자에게 기록하지 말 것을 요구한다.
- 내담자나 변호사, 혹은 의료보험회사가 내담자에 대한 기록의 내용에 대해 문제 삼을 수 있고 상담자는 이에 대해 부담을 갖는다.
- 내담자가 진술하는 모든 것을 기록한다는 것은 불가능하기 때문에 어떤 것은 기록하지 않으면서 또 어떤 것은 기록하는가에 대한 이론의 여지를 남기는 매우 주관적인 활동이다.
- 대부분의 상담자는 상담진행과정에서 자신의 필요에 의해 상담과정 노트를 쓰기도 한다. 이러한 상담자의 개인기록을 공식적인 기록으로 남기도록 하는 것은 상담자의 개인적인 권리에 대한 침해다.
- 정확한 상담기록을 남기기 위해 상담자들은 많은 시간을 허비해야 한다.
- 부정확한 기록보다는 기록이 없는 것이 차라리 낫다. 어떤 상담자들은 훌륭한 기록을 남기는 데 미숙하다.
- 기록은 단지 상담자를 소송으로부터 보호하려는 것일 뿐이다. 상담자는 잘못된 것을 하려는 게 아니기 때문에 기록은 불필요하다.
- 내담자는 자신의 상담기록이 남겨지는 것을 원하지 않는다.

표 1-2 상담자가 기록을 남겨야 한다고 생각하는 입장

- 상담자의 기록은 상담자의 윤리강령에서 요구되는 바이며, 기록을 남기지 않는다는 것은 '전문가로서의 책무'를 다하지 않는 행위다.
- 상담기록은 상담에 대한 법적인 소송에서 상담자를 보호해 준다.
- 상담기록은 내담자가 일정한 시점에 처해 있었던 상황을 반영함으로써 내담자에게 이익을 준다.
- 상담기록은 내담자에게 제공되었던 상담에 대한 정보를 제공한다. 내담자는 법정에서 혹은 보험회사에서 자료를 요청받았을 때 이를 제출함으로써 필요한 도움을 받을 수 있다.

- 기록은 상담자가 더 이상 상담을 계속할 수 없을 때 내담자를 안전하게 다른 전문가에게 연결시켜 줄 수 있다.
- 기록은 상담자의 상담역량을 향상시켜 준다. 상담자는 상담과정에서 일어나는 중요한 사항들을 모두 기억할 수 없다. 상담자가 도와야 할 내담자와 발걸음을 맞추어야 좋은 상담을 제공할 수 있다.
- 기록은 상담자의 경영관리를 돕는다.
- 좋은 기록은 상담자의 자격증을 인증하고 보호할 수 있다.
- 좋은 기록은 상담자가 윤리적인 도전을 받을 때에 도움을 줄 수 있다.
- 기록은 자신의 판단을 회상적으로 돌아볼 수 있게 한다. 기록은 판단의 근거를 제공해야 한다.
- 보험회사나 법정에서 요구하는 기록이 점점 더 까다로워지고 있다. 기록이 현실적이고 충분하지 않으면 상담비용이 지원되지 않는다.
- 법이 기록을 요구하고 있다.

상담기록은 상담의 진행과 관리 및 효과의 제고를 위해 교육, 연구 및 행정적인 목적을 가지고, 보험이나 비용관련 경제적인 이유로 그리고 윤리적이고 법적인 이유로 만들어진다. 20세기 후반부터 미국의 경우 보험으로부터 비용을 지원받는 상담에서 기록의 제출은 필수적인 것이 되었다. 의료보험으로부터 재정적 지원을 받는 미국의 상담자들은 상담기록의 중요성에 대해 그 필요성을 다음과 같이 정리하였다(Mitchell, 2007).

- 기록은 상담자와 내담자 간의 의사소통을 용이하게 해 준다. 기록은 내담자가 자신의 문제를 이해하게 도와주면서 상담자의 통찰력을 길러 올바른 상담을 할 수 있게 도와준다. 그리고 상담과정 동안 내담자와 파트너가 될 수 있게 한다. 기록은 상담자-내담자 간의 관계에 신뢰를 형성할 수 있게 도와준다. 상담자가 내담자의 기록을 어떻게 그

리고 왜 유지하고 보호하는지에 대해 내담자에게 알려 주는 과정은 내담자의 복지에 헌신을 다한다는 인상을 준다. 내담자가 자신의 기록을 검토하는 것을 허락함으로써 안전하고 상호 존중하는 분위기를 형성하는 데 도움을 준다.

- 기록은 적절한 상담 계획과 진단의 기초를 세워 준다. 기록을 반복해서 검토하는 것은 상담자가 중요한 패턴을 구별하게 하고 진단가설과 상담 계획을 수정하게 한다. 또한 기록을 하는 것과 진단하는 것은 상담자들이 기억에 의존하는 정보보다는 훨씬 더 정확하고 폭넓은 정보에 접근하게 해 준다.
- 명확하고 정확한 기록은 다른 상담자들이 상담 중 일어난 일과 개입의 이유를 이해하게 해 준다. 이를 통해 새로운 상담자는 전 상담자가 그만둔 시점을 알 수 있거나 내담자에게 왜 다른 상담 방식이 필요한지 설명할 수 있다. 좋은 기록 없이는 내담자의 상담을 지속하는 데 필요한 사항을 얻는 것이 어렵다.
- 기록은 임상 슈퍼비전에 필수적이다. 기록은 지식과 상담 기술을 수정하고 평가할 수 있는 필수적인 도구다. 기록을 재검토함으로써 슈퍼바이저는 슈퍼바이지나 수련 상담자가 얼마나 잘 임상 가설과 상담 계획을 발전시켰는가를 알 수 있고 그들의 발견과 적절한 조정을 도와준다. 기록의 검토를 통해 수련 상담자는 내담자에게 더 좋은 상담을 보장할 수 있도록 하는 더 큰 객관성을 얻는다.
- 기록은 제3자(third party payers)와의 계약상 의무를 충족한다. 많은 경우에 정신건강 서비스는 진단, 상담 계획, 내담자 상담 경과에 대한 문서 없이는 제공될 수 없다. 사건의 정확한 기록은 내담자에 관한 적절한 보고서를 쓰는 것을 용이하게 한다.
- 기록은 상담자와 임상 슈퍼바이저가 내담자에게 비도덕적이고 해가 되는 상담을 했다는 혐의를 방지하는 가장 좋은 그리고 때론 유일한

수단이다. 상세하고 투명한 기록은 상담자가 해가 되는 상담을 했을 수 있다는 의혹을 방지하는 가장 좋은 방지책이다. 상담 사례에 대한 체계적이고 상세한 기록은 상담에 성의를 다했다는 증거를 제공할 수 있다. 앞에서 기술한 이유와 그 밖의 다른 이유로, 상담자가 기록 유지와 기록 과정에 있어서 주도적이 되는 것은 매우 중요하다.

한국의 상담자들에게도 상담기록을 남기는 것의 유용성과 부담에 대한 의견이 공존한다. 상담의 진행을 위해 기록을 남기는 것은 도움이 되지만, 내담자는 물론 상담자 역시 상담기록을 남기기를 원치 않는 사례도 많다는 것이다. 한국의 상담자를 대상으로 한 포커스 그룹 면담에서 기록을 남기지 않는 상담실이나 센터도 많이 있다는 것을 확인할 수 있었다. 상담자 개인이 상담의 진행을 기록하는 개인기록으로 유지할 뿐, 기관에서 상담기록을 공식적으로 요구하지 않는 경우도 많았다. 어떤 한 내담자의 사망 후 가족이 내담자 보험금 신청과 관련하여 상담기록의 제출을 원했으나 이미 담당 상담자는 상담실을 떠난 상태였으며, 상담기록이 남아 있지 않아 매우 당황스러웠다는 사례가 제시되기도 하였다. 또한 상담자가 상담회기 중 자신의 개인 수첩에 상담내용을 기록하는 것을 지켜본 내담자가 매우 의구심을 가졌던 사례도 보고되었다. 결국 이러한 여러 사례들은 한국 상담기관에서 상담기록이 남겨지고 보존되는 현황에 대한 전면적인 조사와 연구를 통해 기록의 작성과 관리에 대한 인식과 해결책의 모색이 시급하다는 것을 보여 준다.

한편, 상담에서의 기록이 상담의 진행은 물론 상담의 계획, 평가, 교육과 연구의 전 영역에 걸쳐 반드시 체계적으로 만들어지고 관리될 필요가 있음을 상담자들은 대체로 공감하고 있었다. 반면, 상담기록은 내담자의 신상에 관한 내용과 사적인 비밀이 포함되므로 비밀보호의 원칙에 의해 철저히 보호되어야 하기 때문에 만들어진 상담기록의 보존과 폐기 그리고 공개와 활용에 대해 매우 조심스런 입장을 가지고 있음도 확인하였다.

상담기관들은 이미 방대한 양의 상담기록을 보유하고 있는 경우가 많았다. 그럼에도 불구하고, 상담자들은 상담과정에는 깊은 관심을 가지지만, 상담의 기록을 남기고 활용하고 정리하는 데에는 그다지 큰 관심을 보이지 않았다. 그러나 향후 상담기록과 관련된 다양한 의제들이 상담현장에서 제기될 것으로 예측하였고, 상담기록과 관련된 법적 · 실제적 · 윤리적 측면에서의 준비와 역량계발의 필요성을 절감하고 있음을 확인하였다. 이처럼 객관적 · 주관적 필요성에도 불구하고, 실제로 상담기록이 충실히 작성되도록 하고 적절하게 관리되며 원활하게 이용될 수 있도록 하기 위한 상담자들의 노력이 미진한 것은 무엇 때문인가? 직무상 윤리적 차원의 문제인가? 아니면 기술적 역량의 미비 때문인가?

상담전문가의 윤리강령은 임상적 · 윤리적 관점에서 상담자가 자신의 내담자에 대한 기록을 남기는 것에 대해 책임이 있다는 것을 명백히 하고 있다. 상담기록을 통해서 달성하려는 목적은 크게 두 가지라고 할 수 있다. 첫째, 내담자를 위해 가능한 최선의 서비스를 제공하는 것, 둘째, 상담자가 자신이 했던 결정과 행동을 기록함으로써 법적인 상황에서 상담자 스스로를 보호하는 것이다.

어떤 상담자들은 자신의 제한된 시간을 기록을 남기는 데 사용하는 것이 필수적이지 않다고 생각하고, 어떤 상담자들은 상담기록을 남기고 관리하는 쓰는 시간과 에너지를 차라리 내담자들에게 더 좋은 상담을 제공하는 데 쓰겠다고 생각한다. 그러나 또 다른 이들은 기록을 남기는 것과 좋은 치료를 제공하는 것은 동시에 가능하다고 생각한다. 물론 상담자가 내담자에게 좋은 상담을 제공하는 것은 뒷전으로 한 채 자신을 보호하려는 목적으로 너무 많은 시간을 기록을 남기는 데 열중하는 것이라면 이는 결코 내담자의 이득을 위한 것이 아닐 것이다. 그런 의미에서 상담자에게는 내담자에게 좋은 상담을 제공하는 것과 필요한 기록을 남기는 것 사이에서 균형을 찾으려는 노력이 필요하다.

물론 상담기록이 상담자 자신의 설명책임(accountability)과 관련한 핵심적 증거가 된다는 것도 반드시 유념해야 한다. 다시 말해서, 잘 정리된 기록이야말로 상담자가 직면할 수 있는 각종 의심과 문제제기, 공격과 분쟁, 오명이나 소송 등으로부터 자신의 상담행위를 정당화하는 거의 유일한 수단이 된다. 특히 자살이나 다른 사람 혹은 재산을 해칠 위험성을 내포한 상담사례에서 보다 의식적이고 철저한 기록화가 요구된다고 할 수 있다.

상담활동을 기록으로 작성하고 또 일정한 기간 동안 유지하는 것은 상담자의 상담실무의 일부다. 상담활동의 주체인 상담자의 역할은 비단 상담의 진행만이 아니라, 이러한 상담 행위를 기록으로 작성하고 그리고 충분히 유의하면서 관리하고 통제하는 기록관리 실무의 실행까지를 일부 포함하는 것이다.

4. 상담기록이 안고 있는 과제

상담자들을 대상으로 상담기록을 만들거나 남길 때 '상담기록을 어떻게 관리해야 하나?'에 대한 궁금증과 문제의식을 느끼는 상황은 언제인지를 물었다. 상담자들은 다음과 같은 상황에서 의식했다고 답변했다.

- 상담기록을 폐기하거나 정리할 때
- 상담이 중단되거나 종료되어 기록을 보관할 때
- 내담자에게 기록에 대한 제공을 요구받을 때
- 법적으로 기록의 제공을 요청받을 때
- 의료기관이나 공공기관으로부터 상담기록을 요청받을 때
- 사례연구나 교육훈련 등 기록을 활용하고자 할 때

상담기록과 매우 유사한 성격을 지닌 의무기록을 보더라도 상담기록의 가치는 다양한 영역에서 재인식될 필요가 있다. 의무기록은 환자의 질병과 관련된 모든 사항(가족이력, 과거질병이력, 수술처치이력 등 포함)과 병원이 상담을 위해 시행한 모든 사항이 기록된 문서이며, 환자의 입장에서는 알려지기를 원치 않는 민감한 정보를 담고 있다는 점에서 상담기록과 유사하다.

최근 의무기록사라는 전문 기록관리 직업이 생겨나고 있을 만큼 의료영역에서도 의무기록의 관리에 관심을 기울이고 있다. 그 이유는 과거와는 달리 의료문제 관련 법적 분쟁이 증가하고 있고 의료보험 및 생명보험 등의 가입자 증가로 인하여 환자 본인을 포함한 병원 외부 요구자에 의한 의무기록 사본 발급 요구가 급속도로 증가하고 있다는 데서 찾을 수 있다.

예를 들면, 전통적 가족관의 해체에 따라 의무기록이 가족 간의 재산권 및 이혼 등의 분쟁과 사보험자 및 기타 이해관계의 대립자 간의 분쟁에서 중요한 증거자료로 사용되는 것과 같이 의무기록에 대한 필요와 관심이 늘고 있는 것이다. 뿐만 아니라, 보건복지서비스에 대한 국민적 기대가 높아짐에 따라 보건통계 및 연구를 목적으로 하는 의무기록정보의 요구 등이 다양화되면서 이를 관리하는 업무 또한 더욱 복잡해지고 법적 전문성 등을 요구하고 있기도 한다. 이러한 양상은 조만간 상담기록 분야에서도 일어날 수 있는 일이다.

한편, 오늘날 상담기록은 종이기록과 전자기록 등 다양한 형태로 존재한다. 연구나 교육을 위해 상담 녹음이나 녹화 기록이 활용되고 있으며, 교육용 자료로 다매체 기록이 사용된다. 현재 상담기록에서 유물 혹은 박물에 관한 관심은 비교적 적은 편이지만, 향후 상담역사에 대한 교육과 연구가 증대될 것으로 예상되어 이에 대한 관심 역시 기울일 필요가 있다. 한국의 공공 상담기관으로 청소년상담복지지원센터 및 각 시 · 도 상담기관은 대부분 상담기록을 전자적인 형태로 저장하는 방향성을 가지고 있지만, 많은 대학상담기관 등은 종이기록의 형태를 유지하는 것으로 파악되고 있다. 전자기록은 분류와 보존의 측면에서 종이기록과는 다른 관점에서 다뤄질 필요가 있지만, 기록을 관리하고 이용하려는 기본적인 목적과 원칙은 동일하다.

종이기록이든 전자기록이든 기록의 내용이 담기는 구조와 관련해서 서식의 문제에 대한 관심이 필요하다. 상담기록은 주로 자유기술 방식에 의존하는 경우가 많다. 이런 방식에 따르면, 기록의 가치는 상담자 개인의 역량에 따라 크게 좌우된다. 상담기록에 무슨 내용과 정보를 담을 것인지, 또 얼마나 효과적으로 그 정보를 표현하게 할 것인지를 고려하여 상담자 개개인의 차이나 개성보다는 객관적 사실이 최대한 기록되도록 해야 할 것이다. 상담기록은 상담과정에 대한 상담자의 계획과 성찰의 중요한 기회가 된다는 측면에서 좀 더 구조화할 필요가 있다. 한 회기의 상담기록에 상담자가 점검해야 할 요소를 최소한으로 기술하도록 하거나 상담기법의 목록을 제공함으로써 상담자의 보다 세밀한 상담 계획에 도움을 줄 수 있다. 또한 상담기록 양식과 서식을 개발해 적용하는 것은 상담에 관한 통계나 연구에도 도움이 될 가능성이 높다. 따라서 상담기록의 내적 구조를 세밀하게 만드는 것에 대한 보다 심층적인 연구와 노력이 요청됨은 말할 나위도 없다.

상담기록의 맥락에 관한 정보가 남겨지도록 하는 일은 필수적이다. 상담기록은 상담자와 상담기관이 작성한 정보다. 따라서 상담기록에 대한 모든 책임은 상담자와 상담기관에게 있다. 상담기록에 대한 책임이란 상담기록을 만들고 모으고 관리하고 활용하고 보호하며 폐기하는 모든 과정에 대한 책임을 의미한다. 즉, 상담기록이 적절하게 관리되고 있음을 증명해 내야 하는 주체는 내담자가 아닌 상담자와 상담기관인 것이다(한국기록학회, 2010).

제2장
상담기록관리의 정책

1. 기록관리 국제표준 ISO 15489
2. 기록관리 관련 국가 법령
3. 정보의 공개 및 보호에 관한 국가 법령
4. 상담 분야의 윤리규정과 기록관리
5. 상담기록관리 규정의 개발

Record Keeping in Counseling Institution

상담기록관리의 정책

기록은 업무를 수행하는 가운데 작성되고 접수되고 또 유통된다. 조직은 물론이고 개인의 경우도 마찬가지다. 상담기관의 기록은 곧 상담기관의 업무활동과 직결되어 있다. 그중에서도 상담기록은 상담활동의 과정에서 만들어지고 축적된다. 이런 의미에서 보면 기록의 작성과 접수, 유통, 처리 등은 조직에 속한 모든 업무담당자의 업무활동에 의한 산출물이며, 그에 대한 책임은 곧 업무활동을 직접 수행하는 업무담당자뿐만 아니라 조직과 업무활동을 제어하고 지원하는 조직 전체에 부여된다고 이해된다. 더욱이 앞에서 살펴본 대로 기록은 곧 업무활동의 증거이며 업무를 지속하고 발전시켜 가는 업무지식의 원천으로, 조직의 가장 핵심적인 자산에 해당한다.

따라서 기록관리는 업무를 담당하는 개인의 소양과 인식에 맡겨 둘 수 없다. 기록의 생산으로부터 폐기에 이르는 모든 과정은 조직 차원에서 제도화하고, 모든 구성원에게 숙지되어야 하며, 이를 실행하기 위하여 필요한 사항들을 정책화하여야 한다. 체계적인 기록관리를 통해 업무의 효율성을 높일 수 있다. 기록관리를 통해 질서 있고 효율적이며 신뢰할 수 있는 방법으로 업무를 수행하도록 필요한 정보를 제공하여 업무의 효율성을 높일 수 있다. 또한 체계적인 기록관리를 통해 기관이 준수해야 할 법규나 기준이 준수되고 있음을 입증할 수 있다. 상담기관 역시 자신들의 여러 규정과 외부의 각종 법규 등에 따라 상담업무가 정당하게 수행되었음을 입증할 책임이 있다.

상담기록관리의 정책은 결국 상담기관 혹은 상담자가 상담활동에서 생성되는 각종 기록정보를 일정한 제도적 기반 위에서 통제하기 위한 장치를 마련하는 일이다. 물론 조직이 처한 현실적인 여건, 가치 지향, 업무문화의 특징 등에 따라서 최선의 기록관리를 실행하기 위한 자원의 배분과 역할의 분담 등 정책 수단은 매우 다양하게 나타날 수 있다. 그럼에도 불구하고, 그 출발은 기록관리의 원칙을 적용하고, 사회적으로 승인되거나 합의된 규제 환경에 부합하려는 정책적 지향을 명확히 하는 것이라고 할 것이다.

1. 기록관리 국제표준 ISO 15489

기록관리 국제표준 ISO 15489는 2001년 국제표준화기구인 ISO(International Organization for Standardization)에서 제정되었다. 이 국제표준은 호주, 영국, 프랑스, 독일, 네덜란드, 스페인 등을 비롯한 수많은 나라에서 이미 자국의 국가표준으로 채택되었다. 우리나라에서도 2003년 기술표준원에서 ISO 15489 원문 그대로 도입하는 방식으로 KS X ISO 15489로 제정한 바 있으며, 2007년 「산업표준화법」을 근거로 하고 한국산업표준심의회의 심의를 거쳐 기술적인 내용을 변경하지 않은 채 원문을 완역하여 개정하였다.

기록관리 국제표준 ISO 15489는 1부 '일반사항(General)'과 2부 '지침-기술보고서(Guidelines-Technical Report)'로 구성되어, 1부에서 정한 원칙을 2부에서 부연하여 설명하는 구조를 갖고 있다. 1부와 2부의 관련 내용을 함께 묶어서 살펴본다면, 크게 다섯 가지의 주제를 다루고 있다.

- 기록관리의 정책 및 환경
- 기록 및 기록관리체계의 품질
- 기록관리체계의 설계와 실행
- 기록관리의 도구
- 기록관리의 과정

이 표준에 의하면 조직은 기록관리 정책을 정하고 성문화해야 한다. 조직의 최상위 의사결정 단계에서 이러한 정책을 채택하고 승인하여 조직 전체에 공표해야 하며, 각 구성원에게 정책에 대한 준수 의무를 부과해야 한다. 이를 위해 조직 전체의 구성원을 대상으로 적절한 책임과 권한이 부여된다. 기록관리 정책의 목표는 다음과 같이 정의될 수 있다.

- 직원들이 업무상 필요와 업무 절차에 따라서 기록을 생산하도록 요구한다.
- 업무활동을 지원하는 정보/처리시스템이 이러한 업무활동의 일부로서 적절한 기록을 생산하도록 보장한다.
- 기록의 현용 주기 동안 기록관리 과정의 투명성과 기록시스템의 적절성을 보장한다(물리적 기록이든, 컴퓨터 시스템을 통한 온라인 기록이든, 현재의 활동을 수행하는 데 필요한 기록이나 빈번히 활용되는 기록은 보통 이용자 가까이에 둔다).
- 조직과 보존기록 책임기관, 이용자 그리고 감사자 등 외부 이해당사자들에게 유효한 기간 동안 기록이 유지, 저장, 보존되고 있음을 보장한다.
- 미리 정한 승인 절차에 의해서만 기록을 처분하도록 보장한다.

이에 따라 조직은 기록관리에 관하여 모든 직원의 권한과 책임을 다음과 같이 정의해야 한다.

- 성공적인 기록관리 프로그램을 보장하는 최고 책임은 경영책임자에게 부여되어야 한다. 경영책임자의 지원 여부에 따라 하위계층에서의 자원 배분이 결정된다. 이를 통해 조직 전체에 걸쳐서 기록관리 절차를 준수하도록 장려한다.
- KS X ISO 15489-1의 실행에 대한 우선적인 책임은 기록관리 전문요원이 진다. 특히 기록관리 전문요원이 조직의 전반적인 기록관리 정책, 절차, 표준을 수립하고, KS X ISO 15489-1에서 개괄하는 절차를 실행한다.
- 각 부서장은 이미 수립된 정책, 절차, 표준에 따라 기록을 생산하고 유지하는 일이 부하 직원의 업무수행에 필수적인 절차가 되도록 보장하는 책임을 진다. 기록관리에 필요한 자원을 마련하고, KS X ISO 15489-1에서 정하는 모든 측면에서 기록관리 전문직과 긴밀히 협조하는 것도 각 부서 책임자가 하는 일이다.
- 조직 내의 다른 사람들도 기록과 관련하여 구체적인 임무를 갖는다. 여기에는 특히 보안책임자, 정보와 커뮤니케이션 기술을 사용하여 시스템을 설계하고 실행하는 책임을 진 직원, 그리고 준수 책임을 진 직원이 포함된다.
- 모든 직원은 이미 수립된 정책, 절차, 표준을 준수하여 일상적인 업무의 일부로서 기록을 생산, 접수, 유지해야 한다. 인증받은 처분도구에 의거해서만 기록을 처분하는 것도 이에 포함된다.

이러한 기록관리 정책은 결국 기록이 본래의 공신력을 가진 채로 유지되도록 하는 데에 초점을 둔다. 앞에서 설명한 기록의 진본성, 신뢰성, 무결성, 이용가능성을 보장하는 제도를 구축하는 것이 그 핵심적인 내용이라고 할 수 있다. 국제표준 ISO 15489의 기본 골격은 다음과 같다.

표 2-1 KS X ISO 15489-1, 2 구성 목차

ISO 15489-1 (일반사항)	ISO 15489-2 (지침)
머리말 1. 범위 2. 인용규격 3. 용어정의 4. 기록관리의 편익 5. 규제환경	머리말 1. 범위
6. 정책과 책임 7. 기록관리 요건 7.1 기록관리 프로그램의 원칙 7.2 기록의 특성 7.2.1 일반사항 7.2.2 진본성 7.2.3 신뢰성 7.2.4 무결성 7.2.5 이용가능성	2. 정책과 책임 2.1 서론 2.2 기록관리 정책문 2.3 책임 2.3.1 책임과 권한을 정의하는 목표 2.3.2 조직 내 권한과 책임
8. 기록시스템의 설계와 실행 8.1 일반사항 8.2 기록시스템의 특성 8.2.1 서론 8.2.2 신뢰성 8.2.3 무결성 8.2.4 준수 8.2.5 포괄성 8.2.6 시스템화 8.3 기록시스템의 설계와 실행 8.3.1 일반사항 8.3.2 기록 처리행위의 기록화 8.3.3 물리적 저장 매체와 보호 8.3.4 분산 관리	3. 전략, 설계와 실행 3.1 서론 3.2 기록시스템의 설계와 실행 3.2.1 일반사항 3.2.2 단계 A: 예비 조사 3.2.3 단계 B: 업무활동 분석 3.2.4 단계 C: 기록요건의 확인 3.2.5 단계 D: 기존 시스템의 평가 3.2.6 단계 E: 기록 요건을 충족시키기 위한 전략의 확인 3.2.7 단계 F: 기록시스템 설계 3.2.8 단계 G: 기록시스템의 개발 3.2.9 단계 H: 실행 후 검토

8.3.5 변환과 마이그레이션 8.3.6 접근, 검색, 이용 8.3.7 보유와 처분 8.4 설계 · 실행방법론 8.5 기록시스템의 중단	
9. 기록관리 과정과 제어 9.1 기록시스템으로 획득할 문서 결정 9.2 기록 보유기간 결정 9.3 기록 획득 9.4 등록 9.5 분류 9.5.1 업무활동 분류 9.5.2 분류체계 9.5.3 어휘통제 9.5.4 색인 작성 9.5.5 번호와 코드 부여 9.6 저장과 취급 9.7 접근 9.8 추적 9.9 처분 실행 9.10 기록관리 과정의 기록화	4. 기록관리 과정과 제어 4.1 서론 4.2 도구 4.2.1 주요 도구 4.2.2 업무활동 분류 4.2.3 어휘 4.2.4 기록 처분 지침 4.2.5 보안 및 접근 분류체계 4.3 기록관리 과정 4.3.1 서론 4.3.2 획득 4.3.3 등록 4.3.4 분류 4.3.5 접근 및 보안 분류 4.3.6 처분 상태 확인 4.3.7 저장 4.3.8 이용과 추적 4.3.9 처분 이행
10. 모니터링과 감사 11. 훈련	5. 모니터링과 감사 6. 훈련

물론 국내의 모든 상담기관이 기록관리 표준을 의무적으로 준수해야 하는 것은 아니다. 다만, 국제적으로 공인된 기록관리의 원칙과 기법을 상담기관의 기록관리에도 최대한 수용하기 위해 노력해야 하는 것은 분명하다.

2. 기록관리 관련 국가 법령

우리나라는 지난 1999년 「공공기관의 기록물 관리에 관한 법률」을 제정하고 뒤이어 해당 법률의 시행령과 시행규칙을 마련하여 2000년 1월 1일 발효토록 하였다. 그 이전에는 업무효율화 차원의 「사무관리규정」으로 문서의 작성과 결재, 유통, 보존 등을 다루다가, 단독의 법령을 갖추게 되었다. 이 법령은 2014년 「공공기록물 관리에 관한 법률」 및 동 시행령, 시행규칙으로 개정되어 오늘에 이른다.

이 법령을 준수해야 하는 공공기관은 국가기관과 지방자치단체는 물론, 「공공기관의 운영에 관한 법률」 제4조에 따른 기관, 「지방공기업법」에 따른 지방공사 및 지방공단, 특별법에 의하여 설립한 법인, 그리고 「유아교육법」, 「초 · 중등교육법」 및 「고등교육법」, 그 밖에 다른 법률에 따라 설립된 각급 학교 등을 포함한다. 이 법령은 공무원을 구성원으로 하는 조직에만 적용되는 것이 아니라, 공공성이 강하고 공공재정이 사용되는 민간조직을 일부 포함하고 있다. 특히 특별법인인 한국청소년상담복지개발원이라든가 교육지원청 소속이나 각급 학교의 상담실 역시 이 법령의 준수 책임이 있다는 점을 유의해야 한다. 설령 이 법령에서 명시한 적용대상 기관이 아니라 하더라도, "공공기관의 투명하고 책임 있는 행정 구현과 공공기록물의 안전한 보존 및 효율적 활용"을 목표로 하는 법령의 취지를 상담기관 혹은 상담활동과 상담기록에 적용시켜야 할 필요에는 동의하지 않을 수 없다.

이 법령에 따르면, 특별법인인 한국청소년상담복지개발원은 기록관이라는 기록관리기관을 설치하고 관련 분야의 자격을 갖춘 기록물관리 전문요원을 채용해야 한다. 만일 학교의 상담실과 같이 기관의 소속 부서로 상담부서가 만들어진 경우라면 모기관인 학교의 기록관 혹은 학교의 기록관 기능을 대신하는 교육(지원)청의 기록관에 모든 기록을 이관하여 관리해야 한다.

반면에 기록의 전체 관리과정을 제어하는 '기록관리기준표'와 기록에 부여하는 기록물 등록번호 체계 등은 독자적으로 개발하여 적용할 수 있다. 또한 영구보존 등 장기보존이 필요한 중요 기록의 경우도 특별히 지정된 경우가 아니라면 국가나 지방자치단체 등이 설립하여 운영하는 영구기록물관리기관으로 반드시 이관할 필요 없이 자신의 기록관에 남겨 보존할 수 있다.

이 법령의 주요 내용은 각 장에서 다루겠지만 법률을 기준으로 전체적인 구성은 다음과 같다.

표 2-2 「공공기록물 관리에 관한 법률」 주요 구성

제1장 총칙 • 목적, 적용범위, 정의, 공무원의 의무, 기록물관리의 원칙 • 기록물의 전자적 생산 · 관리, 기록물관리의 표준화 원칙 • 다른 법률과의 관계
제2장 기록물관리기관 • 중앙기록물관리기관, 헌법기관기록물관리기관, 지방기록물관리기관 • 기록관, 특수기록관
제3장 국가기록관리위원회 • 국가기록관리위원회
제4장 기록물의 생산 • 기록물 생산의 원칙, 기록물의 생산의무, 기록물의 등록 · 분류 · 편철 등
제5장 기록물의 관리 • 기록물의 관리, 전자기록물의 관리, 중요 기록물의 이중보존 • 간행물의 관리, 시청각 기록물의 관리, 행정박물의 관리, 폐지기관의 기록물관리 • 기록물의 회수, 기록물의 폐기, 기록물평가심의회 • 기록물관리기관의 시설 · 장비 • 기록매체 및 용품 등 기록물 보안 및 재난 대책, 보존 · 복원 기술의 연구 · 개발 • 기록물 관리기준 • 처리과의 기록관리, 기록관 및 특수기록관의 기록관리, 영구기록물관리기관의 기록관리 • 기록관리 평가 및 실태점검

제7장 비밀 기록물의 관리
제8장 기록물의 공개 · 열람 및 활용
제9장 기록물관리의 표준화 및 전문화
제10장 민간기록물 등의 수집 · 관리
제11장 보칙
제12장 벌칙

이 법령에 따르면 상담기관은 상담기록의 관리를 위하여 다음의 조치를 취해야 한다.

- 모든 상담과 관련한 모든 활동은 기록으로 작성되어야 하며, 적합한 방법에 의해 등록되어야 한다.
- 상담활동의 구분에 의한 기록분류체계를 마련하고 보존기간 등이 포함된 기록관리기준표를 운용해야 한다.
- 처리과 혹은 담당부서에서는 기록을 폐기할 수 없으며, 종결된 상담활동의 기록은 2년 내지는 10년 이내에 기관의 기록관으로 이관하여 보존해야 한다.
- 보존기간이 종료된 기록은 기록관 기록물관리 전문요원의 심사 등의 절차를 거쳐 폐기해야 한다.
- 영구 및 준영구 등 장기보존의 대상이 되는 기록은 안전한 보존을 위하여 보존매체 수록 등의 보존처리를 실행해야 한다.
- 기록관을 통해 정보공개청구에 대한 이용제공 서비스를 실행해야 한다.
- 통합적인 보존관리를 위하여 보존서고와 설비, 인력 등을 갖춘 기록관을 운영하거나 특정 부서를 지정하여 기록관 업무를 수행하도록 해야 한다.

3. 정보의 공개 및 보호에 관한 국가 법령

기록정보의 관리에 있어서 가장 중요한 분야의 하나인 정보의 공개와 보호에 관한 국가 법령도 준수대상이다. 우선 「공공기관의 정보공개에 관한 법률(약칭: 정보공개법)」은 "공공기관이 보유 · 관리하는 정보에 대한 국민의 공개청구 및 공공기관의 공개의무에 관하여 필요한 사항을 정함으로써 국민의 알 권리를 보장하고 국정에 대한 국민의 참여와 국정운영의 투명성을

표 2-3 「공공기관의 정보공개에 관한 법률」 주요 구성

제1장 총칙 • 목적, 정의, 정보공개의 원칙, 적용범위, 공공기관의 범위
제2장 정보공개 청구권자와 공공기관의 의무 • 정보공개 청구권자, 공공기관의 의무 • 행정정보의 공표, 정보목록의 작성 · 비치, 공개대상 정보의 원문공개
제3장 정보공개의 절차 • 비공개 대상 정보 • 정보공개의 청구방법, 정보공개 여부의 결정, 정보공개 여부 결정의 통지 • 제3자의 의견청취, 정보생산 공공기관의 의견청취, 관계 기관 및 부서 간의 협조 • 정보공개심의회, 정보공개책임관 • 부분 공개, 정보의 전자적 공개, 즉시 처리가 가능한 정보의 공개 • 정보공개처리상황의 기록, 비용 부담
제4장 불복 구제 절차 • 이의신청, 행정심판, 행정소송 • 제3자의 비공개 요청 등
제5장 정보공개위원회 등 • 정보공개위원회의 설치, 위원회의 구성 등 • 제도 총괄 등, 자료의 제출 요구, 운영실태 평가, 정보공개 운영에 관한 보고 • 위임규정, 신분보장

확보함"을 목적으로 한다. 공공기관이라는 용어를 상담기관으로 바꾸어 읽어 보면 이 법의 취지는 더욱 명확하게 이해된다. 용어의 정의 편에서는 '정보'와 '공개'의 정의에 유의해야 한다. '정보'는 사실상 기록과 같은 의미로 사용되고 있음을 알 수 있다. '공개'는 "정보를 열람하게 하거나 그 사본·복제물을 교부하는 것 또는 정보통신망을 통하여 정보를 제공하는 것 등"을 말하는데, 기본적으로는 정보공개 청구자와 같은 구체적인 대상자가 있음을 의미한다. 적용범위와 관련한 공공기관의 범주는 대체로 기록관리 법령과 유사하지만, 일종의 준공공기관으로서 사회복지 분야의 법인체가 포함되고 있는 점도 유의해야 한다. 결론적으로 말해서, 「정보공개법」 역시 사설 상담기관이 아닌 이상 대부분이 준수해야 하는 국가 법령이다.

「정보공개법」에서 특히 주목되는 것은 비록 개인정보에 해당하는 것은 비공개대상이 될 수 있으나, 개인에 대한 식별이 가능한 부분을 제외하고는 얼마든지 제공될 수 있다는 점이다. 다만, 이러한 개인과 관련된 사항이 포함된 기록정보에 대한 요청이 들어올 경우 당사자로부터 이용제공 여부에 관한 의견을 들을 수 있으며, 불가피하게 이용신청자에게 해당 기록정보를 제공하더라도, 당사자는 이러한 정보제공에 불복하여 이의를 제기하거나 소송을 제기하는 등 행정적으로 분쟁화할 수 있는 권리가 주어진다. 어쨌든 이 법령에 따르면 상담기관 역시 다음의 조치를 취해야 한다.

- 상담기록의 공개 여부에 대한 판단을 실시해야 한다.
- 정보공개청구를 위한 소장 기록에 대한 정보목록을 갖추어야 한다.
- 정보공개의 접수와 처리를 위한 조직과 담당인력을 갖추어야 한다.
- 정보공개의 처리과정을 기록화해야 한다.

한편, "개인정보의 처리 및 보호에 관한 사항을 정함으로써 개인의 자유와 권리를 보호하고, 나아가 개인의 존엄과 가치를 구현함을 목적"으로 하는 「개인정보 보호법」도 준수해야 할 국가 법령이다. 이 법령에서 개인정보란 "살아 있는 개인에 관한 정보로서 성명, 주민등록번호 및 영상 등을 통하여 개인을 알아볼 수 있는 정보"이며, 해당 정보만으로는 특정 개인을 알아볼 수 없더라도 다른 정보와 쉽게 결합하여 알아볼 수 있는 것을 포함한다. 특히 개인정보의 수집, 생성, 연계, 연동, 기록, 저장, 보유, 가공, 편집, 검색, 출력, 정정(訂正), 복구, 이용, 제공, 공개, 파기(破棄), 그 밖에 이와 유사한 행위 모두를 일컫는 개인정보의 처리과정에서 각별한 주의를 요구하고 있다.

표 2-4 「개인정보 보호법」 주요 구성

제1장 총칙 • 목적, 정의, 개인정보 보호 원칙, 정보주체의 권리, 국가 등의 책무 • 공공기관의 범위, 영상정보처리기기의 범위
제2장 개인정보 보호정책의 수립 등 • 개인정보 보호위원회, 위원의 제척 · 기피 · 회피, 전문위원회, 의사의 공개 • 기본 계획의 수립절차, 시행계획의 수립절차, 자료제출 요구 등의 범위와 방법 • 개인정보 보호지침, 자율규제의 촉진 및 지원, 국제협력
제3장 개인정보의 처리 제1절 개인정보의 수집, 이용, 제공 등 • 개인정보의 수집 · 이용, 개인정보의 수집 제한, • 개인정보의 제공, 개인정보의 목적 외 이용 · 제공 제한 • 공공기관에 의한 개인정보의 목적 외 이용 또는 제3자 제공의 공고, 개인정보를 제공 받은 자의 이용 · 제공 제한 • 정보주체 이외로부터 수집한 개인정보의 수집 출처 등 고지 • 개인정보의 파기 • 동의를 받는 방법 제2절 개인정보의 처리 제한 • 민감정보의 처리 제한, 민감정보의 범위 • 고유식별정보의 처리 제한, 고유식별정보의 범위, 고유식별정보의 안전성 확보 조치, 주민등록번호 처리의 제한

- 영상정보처리기기의 설치 · 운영 제한, 영상정보처리기기 운영 · 관리 방침, 영상정보처리기기 설치 · 운영 지침
- 업무위탁에 따른 개인정보의 처리 제한, 영업양도 등에 따른 개인정보의 이전 제한
- 개인정보취급자에 대한 감독

제4장 개인정보의 안전한 관리

- 안전조치의무, 개인정보의 안전성 확보 조치
- 개인정보 처리방침의 수립 및 공개, 개인정보 처리방침의 내용 및 공개방법 등
- 개인정보 보호책임자의 지정, 개인정보 보호책임자의 업무 및 지정요건 등
- 개인정보파일의 등록 및 공개, 개인정보파일의 등록사항
- 개인정보 영향평가, 평가기관의 지정 및 지정취소, 영향평가의 평가기준 등
- 개인정보 유출 신고의 범위 및 기관, 개인정보 유출 통지의 방법 및 절차
- 과징금의 부과 등, 과징금의 부과기준 등
- 개인정보 보호업무 관련 장부 및 문서 서식

제5장 정보주체의 권리 보장

- 개인정보의 열람절차 등, 개인정보 열람의 제한 · 연기 및 거절, 열람 요구 지원시스템의 구축 등
- 개인정보의 정정 · 삭제, 개인정보의 처리정지 등
- 권리행사의 방법 및 절차, 손해배상책임
- 대리인의 범위 등, 정보주체 또는 대리인의 확인
- 수수료 등의 금액 등

제6장 개인정보 분쟁조정위원회

- 설치 및 구성, 위원의 신분보장, 위원의 제척 · 기피 · 회피
- 조정의 신청 등, 처리기간, 자료의 요청 등, 조정 전 합의 권고
- 분쟁의 조정, 조정의 거부 및 중지, 집단분쟁조정, 조정절차 등, 분쟁조정 세칙
- 집단분쟁조정의 신청 대상, 집단분쟁조정 절차의 진행

제7장 개인정보 단체소송

- 단체소송의 대상 등, 전속관할, 소송대리인의 선임
- 소송허가신청, 소송허가요건 등, 확정판결의 효력, 「민사소송법」의 적용 등

제8장 보칙

- 적용의 일부 제외, 금지행위, 비밀유지 등, 의견제시 및 개선권고
- 침해 사실의 신고 등, 자료제출 요구 및 검사, 시정조치 등, 고발 및 징계권고
- 결과의 공표, 연차보고, 권한의 위임 · 위탁, 벌칙, 벌칙자, 양벌규정, 과태료
- 규제의 재검토

이 법령은 개인정보 보호의 원칙을 다음과 같이 규정한다.

- 개인정보처리자는 개인정보의 처리 목적을 명확하게 하여야 하고 그 목적에 필요한 범위에서 최소한의 개인정보만을 적법하고 정당하게 수집하여야 한다.
- 개인정보처리자는 개인정보의 처리 목적에 필요한 범위에서 적합하게 개인정보를 처리하여야 하며, 그 목적 외의 용도로 활용하여서는 아니 된다.
- 개인정보처리자는 개인정보의 처리 목적에 필요한 범위에서 개인정보의 정확성, 완전성 및 최신성이 보장되도록 하여야 한다.
- 개인정보처리자는 개인정보의 처리 방법 및 종류 등에 따라 정보주체의 권리가 침해받을 가능성과 그 위험 정도를 고려하여 개인정보를 안전하게 관리하여야 한다.
- 개인정보처리자는 개인정보 처리방침 등 개인정보의 처리에 관한 사항을 공개하여야 하며, 열람청구권 등 정보주체의 권리를 보장하여야 한다.
- 개인정보처리자는 정보주체의 사생활 침해를 최소화하는 방법으로 개인정보를 처리하여야 한다.
- 개인정보처리자는 개인정보의 익명처리가 가능한 경우에는 익명에 의하여 처리될 수 있도록 하여야 한다.
- 개인정보처리자는 이 법 및 관계 법령에서 규정하고 있는 책임과 의무를 준수하고 실천함으로써 정보주체의 신뢰를 얻기 위해 노력하여야 한다.

여기서 말하는 개인정보처리자는 “업무를 목적으로 개인정보파일을 운용하기 위하여 스스로 또는 다른 사람을 통하여 개인정보를 처리하는 공공기관, 법인, 단체 및 개인 등"을 말하는 것으로, 결국 상담기관이나 상담자 본인이 될 수 있다.

또한 개인정보의 주체인 당사자는 자신의 개인정보 처리와 관련하여 다음과 같은 권리를 가진다.

- 개인정보의 처리에 관한 정보를 제공받을 권리
- 개인정보의 처리에 관한 동의 여부, 동의 범위 등을 선택하고 결정할 권리
- 개인정보의 처리 여부를 확인하고 개인정보에 대하여 열람(사본의 발급 포함)을 요구할 권리
- 개인정보의 처리 정지, 정정 · 삭제 및 파기를 요구할 권리
- 개인정보의 처리로 인하여 발생한 피해를 신속하고 공정한 절차에 따라 구제 받을 권리

개인정보의 수집을 비롯한 처리과정에서 정보주체인 당사자에게 이 같은 처리의 동의를 반드시 얻어야 하며, 특히 개인정보의 수집 · 이용 목적과 수집하려는 개인정보의 항목, 개인정보의 보유 및 이용 기간, 동의를 거부할 권리가 있다는 사실 및 동의 거부에 따른 불이익이 있는 경우에는 그 불이익의 내용 등을 고지해야 한다.

개인정보처리자는 정보주체 또는 제3자의 이익을 부당하게 침해할 우려가 있을 때를 제외하고는, 개인정보를 목적 외의 용도로 이용하거나 이를 제3자에게 제공할 수 있다. 구체적인 내용은 다음과 같다.

- 정보주체로부터 별도의 동의를 받은 경우
- 다른 법률에 특별한 규정이 있는 경우
- 정보주체 또는 그 법정대리인이 의사표시를 할 수 없는 상태에 있거나

주소불명 등으로 사전 동의를 받을 수 없는 경우로서, 명백히 정보주체 또는 제3자의 급박한 생명, 신체, 재산의 이익을 위하여 필요하다고 인정되는 경우

- 통계작성 및 학술연구 등의 목적을 위하여 필요한 경우로서 특정 개인을 알아볼 수 없는 형태로 개인정보를 제공하는 경우
- 개인정보를 목적 외의 용도로 이용하거나 이를 제3자에게 제공하지 아니하면 다른 법률에서 정하는 소관 업무를 수행할 수 없는 경우로서 보호위원회의 심의 · 의결을 거친 경우 (공공기관 한정)
- 조약, 그 밖의 국제협정의 이행을 위하여 외국정부 또는 국제기구에 제공하기 위하여 필요한 경우 (공공기관 한정)
- 범죄의 수사와 공소의 제기 및 유지를 위하여 필요한 경우 (공공기관 한정)
- 법원의 재판업무 수행을 위하여 필요한 경우 (공공기관 한정)
- 형(刑) 및 감호, 보호처분의 집행을 위하여 필요한 경우 (공공기관 한정)

또한 다른 법령에 따라 보존하여야 하는 경우을 제외하고는, 보유기간의 경과, 개인정보의 처리 목적 달성 등 그 개인정보가 불필요하게 되었을 때에는 지체 없이 그 개인정보를 파기하여야 한다.

이러한 개인정보보호 법령의 준수를 위해서 상담기관은 내담자의 개인정보에 대하여 각별한 주의를 기울여야 한다. 개인정보에 대한 조직 차원의 통제를 실행하여 정보주체인 당사자의 권익을 보호해야 함은 물론이고, 소홀한 취급으로 인하여 기관 혹은 상담자에게 불명예나 불이익이 초래되지 않도록 기록정보의 관리에 유의해야 한다.

4. 상담 분야의 윤리규정과 기록관리

상담기록에 관한 또 다른 규제 환경 중 고려해야 할 것은 학회의 규정이다. 한국상담학회 및 상담심리학회는 상담자의 윤리강령 내에 기록관리에 관한 내용을 담고 있다. 상담심리학회와 상담학회에서는 상담에 관한 기록관리를 상담자의 의무로 규정하고 있다. 두 학회는 모두 상담자의 기록에 관한 의무를 부과하고 있으며 비밀보장과 비밀보장의 한계, 고용 상황 및 상담기관 운영에서 상담자가 지켜야 할 기록관련 기준을 제시하고 있다. 관련 주요 내용을 정리하고 몇 가지 논의를 덧붙이면 다음과 같다.

첫째, 상담자는 상담기록을 작성해야 할 의무를 지닌다. 또한 상담기관은 상담의 기록화 및 보관에 관한 규정을 마련해야 한다. 다만, 상담기관이 마련해야 할 상담기록 관리에 관한 상세규정은 현재로서는 제공되지 않고 있다.

둘째, 상담자는 상담기록을 관리함에 있어서 개인의 비밀을 보호해야 하며, 이를 타인에게 공개할 때에는 내담자의 직접적인 동의가 있어야 한다. 또한 내담자가 자신의 상담기록을 열람하거나 요구할 때 상담자와 상담기관은 이에 응해야 한다. 즉, 상담기록은 일정한 요청에 의해 공개될 수 있는 기록이며, 따라서 공개를 전제로 기록은 생산되고 관리되어야 한다.

셋째, 상담기록이 교육이나 연구, 자문 또는 출판을 목적으로 사용될 수 있으나 이때에는 반드시 내담자의 동의를 구해야 하며, 익명성이 보장되도록 자료를 변형하거나 삭제하여야 한다.

상담심리학회와 한국상담학회의 윤리강령 중 관련 내용을 정리한 것은 다음과 같다.

표 2-5 상담심리학회 및 상담학회 윤리강령에 나타난 상담자의 기록관리 의무

상담자의 기록의 의무	
상담심리학회	(1) 법, 규제 혹은 제도적 절차에 따라, 상담심리사는 내담자에게 전문적인 서비스를 제공하기 위해서 반드시 기록을 보존한다. (2) 상담심리사는 녹음 및 기록에 관해 내담자의 동의를 구한다. (3) 상담심리사는 면접기록, 심리검사자료, 편지, 녹음·녹화 테이프, 기타 문서기록 등 상담과 관련된 기록들이 내담자를 위해 보존된다는 것을 인식하며, 상담기록의 안전과 비밀보호에 책임진다. (4) 상담기관이나 연구단체는 상담기록 및 보관에 관한 규정을 작성해야 하며, 그렇지 않을 경우 상담기록은 상담심리사가 속해 있는 기관이나 연구단체의 기록으로 간주한다. 상담심리사는 내담자가 기록에 대한 열람이나 복사를 요구할 경우, 그 기록이 내담자에게 잘못 이해될 가능성이 없고 내담자에게 해가 되지 않으면 응하는 것이 원칙이다. 단, 여러 명의 내담자를 상담하는 경우, 다른 내담자와 관련된 사적인 정보는 제외하고 열람하도록 한다. (5) 상담심리사는 기록과 자료에 대한 비밀보호가 자신의 죽음, 능력상실, 자격박탈 등의 경우에도 보호될 수 있도록 미리 계획을 세운다. (6) 상담심리사는 상담과 관련된 기록을 보관하고 처리하는 데 있어서 비밀을 보호해야 하며, 이를 타인에게 공개할 때에는 내담자의 직접적인 동의가 있을 때에만 가능하다. (7) 상담심리사는 다음에 정한 바와 같이 비밀보호의 예외가 존재하는 경우를 제외하고는, 내담자의 서면 동의 없이는 제3의 개인, 단체에게 상담기록을 밝히거나 전달하지 않는다.
상담학회	-
상담정보의 보호	
상담심리학회	(1) 상담심리사는 내담자의 사생활 침해를 최소화하기 위해서 문서 및 구두상의 보고나 자문 등에서 실제 의사소통된 정보만을 포함시킨다. (2) 상담심리사는 고용인, 지도감독자, 사무보조원 그리고 자원봉사자들을 포함한 직원들에게도 내담자의 사생활과 비밀이 보호되도록 주지시켜야 한다. (3) 내담자의 기록이 전자정보 형태로 보존되어 제3자가 내담자의 동의 없이 접근할 수 있을 때, 상담심리사는 적절한 방법을 통해 내담자

	의 신상이 드러나지 않도록 조치를 취한다.
상담학회	(1) 상담자는 내담자에 대한 상담기록 및 보관을 윤리규준에 따라 시행한다. 또한 상담자는 상담내용의 녹음 및 기록에 관해 내담자의 동의를 구해야 한다. (2) 상담자는 내담자가 기록에 대한 열람이나 복사를 요구할 경우, 그 기록이 내담자에게 잘못 이해될 가능성이 없고 내담자에게 해가 되지 않으면 응하는 것이 원칙이다. 다만, 여러 명의 내담자를 상담하는 경우, 다른 내담자와 관련된 사적인 정보는 제외하고 열람하거나 복사하도록 한다. (3) 상담자는 상담과 관련된 기록을 보관하고 처리하는 데 있어서 비밀을 유지해야 하며, 이를 타인에게 공개할 때에는 내담자의 직접적인 동의를 구해야 한다. (4) 상담자는 내담자 개인 및 사회에 임박한 위험이 있다고 판단되는 등의 비밀보호의 예외가 존재하는 경우를 제외하고는, 내담자의 서면 동의 없이는 제3의 개인이나 단체에게 상담기록을 공개하거나 전달해서는 안 된다. (5) 상담자는 가족상담을 할 때 각 개인의 비밀보장에 대한 권리와 그 비밀보장을 유지해야 할 의무와 관련해 참여한 모든 사람으로부터 동의를 구하고 그 동의 사항을 문서에 기록한다. (6) 상담자는 내담자의 기록이 전자정보의 형태로 보존되어 제3자가 내담자의 동의 없이 접근할 가능성이 있을 때, 적절한 방법을 통해 내담자의 신상이 드러나지 않도록 조치를 취한다. (7) 상담자는 컴퓨터, 이메일, 팩시밀리, 전화, 음성메일, 자동응답기 그리고 다른 전자 테크놀로지를 사용해 정보를 전송할 때는 비밀이 유지될 수 있도록 사전에 주의를 기울인다.
내담자의 권리	
상담심리학회	내담자는 비밀유지를 기대할 권리가 있고 자신의 사례기록에 대한 정보를 가질 권리가 있으며, 상담 계획에 참여할 권리, 어떤 서비스에 대해서는 거절할 권리, 그런 거절에 따른 결과에 대해 조언을 받을 권리 등이 있다.
상담학회	-

연구관련 상담정보의 이용	
상담심리학회	(1) 교육이나 연구 또는 출판을 목적으로 상담관계로부터 얻어진 자료를 사용할 때에는 내담자의 동의를 구해야 하며, 각 개인의 익명성이 보장되도록 자료 변형 및 신상 정보의 삭제와 같은 적절한 조치를 취하여 내담자의 신상에 피해를 주지 않도록 한다. (2) 다른 전문가의 자문을 구할 경우, 상담심리사는 사전에 내담자의 동의를 구해야 하며, 적절한 조치를 통해 내담자의 사생활과 비밀을 보호하도록 노력한다. (3) 상담심리사는 특별한 경우를 제외하고는, 내담자나 내담자가 위임한 법적 대리인의 동의가 있을 경우에만 그 내담자의 신분이 드러날 만한 자료(예: 계약서, 상담이나 인터뷰 기록, 혹은 설문지)를 공개한다. 그와 같은 자료는 그 자료를 해석할 만한 능력이 있다고 상담심리사가 인정하는 전문가에게만 공개되어야 한다.
상담학회	(1) 상담자는 피험자에게 연구의 필요성을 포함하여 연구에 관한 전반적인 사항에 대해 상세히 설명하여 동의를 얻어야 하며, 그들이 자발적으로 연구에 참여하도록 해야 한다. (2) 상담자는 내담자를 포함시키는 연구를 수행할 때 사전 동의 절차에서 내담자가 연구활동에 참여할 것인지에 대해 자유롭게 선택할 수 있다는 점을 명확하게 한다. (3) 상담자는 연구 과정에서 연구 참여자에 대해 획득한 정보를 비밀로 유지한다. (4) 상담자는 학술 프로젝트나 연구가 완료되면 합당한 기간 내에 연구 참여자의 신분을 확인할 수 있는 자료나 정보가 포함된 오디오, 비디오, 인쇄물과 같은 기록이나 문서를 파기하는 조치를 취한다.
기타 상담기관 운영관련 인력정보	
상담심리학회	상담기관 운영자는 다음 목록을 작성해 두어야 한다. 기관에 소속된 상담심리사의 증명서나 자격증은 그중 최고 수준의 것으로 하고, 자격증의 유형, 주소, 연락처, 직무시간, 상담의 유형과 종류, 그와 관련된 다른 정보 등이 정확하게 기록되어야 한다.

상담학회	상담기관 운영자는 상담기관에 소속된 상담자의 증명서나 자격증은 그 중 최고 수준의 것으로 하고, 자격증의 유형, 주소, 연락처, 직무시간, 상담의 유형과 종류, 그와 관련된 다른 정보 등이 정확하게 기록된 목록을 작성해 두어야 한다.

미국심리학회가 제정한 『기록관리지침서』(APA, 2007)는 상담기록관리에 대한 보다 체계적인 관점을 제공하고 있다. 이 지침서는 상담기록관리의 원칙을 주의 법(state law)과 연방법, 그리고 「건강보험법(HIPAA)」을 준수하는 데서 출발하고 있다. 주의 법과 윤리강령을 준수할 책임을 상담자에게 지우고 있다. 한 번 기록된 정보를 지우거나 변경하는 것을 엄격히 금지하고 있으며, 사전 동의를 통해 내담자에게 기록관리의 과정과 범위를 알리도록 강제한다. 상담자는 정확한 기록을 남길 책임과 함께 상담자 및 다른 사람들이 합법적인 절차를 통해 기록을 사용할 수 있도록 관리할 책임 또한 갖는다. 상담자는 기록의 이관과 폐기까지도 책임을 다해야 한다. 즉, 상담기록의 무결성, 기밀성 및 활용성의 원칙하에 체계적으로 관리되어야 함을 선언하고 있다. 또한 기록의 생산뿐 아니라 기록의 관리, 유지 및 처분 등의 전 과정에 대한 틀을 제공하고 있다. 주요 내용을 정리하면 다음과 같다. 세부적인 내용은 부록 3에 제시하였다.

표 2-6 미국심리학회 기록관리지침서(APA, 2007)의 주요 내용

지침 1. 기록에 대한 책임: 상담자는 자신의 상담기록의 유지와 보유에 대한 책임이 있다.

지침 2. 기록의 내용: 상담자는 자신의 관할 지역에서 요구되는 바에 따라, 현재 일어나는 일에 대해(current), 정확하고(accurate), 적절한(pertinent) 상담기록을 유지하려 노력하고 있다. 기록에는 심리상담의 성격 · 전달 · 과정과 결과 등의 정보, 또한 그와 관련된 비용에 관한 내용이 포함된다.

지침 3. 기록의 비밀유지: 상담자는 상담과정에서 알게 된 정보에 대한 비밀보장을 위하여 필요한 합리적인 체제를 설립하고 유지한다.

지침 4. 기록관리 과정의 공개: 적절한 시기에 상담자가 내담자에게 기록관리 과정의 성격과 그 범위를 알린다.

지침 5. 기록의 유지: 상담자는 기록의 정확성을 보장할 수 있도록 기록을 유지하고 기록관리를 체계화하며, 상담자 및 다른 사람들이 합법적인 절차를 통해 이용하기 쉽게 하기위해 노력한다.

지침 6. 보안: 기록이 무단접근, 훼손, 파기로부터 안전하도록 상담자는 적절한 절차를 거쳐야 한다.

지침 7. 기록의 보존: 상담자는 해당 법률과 규정을 인식하고, 법적 · 제도적 · 윤리적으로 요구되는 기간 동안 기록을 보존하기 위해 노력한다.

지침 8. 기록의 맥락 유지: 상담자는 기록이 만들어진 상황에 따른 맥락, 그 맥락이 기록의 내용에 어떤 영향을 끼치는지 주의를 기울인다.

지침 9. 전자기록: 전자기록은 문서기록과 마찬가지로 보안, 무결성, 비밀보장 및 접근통제가 지켜져야 할 뿐 아니라 해당 법과 윤리적 요구사항들에 대한 준수가 이루어지며, 보호되도록 작성되고 유지되어야 한다.

지침 10. 조직 환경에서의 기록관리: 조직 환경(예: 병원, 학교, 공공 기관, 교도소)에서 일하는 상담자들은 APA 윤리강령뿐만 아니라, 해당기관 내 기록관리규정 및 절차를 따르려 노력한다.

지침 11. 다수의 복합적 내담자를 대상으로 한 상담기록: 상담자는 부부와 연인 상담, 가족상담, 집단상담을 할 때, 모든 구성원의 사생활 및 비밀정보 보호를 위해 기록관리 절차에 더욱 주의를 기울여야 한다.

지침 12. 재무 기록: 상담자는 재무 기록에 있어서 정확성을 유지하기 위해 노력한다.

지침 13. 기록의 처분: 상담자는 더 이상 자신이 직접적으로 기록을 통제하지 못하고 기록을 처분하려 할 때, 치료의 지속성 · 기록에 대한 적절한 접근을 보장하기 위해 기록 이관을 계획한다. 상담자는 비밀보장성을 유지하고 기록의 복구를 방지할 수 있는 방법을 찾으려 노력한다.

5. 상담기록관리 규정의 개발

상담기관의 기록관리의 목표는, 첫째, 내담자에게 최고의 상담서비스를 제공하기 위해 기록을 생산하고 관리하는 표준을 마련하는 것이고, 둘째,

상담자가 전문가로서의 법적 · 윤리적 책임을 다하고 이에 대해 의문이 제기되었을 때 상담자를 보호하는 것이다. 이를 위해 상담기록의 생산, 수집, 분류, 이용, 폐기의 각 단계마다 일관성 있고 구체적인 절차가 제시되어야 한다. 기관장 및 관리자는 기록관리 목표를 조직 전체에 공표함으로써 그 내용을 전 구성원에게 알리고 구성원이 준수해야 할 구체적인 기록관리 책임을 부여해야 한다.

상담기관 기록관리의 최종적인 책임은 기관장에게 있다. 하지만 개별적인 단계의 기록관리 책임은 모든 상담자와 직원에게 적용된다. 구체적으로 누구에게 어느 정도의 책임을 부여할 것인가가 명문화되는 것이 바람직하다. 기관장은 상담업무의 담당자인 상담자, 기록관리자, 고위경영진, 시스템 관리자 등 조직의 모든 임직원에게 이러한 책임을 부여해야 하고, 이들에게 설명책임도 부여된다는 것을 명료화해야 한다.

기관의 정책이 실현되기 위해서는 기록관리를 위한 예산과 공간이 배정되어야 한다. 기관장 및 상급 관리자는 기록을 집중적으로 관리하고 통제할 부서와 조직을 설치하고 그에 필요한 공간과 시설, 장비, 예산 등의 물적 자원을 충분히 확보하여야 한다. 기록관리 업무를 수행할 수 있는 기록관리요원을 포함하여 적절한 인력을 배치하여야 한다. 상담기록관리 담당자가 상담 업무와 기록관리 업무를 두루 잘 알고 있는 사람이라면 가장 바람직하겠지만 그렇지 못할 경우 기록관리에 관한 일정 교육을 수료한 사람이어야 함은 물론이다. 기록관리와 관련한 컨설턴트의 자문을 받는 것도 좋은 방법이 될 수 있다.

이러한 기록관리의 목표와 정책을 명문화한 것이 바로 기록관리규정이다. 규정은 상담기관에 속한 모든 사람의 업무활동과 그로부터 산출되는 상담기록에 대한 기본적인 규제로 작용하게 될 것이다. 앞에서 살펴본 법률이나 학회의 윤리규정 등이 정책 수립의 외부적인 규제환경이라면 기관의 정책을 담은 내부적인 규제요건이 기록관리규정이라고 할 수 있다. 물론 관련 법령의 직접적인 규제를 받는 공공 분야의 상담기관이라면 해당 법령의 내용을 그대로 준용해야 하겠지만, 여기서는 법령의 틀을 수용하면서도 법령이 허용하는 범위를 고려하고, 또한 일반 사설 상담기관도 어느 정도는 수용할 수 있으리라 판단되는 수준에서 일종의 모형을 제시해 보고자 한다. 상담기록관리규정(안)의 주요 내용은 다음과 같다. 구체적인 내용은 부록 2에 수록하였다.

(1) 총칙

총칙에서는 본 규정의 목적을 명확히 하고, 적용범위를 제시하며, 규정에서 사용되는 핵심적인 용어들의 정의를 규정한다. 특히 여기서는 상담기관의 일반 행정기록 대신 상담활동에서 산출되는 상담기록에 초점을 두고 제안한다.

(2) 상담기록관리실

기록관리의 정책과 제도를 운영하고 통합적인 보존을 실현하기 위하여 중추적인 책임부서로서 상담기록관리실을 설치하고, 전담인력으로서 기록관리 분야의 전문 인력을 배치하며, 각종 심의사항을 다룰 기록관리위원회를 구성하여 운영한다. 상담기록관리실의 설비 등에 대해서는 별도로 규정하지 않는 대신 관련 법령의 기준을 준수하도록 한다.

(3) 상담기록관리기준표

상담업무로부터 산출되는 기록의 체계적인 분류체계를 구축하기 위해 단위과제별 기록시리즈를 확정하고, 기록시리즈별 편철기준과 보존기간, 기록관리실로의 이관시기, 접근통제를 위한 구분 등 핵심적인 기록관리 조치를 일관되게 운영할 기준을 제시함으로써, 상담기록에 적용할 기록관리기준표를 작성하여 운영한다.

(4) 상담실의 기록관리

실제 상담업무를 수행하며 상담기록을 생산, 접수, 결재, 유통하는 상담실을 대상으로 초기 기록관리업무의 책임을 명시하고, 기록의 생산, 등록, 분류, 편철, 정리, 보관, 생산현황의 통보 및 기록의 이관 등 세부사항을 규정한다.

(5) 상담기록관리실의 보존관리

상담기록의 통합적인 보존관리를 수행하는 기록관리실의 역할 범주와 세부사항을 규정한다. 여기에는 상담실로부터의 기록 인수 이 외에도 중요 관련 자료의 수집, 수집된 기록의 소장 등록, 비전자기록의 전자적 관리를 위한 조치와 전자기록의 보존관리, 장기보존이 필요한 중요 기록의 보존매체 수록과 보존처리, 보존기간이 종료된 기록의 폐기와 서고 관리, 그리고 상담실을 대상으로 한 현황점검 및 교육 등이 포함된다. 기타 간행물 및 시청각기록 등 특수 성격의 기록에 대한 관리를 포함한다.

(6) 상담기록의 공개와 보호

상담기록에 포함된 정보의 안전한 보호와 원할한 정보제공 서비스를 위하여, 관련 국가 법령에 의한 정보공개의 운영과 개인정보의 보호 등에 관한 내용을 규정한다. 기록의 작성 단계부터 공개 여부를 구분하여 운영하고, 최대한 원할한 이용이 가능하도록 제공하되, 비공개 정보 및 개인정보, 사생활 정보 등의 안전한 보호를 수행하도록 규정한다. 비공개 대상의 기록정보도 사안과 필요 여부에 입각해 적합한 조치를 거쳐 제한적으로 이용에 제공할 수 있으며, 중요 기록의 경우 학술연구 등의 지원을 목적으로 활용할 수 있도록 규정한다.

제3장

상담기록의 도구

1. 국가 법령의 기록관리기준표
2. 상담기록의 분류체계
3. 상담기록의 보존기간과 이관시기
4. 상담기록의 접근통제

Record Keeping in Counseling Institution

제3장

상담기록의 도구

기록을 체계적으로 관리하고 보존하는 과정에 필수적으로 필요한 도구들이 있다. 기록관리 국제표준은 기록관리에서 사용하는 주요 도구와 추가 도구로 다음을 들고 있다.

표 3-1 기록관리 국제표준에서 제시한 기록관리 도구

주요 도구	추가 도구
업무활동에 기반한 기록 분류체계 기록처분 지침 보안과 접근	우선어 시소러스 용어집이나 기타 어휘통제 도구

이에 근거하여 상담기록의 관리를 위한 도구를 개발하는 것이 바람직하다. 이 장에서는 상담기록의 관리를 위한 기본 도구로 상담기록 분류체계와 기록처분 지침(보존기간의 책정), 접근통제체계 등을 다뤄 보고자 한다. 특히 이러한 도구를 통합하여 기록관리 법령에서 규정하는 기록관리기준표로 발전시켜 상담기관에서 상담기록을 관리하는 핵심도구로 사용할 수 있도록 제시하고자 한다.

1. 국가 법령의 기록관리기준표

기록관리 국가 법령에서 규정하고 있는 기록관리기준표는 크게 두 영역으로 나뉘어 있다. 하나는 기록의 분류체계이고 다른 하나는 해당 기록에 대한 관리기준이다. 기록의 분류체계는 정책분야 – 정책영역 – 대기능 – 중기능 – 소기능 – 단위과제 등 6단계 계층 구분에 입각한 정부기능분류체계를 사용한다. 여기서 말하는 정부기능분류체계는 중앙 행정부를 기준으로 하는 것이어서, 만일 이를 적용하지 못하는 기관은 관할 영구기록물관리기관과 협의해 별도의 기능분류를 수행하도록 되어 있다. 업무기능과 업무활동에 근거한 기록의 분류체계의 최하단위가 곧 단위과제다. 단위과제는 특정 사업이나 사안을 의미하는 것이 아니라 업무의 최하단위인 만큼 실제로 업무부서에서 대체로 매년 반복되는 활동을 나타낸다. 그 결과, 동일한 성격의 기록들이 만들어지고 편철되어서 하나의 단위과제 아래에 누적된다.

이러한 논리 위에서, 일반적으로 알려져 있는 바와 같이, 기록분류체계는 기록의 보존기간표나 처리일정표, 보안분류체계 등 다양한 기록관리도구를 만들어 내는 근간이 된다. 그 이유는 기록의 동질성에 의거하여 하나의 맥락, 즉 같은 업무기능과 업무활동을 배경으로 생성된 기록이 대체로 동일한 성격을 지니게 되므로 동일한 관리가 가능하기 때문이다. 국가 법령에서는 관리기준 항목을 업무(단위과제)에 대한 설명, 보존기간 및 보존기간 책정사유, 비치기록물 해당 여부, 보존장소, 공개 여부 및 접근권한, 그리고 보존방법 등을 포함하도록 제시하고 있다.

표 3-2 기록관리 법령에서 제시하는 기록관리기준표

단위 과제명	업무 설명	보존 기간	보존기간 책정사유	비치기록 여부	비치 기간	보존 장소	공개 여부	접근 권한	보존 방법

우선 기록의 보존기간은 일반적으로 유한보존과 영구보존으로 구분할 수 있다. 해당 기록을 만들어 낸 업무활동에 대한 증거나 참고의 대상으로 사용되는 것 이 외에도 다양한 목적으로 사용될 가능성이 높은 기록은 대체로 영구보존과 같은 장기보존의 대상이 된다. 반대로 단지 업무와 관련한 용도로만 다시 사용될 기록이라면, 그 필요기간에 근거해 일정한 기간 동안의 보존대상으로 책정된다. 우리나라의 경우 보존기간은 1년, 3년, 5년, 10년, 30년, 준영구, 영구, 7종으로 정하고, 시행령의 별표로 보존기간 책정기준을 제시하고 있다. 물론 이와 같은 보존기간은 국가의 일반적인 행정기관에 해당하는 기준이기 때문에 상담기관에 직접 적용할 수는 없다. 또한 일반적으로 유한보존에 속하는 보존기간의 종류를 이처럼 고정적으로 정해 놓아야만 하는 것도 아니다.

법령에 따르면 기록관리기준표에 규정되는 기록의 보존기간은 중앙기록물관리기관인 국가기록원에서 규정하는 보존기간 준칙에 따라 각 기관에서 정하되, 변동이 있을 경우나 신설되는 단위과제의 경우 관련된 기록물관리기관과 협의를 거쳐 확정해야 한다. 공무원 조직으로 되어 있는 일반 공공기관 이외에 이 법령을 따라야 하는 기관들은 별도 지정될 경우를 빼고는 독자적으로 운영할 수 있다.

한편, 기록관리기준표에 비치기록 여부와 비치기록에 해당할 경우 비치가 허용되는 기간 등을 지정하여 운영한다. 비치기록이란 카드 · 도면 · 대장 등과 같이 주로 사람 · 물품 또는 권리관계 등에 관한 사항의 관리나 확인 등에 수시로 사용되어 계속 비치 · 활용하여야 하는 기록을 말하는데, 관련 업무가 매우 길거나 예측할 수 없어서 한동안 업무부서에 두면서, 기록하는 내용이 추가되거나 계속 업무에 직접 적용해 가는 기록을 의미한다.

이러한 비치기록은 업무가 언제까지 계속되는지 모르는 것이 대부분이나 언젠가는 종결 처리될 계기가 생기기 마련이다. 예를 들어, 인사기록카드의 경우는 당사자가 퇴직할 때, 건축도면의 경우 해당 건물이 헐리거나 재건축으로 더 이상 유용하지 않을 때, 시설관리대장의 경우 시설물의 파괴나 불용처리가 이뤄질 때 해당 대상에 대한 관련 업무는 종료될 것이다. 이때까지가 업무부서에서 기록을 보관하게 되는 소위 비치기간이며, 이 비치기간이 종료되면 다음 연도 중에 기록관으로 해당 기록을 이관해야 한다. 실제 상담기관의 운영 차원에서 이에 해당하는 행정관리적 성격의 기록이 만들어질 가능성이 전혀 없지는 않지만, 상담활동 기록의 경우 비치기록이 생성될 업무는 거의 없어 보여서 상담기록관리기준표에서는 제외하였다.

보존장소에 관해서는 일반 행정기관의 경우 보존기간이 30년 이상 장기간 보존이 필요한 기록을 영구기록물관리기관으로 이관하도록 하고 있다. 30년 미만의 보존기간을 부여받는 기록은 기록을 생성한 기관의 기록관에 보존하다가 보존기간이 종료되면 폐기절차에 들어가고, 30년 이상의 장기보존 대상은 영구기록물관리기관으로 이관하여 보존하도록 하는 것을 기본으로 한다. 다만, 정규 공공기관이 아니거나 혹은 정규 공공기관의 기록이라고 하더라도 역사자료적 가치가 별로 없다고 판단되는 기록은 기록을 생성한 기관의 기록관에 남겨서 보존하도록 한다. 일반적인 상담기관의 경우는 대체로 기록관리부서를 설치하여 모든 보존기간의 기록들을 독자적으로 보존해도 무방할 것으로 판단되므로, 이 역시 상담기록관리기준표에는 포함시킬 필요가 없을 것이다.

기록관리기준표에는 해당 단위과제에서 생성될 기록의 공개구분에 대해서도 기준을 제시하도록 되어 있다. 기록의 공개구분은 건이나 쪽 단위로 시행하도록 기록관리 법령과 정보공개 법령에 일관되게 규정되고 있고, 또한 시간의 경과 등에 따라 공개구분 역시 변화될 수 있다.

공개의 구분은 일반적으로 외부의 민간인이 공공기관의 기록정보를 이용하고자 할 때 적용시키는 기준이라 할 수 있다. 이와는 별도로, 기관 내부에서 특정 정보에 접근할 수 있는 권한을 제한하거나 통제하는 방법이 필요하다. 기록관리기준표에서 제시하는 접근권한의 구분은 기록과 접근자를 기준으로 기록의 내용과 목록정보에 대한 접근범위를 설정하고 있다. 일반적으로 접근권한이 부여되는 기간이나 접근이 허용되는 조건 등에 대해서는 별도의 표기를 요구하지는 않는다. 그러나 이러한 수준에서도 접근권한을 구분하기 위해서는 접근하려는 사람들을 몇 개의 범주로 구분해서 나타낸다든지, 아니면 적어도 내부의 구성원에 대한 접근권한 목록을 작성하고 그 변동을 반영하는 체계가 함께 개발되어야 할 것이다.

비전자적 방식으로 만들어진 기록에 대한 보존방법은 세 가지 중 하나를 선택해서 적용하도록 한다. 기록 원본만을 보존하는 원본보존, 기록을 보존매체에 수록한 후 원본에 대해서는 폐기할 수 있는 대체보존, 원본과 보존매체본 두 가지 다 보존하는 병행보존으로 구분한다. 보존 가치가 매우 높은 기록, 증명자료 또는 업무참고자료로서 열람 빈도가 매우 높을 것으로 예상되는 기록, 원본의 형상 또는 재질 등이 특이하여 문화재적 가치가 있을 것으로 예상되는 기록 등 가장 중요하다고 판단되는 기록이 병행보존의 대상이 되고, 원본을 보존하지 아니하고 내용만 보존하여도 보존 목적을 달성할 수 있다고 인정되는 기록이 대체보존의 대상이 될 수 있다고 규정한다. 이와 별도로, 전자기록의 경우도 중요 기록을 안전하게 보존하기 위해서는 마이크로필름 등 육안식별이 가능한 보존매체를 사용하도록 규정하고 있다.

한편, 법령에서 단위과제별로 지정하여 일정하게 운용하도록 규정하고 있으면서도 기록관리기준으로 채택되지 않은 것이 있는데 바로 기록철 작성기준(편철기준)이다. 이는 하나의 단위과제에서 생성되는 기록을 기록철로 묶는 일정한 기준으로서, 해당 업무를 담당하는 업무부서에서 지정해 운용하도록 규정하고 있다. 이러한 기록철은 대체로 특정한 업무의 추진과정에서 생성되는 기록을 시간순 혹은 절차순으로 묶는 방식, 혹은 업무가 여러 차례 반복적으로 수행되면서 동일한 단계에서 생성된 기록이나 혹은 동일한 형태의 기록으로 편철된다. 어떠한 방식의 편철기준을 채택할지는 해당 업무의 특성이나 혹은 관련 기록들의 관리에 효율적인 방식으로 결정될 것이다.

앞의 특정 업무 추진에 대한 기록만으로 편성하는 경우 해당 기록철에 부여되는 기록철의 제목은 일종의 고유한 사업, 사안으로 식별될 수 있도록 부여될 것이다. 반면에 특정한 단계 혹은 특정한 형태의 기록철에는 내용상의 고유한 식별정보를 담기보다는, 해당 업무 단계나 기록 유형을 의미하는 명칭이 사용될 것이다. 또 대장류의 기록을 만들어 내는 활동 역시 특별히 종료되는 시점 없이 지속되기 때문에 통상 연도나 분기, 월 등을 단위로 인위적으로 기록철을 중단하고 새로운 기록철로 묶는 방식을 사용하기도 하며, 식별정보로서 이러한 연도나 분기, 월 등의 정보가 중요하게 사용된다. 이처럼 기록철을 식별하고 검색하는 것 이 외에도, 기록의 이관이나 폐기 등도 기록철을 단위로 이뤄지기 때문에 단지 업무 차원에서만 판단하는 것은 바람직하지 않다. 기록의 정보화와 관리의 효율성을 함께 고려해야 한다.

더군다나 한번 편철기준이 정해지면 가급적 이를 일관되게 유지하는 것이 필요하며, 비슷한 업무활동(단위과제)을 수행하는 기관이나 부서라면 거의 같은 성격의 기록들에 대해서 공통된 편철기준을 사용하는 것이 바람직하다. 상담활동에 의한 상담기록의 경우도 이처럼 표준적인 편철기준을 마련할 수 있다면, 여러 상담기관이 생성하는 기록들에 대해 접근하거나 이용하는 데에서 매우 유리해질 것이다.

2. 상담기록의 분류체계

오늘날 표준적인 기록의 분류체계는 모든 기록이 업무기능-업무활동-업무행위의 맥락을 배경으로 생성되어 작용한다는 원리를 반영한다. 특정의 업무 사실과 내용이 담긴 기록은 특정의 기능과 활동, 행위와 직접 연관되기 때문이다. 따라서 업무기능과 업무활동의 맥락에 근거하여 분류체계를 설정하는 것이 기록을 구조적으로 파악하는 데에 가장 효과적이며, 기록의 내용과 의미, 업무의 사실과 내용에 대한 이해와 접근을 용이하게 한다(이원규, 2015).

국제표준에 의하면, 기록의 분류체계는 해당 조직의 업무를 반영하고 조직의 업무활동 분석에 기반을 두며, 이러한 업무기능과 업무활동의 분류체계는 다음과 같은 다양한 기록관리 과정을 지원하는 데 활용된다.

- 활동에 대한 연속적인 기록을 제공하기 위해 축적되는 개별 기록들을 연계
- 장기적으로 일관성 있는 방식으로 기록을 명명하도록 보장
- 특별한 기능이나 활동과 관련된 기록을 모두 검색할 수 있도록 지원
- 기록 집합에 대한 보안조치와 접근범위를 적절하게 결정
- 특정한 기록 그룹에 대하여 접근하거나 적절한 행위를 취할 수 있도록 이용자 인증
- 특정한 기록 집합에 대한 관리 책임을 나누어 부여
- 기록을 행위에 따라 나누어 배치
- 적절한 보존기간과 처분행위를 결정

이러한 업무기능과 업무활동에 기반을 둔 기록분류체계를 개발하기 위해

서는 업무활동에 대한 분석이 선행되어야 하는데, 이를 위해서는 다음 사항을 확인하고 분석해야 한다.

- 조직의 목표와 전략
- 이러한 목표와 전략의 추구를 지원하는 조직 기능
- 기능을 구성하는 조직의 업무활동
- 구체적인 업무활동과 처리행위를 수행하기 위해 형성된 업무절차
- 업무활동을 형성하는 모든 구성 단계
- 각각의 구성 단계를 형성하는 모든 처리행위
- 각 업무활동 내에서 반복되는 처리행위 그룹
- 조직의 현존 기록

이러한 분석 결과물은 위계적 업무활동으로 표현될 수 있으며, 필요에 따라 업무과정의 흐름을 표현하여 보완될 수 있다. 이러한 업무활동에 대한 분석의 결과는 대체로 '업무기능-업무활동-업무행위에서 발생할 단위사안'의 계층화된 구조를 갖게 된다.

이러한 업무기능과 업무활동에 기반한 분류체계는 기록과 결합한 기록분류체계로 전환되는데, 일반적으로 고유한 업무활동을 하는 독립적인 조직을 단위로 하는 기록군으로부터, 동일한 성격과 특성을 지닌 기록들의 집합인 '기록시리즈'에 이르는 구조를 나타낸다. 기록분류체계의 기본 단위는 바로 기록시리즈라고 할 수 있다. 동일한 맥락에서 생성되어 동일한 취급이 필요한 기록집합체로서의 기록시리즈다(이원규, 2015).

그러나 국내 기록관리 법령에 의하면, 단위과제라고 하는 업무 맥락의 단위를 상정하고 있을 뿐, 기록시리즈를 기본 단위로 삼지 못하고 있다. 따라서 하나의 단위과제에서 생성되는 기록이 실제로 동일하게 취급될 수 있는가 하는 의문이 들 수 있다(이원규, 2015). 상담기관의 상담기록에 적용할

분류체계를 중앙 행정부의 업무기능과 업무활동에 근거하여 개발한 분류체계로 대체할 수 없다는 것은 분명하다. 더군다나 기록관리 법령에서도 일반 행정기관이 아닌 경우 독자적인 기록분류체계와 기록관리기준표를 제정하여 운영할 수 있도록 허용하고 있다는 점도 고려하여, 상담활동에 근거한 상담기록의 분류체계 개발을 시도하고자 한다. 공공분야와 민간분야에서 이뤄지는 상담활동을 함께 반영할 수 있도록 가상의 전문 상담기관을 상정하여 업무활동을 구분하고 기록시리즈까지 분류체계를 개발해 보았다.

여기에서 업무구분의 기준은 대체로 업무활동의 성격과 절차의 차이에 따른 것으로, 관련 활동의 담당부서를 기준으로 구분하지는 않았다. 경우에 따라서는 몇 개의 상담부서에서 몇 가지 상담활동을 나누어 맡을 수도 있고, 하나의 일을 복수의 상담원이 함께 수행할 수도 있다. 만일 업무활동에 대한 조사와 분석 과정에서 이러한 경우가 실재하는 것으로 파악된다면, 기록시리즈는 다시 구분되어야 할 것이다.

특히 하나의 업무활동에서 산출되는 기록의 경우도 서로 이질적인 성격으로 인해 동일하게 관리하는 것이 바람직하지 않을 경우에는 기록시리즈를 달리 설정하였다. 하나의 업무활동에서 축적되는 기록들이 동일한 성격, 동일한 구성으로 되어 있다면 모르지만, 대장류나 간행물, 시청각기록 등 이질적인 형태의 기록들이 생성된다면 그 취급이 동일할 수만은 없을 것이다. 이러한 점을 고려하자면 업무활동의 분석뿐만 아니라 생성되는 기록에 대한 조사가 필수적이며, 실제 상황에 따라 유연하게 기록시리즈를 설정해야 한다.

이 책에서 상정한 상담기록 전체에 대한 분류체계는 부록 1을 참고하기로 하고, 여기서는 상담기관의 가장 중심적인 기능인 상담운영기능에 따른 업무활동과 기록시리즈를 제시해 본다. 시청각기록이나 기타 일반적이지 않은 형태의 기록은 일단 제외하고 기록시리즈를 설정하였다.

표 3-3 상담기관의 상담활동 및 상담기록 분류체계

업무기능	업무활동(단위과제)	번호	기록시리즈명	편철기준
3 상담 운영 기능	3-1접수면접활동	3-1-1	상담예약접수부시리즈	분기별
		3-1-2	상담배정기록시리즈	분기별
		3-1-3	상담실배정사용일지시리즈	연도별
	3-2개인상담활동	3-2-1	개인상담대장시리즈	연도별
		3-2-2	개인상담기록시리즈	내담자별
		3-2-3	개인상담관련기록시리즈	내담자별
		3-2-4	개인상담지원요청처리대장시리즈	연도별
	3-3집단상담활동	3-3-1	집단상담대장시리즈	연도별
		3-3-2	집단상담기록시리즈	사안별
	3-4온라인상담활동	3-4-1	온라인상담근무대장시리즈	종류별
		3-4-2	전화상담대장시리즈	분기별
		3-4-3	채팅상담대장시리즈	분기별
		3-4-4	비밀상담대장시리즈	분기별
		3-4-5	연계상담대장시리즈	분기별
		3-4-6	사이버상담대장시리즈	분기별
	3-5심리검사활동	3-5-1	심리검사지사용대장시리즈	연도별
		3-5-2	심리검사신청처리대장시리즈	연도별

기록시리즈의 하위에는 기록철이 속하게 되는데, 이는 해당 상담활동이 계속 반복적으로 수행되면서 유사한 상담 사례가 누적되는 현상을 반영한다. 예를 들어, 개인상담이나 집단상담과 같은 활동에서는 상담의 진행 절차에 맞춰 생성되는 기록이 사안별 기록철로 편성될 수 있다. 또한 상담의 진행 절차가 일정하다면 상담 절차의 각 단계마다 생성되는 기록 역시 동일

하거나 유사한 성격을 지니게 되고, 이들 기록을 묶은 사안별 기록철들의 구성도 동일하거나 유사하게 될 것이다. 따라서 하나의 상담활동이 반복되면서 만들어 내는 복수의 기록철들은 결국 동질의 성격을 지니게 되어 동일한 관리조치가 취해질 수 있는 기록시리즈를 형성하게 된다.

3. 상담기록의 보존기간과 이관시기

기록관리 국제표준에서는 기록의 처분 지침을 주요 도구로 제시하고 있다. 여기서 처분이란 "기록의 보유, 파기 또는 이관을 실행하는 것과 관련된 일련의 과정"이라고 설명하는데, 가장 일반적인 경우가 기록의 보존기간을 설정하는 것이라고 할 수 있다. 국제표준은 그에 앞서 어떠한 기록을 일정기간이라도 보존, 보유할 필요가 있는가 하는 문제를 먼저 제시한다. 보존 · 보유해야 할 기록에 대한 대표적인 설명은 다음과 같다.

- 조직의 정책과 행위에 관한 증거와 정보를 제공하는 기록
- 조직이 봉사하는 고객 공동체와 상호작용에 관한 증거와 정보를 제공하는 기록
- 개인과 조직의 권리와 의무를 성문화한 기록
- 학술, 문화 또는 역사적 목적으로 조직의 기억을 축적하는 데 도움이 되는 기록
- 조직 내 · 외부의 이해당사자들이 관심을 갖는 활동에 관한 증거와 정보를 포함하는 기록

이상의 성격을 갖는 기록들은 반드시 보존될 필요가 있다. 어떤 기록을 얼마나 오랫동안 보존할 것인가를 결정하는 것은 법률 · 규정에 따르는 것

이 가장 효과적이라 할 수 있다. 특히 공식적으로 승인받은 처리일정표(기록 처분 지침)를 개발하기 위해서는 내 · 외부의 규제환경, 업무요건이나 책임성 요건, 그리고 위험 평가에 따라 얼마나 오랫동안 기록을 유지해야 할지 결정해야 한다.

이처럼 기록의 보존기간을 결정하는 과정에는 해당 업무활동 담당자와 지정된 기록관리자가 우선적으로 참여해야 하지만, 필요한 경우에는 감사기관과 같은 공인기관의 승인을 받을 수도 있다. 더구나 모든 이해당사자들의 권리와 이해관계가 고려되어야 한다. 이러한 관점에서 기록의 보존기간은 대체로 다음을 충족시킬 수 있어야 한다.

- 현재 및 미래의 업무상 요구를 충족시킨다.
- 기록관리에 적용해야 할 규제환경과 법적 요건을 준수한다.
- 조직 내 · 외부 이해당사자들의 현재와 미래의 요구를 충족시킨다.

기록관리 법령에서는 '보존기간 책정기준'을 제시하고 있는데, 이 역시 일반 행정기관에 해당하는 것이므로 상담기관의 상담기록에 적용시키기 위해서는 전체적으로 검토할 필요가 있다. 상담기록관리규정의 일부로 제시하는 보존기간 책정기준 중에서 영구 및 준영구에 해당하는 기준은 다음과 같다.

표 3-4 상담기록의 보존기간 책정기준 중 영구 및 준영구 대상

보존기간	일반기준
영구	1. 상담과 관련한 제도나 주요 정책의 개발, 결정, 변경과 관련된 기록 2. 연간 업무 계획과 그 결과 및 심사분석, 외부기관의 평가 등에 관한 기록 3. 국가 및 사회적 범죄, 질병, 사건, 사고와 관련된 중요 상담활동의 기록 4. 국가, 지역사회, 관련 기관 등의 역사 서술에 이용될 만큼 중요한 상담활동의 기록

영구	5. 사례자료집, 연보, 백서 등 상담활동의 연혁과 변천사를 규명하는 데 이용될 만큼 중요한 상담활동의 기록 6. 공식 브리핑이 필요할 정도로 사회적으로 주목된 상담활동의 기록 7. 외부 교육기관 혹은 사회단체 등과의 교류활동에 관한 주요 기록 8. 상담의 개시와 결과를 요약하여 작성하는 관련 대장류 9. 상담전문인력의 자격 검정 관련 기록 10. 상담관련 연간 통계 기록 11. 그 밖에 역사자료로서의 보존가치가 높다고 인정되는 상담활동의 기록 12. 상담기록의 보존 및 폐기 관련 기록
준영구	1. 의료기관이나 기타 국가기관과 연계된 상담활동의 기록 2. 예외적인 방식 혹은 새로운 방식으로 수행된 상담활동의 기록 3. 국가 및 지역사회의 요청이나 협력을 통해 수행된 상담활동의 기록 4. 개인적인 범죄, 질병 등 장기적이고 반복적으로 지속될 상담활동의 기록 5. 내담자 및 법정대리인 등으로부터 이용신청이 접수된 상담활동의 기록 및 신청서 6. 상담인력의 자격 관리 기록

기록의 보존기간에 대한 기준은 기록관리기준표에 구체적으로 제시되는데, 업무기능과 업무활동의 분석을 통해 기록의 성격과 가치를 판단하여 결정하는 것이다. 단순히 말해서, 중요한 업무인지 아닌지가 판단기준이 되는 것이라고 할 수 있다. 보다 엄밀히 말하자면, 업무 자체의 중요도보다는 기록 안에 담기는 정보의 중요도를 가장 우선의 기준으로 삼아 결정하는 것이다 보니, 양자 간 일치하지 않거나 판단하기 힘든 점이 없지 않다. 여기서는 이 두 가지 관점을 모두 충분히 고려하여 논의하려고 한다.

앞에서 설명한 기록분류체계와 기록시리즈별 보존기간을 연계하면 부록 1의 기록관리기준표를 만들어 낼 수 있을 것이며, 그중에서 핵심적인 상담활동 기록의 경우만 우선 살펴보자.

표 3-5 상담활동 및 상담기록 분류체계에 따른 보존기간 및 이관시기

업무기능	업무활동(단위과제)	번호	기록시리즈명	보존기간	이관시기
3 상담 운영 기능	3-1접수면접활동	3-1-1	상담예약접수부시리즈	3년	2년차
		3-1-2	상담배정기록시리즈	3년	2년차
		3-1-3	상담실배정사용일지시리즈	3년	2년차
	3-2개인상담활동	3-2-1	개인상담대장시리즈	영구	5년차
		3-2-2	개인상담기록시리즈	10년	2년차
		3-2-3	개인상담관련기록시리즈(박스)	10년	2년차
		3-2-4	개인상담지원요청처리대장시리즈	영구	3년차
	3-3집단상담활동	3-3-1	집단상담대장시리즈	영구	3년차
		3-3-2	집단상담기록시리즈	10년	2년차
	3-4온라인상담활동	3-4-1	온라인상담근무대장시리즈	3년	2년차
		3-4-2	전화상담대장시리즈	5년	2년차
		3-4-3	채팅상담대장시리즈	5년	2년차
		3-4-4	비밀상담대장시리즈	5년	2년차
		3-4-5	연계상담대장시리즈	5년	2년차
		3-4-6	사이버상담대장시리즈	5년	2년차
	3-5심리검사활동	3-5-1	심리검사지사용대장시리즈	3년	2년차
		3-5-2	심리검사신청처리대장시리즈	5년	2년차

대체로 개인상담이나 집단상담의 접수와 처리내역 등이 집약적으로 기록되는 대장류는 영구보존하면서 각종 통계나 증거로 남긴다. 일반적인 개인상담기록이나 집단상담기록은 10년 보존을 기준으로 삼도록 제시하였다. 물론 이러한 경우에도 매우 중요한 사례로 발전되거나 연구 등의 자료로 사용될 만하다고 판단되는 경우는 보존기간 10년이 종료된 후에라도 폐기 절

차를 통한 내용 분석 과정에서 선별될 수 있는 체계적 관리를 전제로 할 때의 기준이다. 외부기관으로부터 상담지원을 요청받은 경우는 대체로 특별한 대상이나 환경, 혹은 별도의 계약 등과 같은 특수한 상황에서 진행될 것이라는 점을 고려하여 영구보존의 대상으로 삼을 수도 있다.

한편, 기록관리 국제표준에서는 기록관리를 담당하는 기관이나 부서로 기록을 이관하는 것 역시 처분의 일환으로 본다. 이관이란 "기록의 관할권 또는 소유권, 관리책임의 변화"나 "한 곳에서 다른 곳으로 기록을 옮기는 것"을 의미한다(기록관리 국제표준 2007). 물론 기록을 이관하는 것이 기록의 효과적인 관리나 통제에 절대적으로 필요한 것은 아니다. 만일 업무부서에서 기록의 안전한 보존과 보안의 유지, 효과적인 정보화와 이용 보장, 보존과 폐기 등 책임 있는 통제가 가능하다면, 기록관리실과 같은 별도의 기록관리부서를 설치하여 한 곳에서 통합관리할 필요는 없다. 각 상담실의 상담원들이 이를 수행할 수 없다면, 상담실별로 기록관리업무 담당자를 배치해서 이를 수행하게 하여야 하며, 그것마저 곤란하다면 결국 전담부서를 만들어서 전문인력에 의한 통합관리의 방식을 채택하는 것이 바람직하다. 기록관리업무의 효율적인 측면에서도 그렇고 경제적으로도 바람직하다. 더구나 국가 법령에서는 이러한 기록관리 전담부서로서 기록관의 설치와 기록의 이관 및 통제, 폐기 등을 의무화하고 있다.

상담활동을 수행하며 만들어진 기록은 상담이 종결되면 더 이상 관련된 기록이 추가되지 않는다. 또 관련된 다른 상담활동 등에 빈번히 참고하느라 상담실에서 그 기록을 가지고 있을 필요도 현격히 줄어들게 된다면, 이제는 상담실로부터 기록관리실로 기록을 이관하여 관리하는 것이 필요하다. 다만, 어느 시점에 기록을 이관하는 것이 적당한가 하는 문제는 여전히 남게 되는데, 무엇보다 업무의 지속성, 효율성을 따져 보는 것이 필요하다. 일반적으로 기록이 아주 빈번하게 참고 · 활용되는 동안에는 이관하지 않는다. 따라서 기록의 이관시기를 정하는 데에는 업무를 수행하는 담당자의 의견이 충분히 반영되어야 한다.

기록을 이관하게 되면 상담실의 공간을 더 확보하게 되고, 기록을 정리하고 찾느라 보내야 하는 시간을 줄일 수 있다. 또한 기록관리실의 시설과 장비를 활용할 수 있고, 상담실의 상담원들이 수행할 수 없는 전문적인 기록정보서비스의 지원을 받게 되어, 상담실에서 기록을 계속 갖고 있는 것보다 더욱 효율적인 결과를 가져올 수 있다. 기록의 안전한 보존과 보안 유지도 일반 상담실과 비교할 수 없을 정도로 개선될 것이다. 이러한 점들이 입증된다면 상담실로부터 기록관리실로 이관하는 데에 걸리는 기간은 점차 단축될 것이다.

한편, 법령에서는 이러한 이관시기를 보존기간이 시작된 후 2년 이내로 정하고, 부득이 한 경우에만 10년까지 연기할 수 있도록 정해져 있기 때문에 굳이 기록관리기준표의 항목으로 명시하지 않는다. 기록이 너무 일찍 이관되면 업무상의 빈번한 참고 · 활용에 저해되고, 너무 늦게 이관되면 기관 차원에서의 정보적 활용을 제약하고 또 자칫 업무부서에서 관리가 소홀하게 될 우려가 있다. 이러한 점을 고려하여 기록시리즈별로 보존기간과 상관없이 적절한 시기에 기록관리실로 이관하는 시점을 책정해 운영하는 것이 바람직하다.

앞의 표에서 보듯이 기록관리기준표의 한 항목으로 이관시기를 지정하게 되면, 특정 상담활동기록시리즈에 속하는 기록철의 경우 상담이 종료되어 더 이상 기록이 추가되지 않게 되며, 그 기록철의 이관시기가 구체적으로 지정되어 기록관리실과 상담실이 모두 파악할 수 있게 될 것이다. 그 이관시기가 도래하기 전까지는 담당 상담실에 해당 기록철을 보관하다가, 약속된 이관시기가 도래하면 상담실로부터 기록관리실로 해당 기록철을 이관하게 될 것이다.

4. 상담기록의 접근통제

기록을 관리하는 주요 도구의 하나가 보안 및 접근통제 체계라 할 수 있다. 접근통제는 두 가지 관점에서 진행된다. 하나는 '설명책임의 요건 충족과 지속적인 업무수행에 필요한 기록에 시의적절하고 효율적으로 접근하고 검색할 수 있도록 해야 한다'는 관점이고 다른 하나는 '기록의 무결성이 손상되지 않도록 접근에 대한 통제'를 통해 '승인받지 않은 이용이나 변경, 파기로부터 기록을 효과적으로 보호하였음을 입증'해야 한다는 것이다.

이러한 접근통제는 규제환경에 따라 접근권한, 접근조건이나 접근제한에 관한 지침을 수립하고, 특히 개인정보의 보호나 보안, 정보공개와 같은 영역을 관장하는 구체적인 법규를 준수해야 한다. 접근제한 기록의 구별은 특별한 업무의 필요나 규제환경의 요구에 의해서만 이루어져야 하며, 접근제한은 명시된 기간 동안에만 부과되어야 한다. 또한 「정보공개법」과 「개인정보 보호법」 등 국가 법령을 준수하면서 기관의 기록관리에 접목시켜 운용해야 한다.

물론 접근을 통제하고 보안을 유지하는 수준을 단지 물리적인 통제로 해석하여, 기록을 보관하고 있는 장소나 캐비닛 등의 문을 잠그고, 감시 카메라를 설치하여 감시하거나 접근을 제한하는 것으로 만족할 수도 있고, 기록된 내용에 대한 열람과 수정, 정리, 폐기 등에까지 통제를 가해야 한다고 판단할 수도 있다. 그러나 기록에 대한 접근권과 제한 영역을 식별하는 공식 도구는 조직의 기록관리에 있어서 필수적이다.

일반적으로 기록에 대한 접근을 제한하는 것은, 개인정보 및 사생활 정보를 보호하거나 지적 재산권과 영업상 기밀을 보호하는 것, 조직의 물리적이거나 재정적인 재산을 보호하는 것, 법규로 승인되거나 혹은 기타의 사유로 승인되는 전문적 특권을 보호하는 것, 그리고 국가와 사회의 안보를 유지하는 것 등을 보장하기 위한 것이다. 상담 분야라고 한다면, 무엇보다 가장 중요한 것은 개인정보 및 사생활 정보를 보호하는 것이 제일 중요한 영역이라고 할 것이다. 그러나 그 역시 소송이나 수사, 의료 등과 관련된 다양한 국가 법령과 사회적인 법규에 의해 접근권이 주어지는 경우도 있다는 것을 유의해야 한다.

기록관리에 있어서 접근통제는 크게 다섯 가지 영역에 대한 체계적 통제로 설명해 왔다. 첫째는 대상이 되는 기록, 둘째는 주체가 되는 접근권자, 셋째는 접근에 의해 허용되는 행위, 넷째는 접근이 허용되는 조건, 다섯째는 접근 허용의 기간 등이 그것이다. 여기에 덧붙이자면 접근의 시도 및 행위에 대한 기록화와 모니터링이 포함된다. 가장 쟁점이 되는 것은 결국 접근을 시도할 수 있는 이용자에 대한 허가 여부와 기록에 접근하여 취할 수 있는 행위에 대한 제한이라고 할 수 있다.

어떤 이용자는 자신의 책임 권한 내의 기능 영역에서 기록의 생성, 변경, 삭제 등에 대한 책임을 승인 받을 수 있으나, 다른 기능 영역에 대해서는 접근할 수 있으나 변경할 권한은 갖고 있지 않을 수도 있다. 타부서 직원이 본인과 아무런 관련 없는 다른 부서나 다른 업무활동에 대한 기록에 대해 접근하는 것이 적절하지 않을 수도 있으므로, 타부서 직원에 대한 이용자 허가는 적절히 제한한다.

우리나라의 기록관리 법령에서는 기록과 접근자를 기준으로 기록의 내용과 목록정보에 대한 접근범위를 설정하여 기록관리기준표에 지정, 운영하는 것으로 규정하고 있다. 다시 말해서, 특정한 기록의 내용 혹은 기록의 목록에 대해 어떠한 사람들이 접근할 수 있는가 하는 접근권한의 구분과 통제의 수준을 제도화하고 있는 것이다. 더구나 우리의 경우 '접근'의 개념만이 아니라 '활용' '공개'라고 하는 개념들도 함께 제도화되어 있다. 이러한 개념들은 서로 유사하면서도 다소간의 차이가 있다. 공개는 일반적으로 기록을 생성한 공공기관과 국민 혹은 청구자와의 정보공유의 개념이다. 접근은 해당 기록 혹은 그 기록에 대한 관련 정보의 검색, 열람, 출력, 복사, 수정, 폐기 등을 위한 다양한 시도와 그 권한을 의미한다. 활용은 통상 기록관리기관이 소장 기록을 이용하여 전시를 하거나 자료집을 간행하거나 교육을 시키는 등 다양한 형식으로 이뤄지는 서비스를 의미한다. 따라서 상담기관의 외부인이 상담활동에 대한 기록에 접근하려는 것을 「정보공개법」과 「개인정보 보호법」 등에 의해 공개하거나 보호한다고 한다면, 대체로 상담기관 내부의 인원에 대해서는 접근통제의 체계를 갖추어 기록을 보호한다.

이러한 점들을 고려해서 상담활동의 상담기록에 대해서 기본적으로 접근통제의 요소를 기록의 목록과 기록된 내용으로 구분하고, 접근을 시도할 수 있는 주체는 담당자(상담원)와 기관 내부의 다른 인원 혹은 외부인 등으로 구분하며, 접근한 후 허용되는 행위는 단순열람과 복사, 수정 등으로 구분하여 적용하는 체제를 〈표 3-6〉에 제안해 보았다. 다만, 접근권이 주어지는 주체에 대해서는 필요에 따라 (일반) 신청자 혹은 내담자 등의 표현을 함께 사용하였다. 여기서 제시되지 않는 주체들은 일반적으로 접근을 위한 신청이 없을 것으로 생각되는 경우이거나, 기록정보를 요청하는 경우로, 그러한 요청을 접수한 후에 접근 여부를 판단하게 되는 경우라고 하겠다. 또한 허용되는 대상의 기록은 목록과 원문으로 나누되, 원문으로 표기되는 경우는 목록도 당연히 허용되며, 목록으로 표기되는 경우는 원문은 허용되지 않는다. 물론 목록으로 표기된 경우에도 별도의 공문이나 정보공개신청서 등을 제출하면 관련 법령 등에 의해 원문 제공 여부를 다시 판단하여 처리한다. 허용되는 행위의 범위에서 기록의 폐기는 별도의 절차를 거쳐야만 하므로 개별 주체에 대해 허용하지 않는 것으로 하였고, 복사까지 허용되는 것으로 표기된 경우도 그 대상에 따라서는 별도의 공문이나 정보공개신청서 등이 선행되어야 하는 것을 포함한다. '열'은 열람, '복'은 복사, '수'는 수정을 의미한다.

표 3-6 상담활동 및 상담기록 분류체계에 따른 접근구분

업무기능	업무활동(단위과제)	번호	기록시리즈명	접근구분		
				권한	대상	허용범위
3 상담 운영 기능	3-1 접수면접 활동	3-1-1	상담예약접수부시리즈	담당자	원문	열/복/수
				내담자	원문	열
				내부인원	원문	열
		3-1-2	상담배정기록시리즈	담당자	원문	열/복/수
				내담자	목록	열
				내부인원	원문	열
		3-1-3	상담실배정사용일지시리즈	담당자	원문	열/복/수
				내부인원	원문	열
	3-2 개인상담 활동	3-2-1	개인상담대장시리즈	담당자	원문	열/복/수
				내부인원	원문	열
		3-2-2	개인상담기록시리즈	담당자	원문	열/복/수
				내담자	목록	열/복
		3-2-3	개인상담관련기록시리즈	담당자	원문	열/복/수
				내담자	원문	열/복
		3-2-4	개인상담지원요청처리대장시리즈	담당자	원문	열/복/수
				내부인원	목록	열
	3-3 집단상담 활동	3-3-1	집단상담대장시리즈	담당자	원문	열/복/수
				내담자	원문	열
				내부인원	원문	열/복
				외부인	원문	열/복
		3-3-2	집단상담기록시리즈	담당자	원문	열/복/수
				내담자	목록	열/복
				내부인원	원문	열/복
				외부인	목록	열/복
		3-4-1	온라인상담근무대장시리즈	담당자	원문	열/복/수
				내부인원	원문	열

3-4 온라인 상담활동	3-4-2	전화상담대장시리즈	담당자	원문	열/복/수
			내담자	원문	열/복
			내부인원	원문	열/복
	3-4-3	채팅상담대장시리즈	담당자	원문	열/복/수
			내담자	원문	열/복
			내부인원	원문	열/복
	3-4-4	비밀상담대장시리즈	담당자	원문	열/복/수
			내담자	원문	열/복
			내부인원	원문	열/복
	3-4-5	연계상담대장시리즈	담당자	원문	열/복/수
			내담자	원문	열/복
			내부인원	원문	열/복
	3-4-6	사이버상담대장시리즈	담당자	원문	열/복/수
			내담자	원문	열/복
			내부인원	원문	열/복
3-5 심리검사 활동	3-5-1	심리검사지사용대장시리즈	담당자	원문	열/복/수
			내부인원	원문	열/복
	3-5-2	심리검사신청처리대장시리즈	담당자	원문	열/복/수
			내부인원	원문	열/복

기본적으로 해당 상담활동의 담당자는 목록과 원문에 대한 단순열람이나 복사, 수정의 접근이 허용되지만, 기록관리실의 기록관리자의 경우는 수정을 제외하고 기록관리 차원의 모든 행위가 허용된다고 볼 수 있다.

이러한 접근통제체계를 전자적인 기록관리시스템으로 실행할 경우에는 기관 내의 인원에 대한 접근권을 사전에 설정하고, 접근권한 구분을 분류체계와 연동하여 작동하게 해야 한다. 나아가 용어통제나 시소러스 등을 사용하는 전자적인 기록관리시스템인 경우에는 자동으로 접근을 차단하거나 경고 메시지를 전할 수 있다. 물론 허용되는 경우나 제한되는 경우 혹은 부당한 접근 시도라도 전자적인 관리시스템에 그 흔적을 남게 하여 전반적인 통제체계의 작동에 대한 모니터링을 실시해야 한다.

제4장
상담기록의 작성

1. 좋은 상담기록의 특징
2. 상담기록에 포함되어야 할 필수 정보
3. 국내에서 사용되는 상담기록
4. 미국의 상담기록
5. 각종 상담기록의 양식

Record Keeping in Counseling Institution

상담기록의 작성

상담활동은 어떤 기록을 남겨야 하며, 상담기록은 어떤 정보를 담아야 하는가? 좋은 상담기록이란 어떤 기록이며, 상담자가 자신의 역할을 충실히 하기 위해 어떤 기록을 생산해야 하는가? 이와 관련하여 Rivas-Vazquez 등(2001)은 상담자들이 기록의 생산과 관리에 대해 흔히 가지는 의문이나 관심은 어떤 것일까를 정리하여 다음과 같이 제시하였다.

- 상담기록에 무엇을 남기며, 무엇을 제외할 것인가?
- 상담회기 중에 기록하는 것이 바람직한가 혹은 회기가 끝난 후에 기록하는 것이 바람직한가?
- 초기평가에서 완전한 기록을 남긴 후에, 각각의 회기 동안에는 간단히 쓴 노트 외에는 기록을 보존하지 않는다. 이는 옳은가?
- 상담자가 내담자의 의료기관 등 외부기관에 기록을 남긴다면, 어떻게 기록하는 것이 필요한가?
- 상담회기 진행 상황기록은 얼마나 오래 보관되어야 하는가?
- 내담자의 정보제공을 위한 동의 양식에는 무엇이 포함되어야 하는가?
- 매 상담회기가 끝난 후에 진행 상황을 기록할 시간이 없고, 과거 회기

의 많은 부분을 기억하고 기록하는 데 어려움을 느낀다. 어떻게 하면 이 문제를 해결할 수 있는가?

좋은 상담기록에 대한 권위 있는 지침과 문헌이 부족하기 때문에, 상담자들은 앞의 질문에 대한 답을 찾기가 힘들다. 이 장의 목적은 상담자들이 가지고 있는 상담기록에 관한 질문에 답하고, 상담자들이 기록을 남기는 데 필요한 성실성과 효율성을 높이는 방법을 찾는 것이다.

1. 좋은 상담기록의 특징

좋은 상담기록이란 어떤 기록인가? 또 잘 쓰여진 상담기록은 어떤 조건을 만족하는 것인가? 상담기록은 알아보기 쉬운 일상의 언어로 작성되어야 하는가? 아니면 전문용어를 사용해서 간략하게 기술되어야 하는가? 이런 질문에 답하기 쉽지는 않다. 이와 관련해서 Luepker(2003)은 좋은 상담기록의 요건을 다음과 같이 제시하였다.

- 상담자 자신 그리고 다른 사람들이 읽기 쉬울 것 – 잘 쓰인 기록은 읽기 쉽다. 읽기 쉬운 기록은 치료의 지속과 책임 있는 치료에 필수적이다.
- 필수 정보를 포함할 것 – 좋은 기록은 진단과 치료, 상담 과정 혹은 치료 결과에 밀접한 관련이 있는 정보만을 포함한다. 포함해야 할 중요한 정보에는 내담자의 상태나 환경에서 나타나는 위험 요소들이 있다. 예를 들면, 자살상념, 약의 부작용 혹은 위험 감수 행동 같은 것들이다.
- 믿을 수 있을 것 – 기록은 실증적이어야 한다. 기록은 정보의 근원을 밝힐 수 있어야 하고 객관적 근거에 기초해야 한다.
- 논리적으로 기술될 것 – 치료 계획과 진단은 논리적이어야 한다. 상담

기록은 기술된 문제를 해결하기 위해 논리적으로 설계된 개입의 과정을 보여 주어야 한다.

- 정확할 것 – 기록은 정확하고 가급적이면 각 회기 후 즉각 쓰여져야 한다. 대부분의 상담자들이 회기 중에 간단히 기록하긴 하지만, 이러한 산발적인 단어들은 회기의 요점을 전달하기에는 너무 단편적이다. 그러므로 회기가 끝난 후에 회기 내용을 요약하는 것이 바람직하다.
- 시간 순서대로 배열할 것 – 기록을 발생 시간 순서대로 유지하는 것은 기록이 완벽하고 변경되지 않았음을 말해 준다.

상담기록이 읽기 쉽게 기술되어야 한다는 데는 이견이 있을 수 있다. 하지만 상담기록은 정확히 누가, 언제, 무엇을, 왜, 어떻게 했는지에 대해 모두 답할 수 있어야 한다는 것에는 이견이 있을 수 없다. 또한 상담기록은 내담자의 발달사, 욕구나 필요, 그리고 문제해결을 위해 상담에서 이루어진 작업과 과정을 담고 있어야 한다. 아직 한국 상황에서 흔한 일은 아니지만 상담기록이 내담자와 가족들, 그리고 법정이나 학교와 같은 공식기관의 요청에 의해 다른 사람들에게 제공될 수도 있는 기록이라는 점을 고려할 때, 공식적으로 남겨지는 상담기록의 경우에는 다른 사람이 읽고 내담자의 경험과 상담의 질을 평가하는 데 사용될 수 있도록 작성되어야 한다. 결국 상담기록은 내담자에 대한 평가와 진단, 내담자의 치료를 위해 사용한 도구와 상담 기술들을 정확히 밝혀 주어야 한다. 또 상담자가 가장 좋은 상담을 제공하기 위해 내담자와 신뢰 관계를 맺으려고 노력했다는 것을 증명할 수 있어야 하며, 긴급한 위기상황이나 윤리적인 판단이 필요한 상황에서 최선의 선택을 했다는 증거의 역할을 할 수 있어야 한다.

2. 상담기록에 포함되어야 할 필수 정보

국내 상담기관의 상담기록 상황을 파악하고자 실시했던 실태조사에서 대부분의 상담자들이 신청서와 접수기록, 상담에 대한 동의기록, 그리고 회기별 진행기록을 만들어 유지하고 있는 것으로 나타났다. '귀하의 상담기관에서 상담자가 반드시 남겨야 할 기록에 해당하는 것을 모두 골라 주십시오'라는 질문에 대한 응답은 〈표 4-1〉과 같았다.

표 4-1 실태조사 결과에 나타난 상담 필수 기록에 대한 인식

필수 기록	빈도(N=30)	비율(%)
신청서와 접수기록	24	80
서면동의기록	24	80
내담자 평가 · 검사기록	21	70
상담 계획서	6	20
회기별 진행기록	26	87
상담종결기록	18	60
내담자 명부 및 연락처	12	40
슈퍼비전기록	6	20
상담기관 운영관련기록	4	13
상담기록열람 및 제출기록	2	7
상담자의뢰기록	6	20
상담자 윤리서약서	3	10

결과에 따르면 우리나라 상담기관의 상담자들은 회기별 상담 진행기록을 필수적으로 생각하고 있었으며, 반면 상대적으로 상담기록에 대한 열람이나

제출기록, 상담 계획서 등은 필수적이라고 인식하지 않는 경우가 많았다.

국내 상담심리학회에서는 윤리규정에서 기록과 관련된 항목을 독립적으로 규정하고 있는데, 상담자가 어떤 기록을 남겨야 하는지에 대해서는 명확하게 적시하지 않고 있다. 다만, "면접기록, 심리검사자료, 편지, 녹음 · 녹화 자료, 기타 문서기록 등 상담과 관련된 기록들"이 있다는 것과, 기록과 관련된 문제에 있어서는 "상담기관이나 연구단체의 상담기록 및 보관에 관한 규정"에 의한다고 규정하고 있다.

반면, 미국심리학회는 "심리상담기록은 다음 세 가지 종류의 정보를 포함할 수 있다"고 명시하여 상담자가 필수적으로 남겨야 하는 정보를 세부적으로 제시하고 있다.

표 4-2 미국심리학회의 내담자 기록의 필수 정보

구분	필수 정보
내담자 파일의 정보	• 식별 정보(예: 이름, 내담자 고유번호) • 연락처(예: 전화번호, 주소, 가까운 친척) • 비용과 요금 정보 • 적절한 후견인 및 보호자의 상태 • 치료에 대한 사전 동의 및 승인 문서 • 정보공개 동의 및 승인 문서 • 공개 의무화된 기밀 정보(예: 아동학대 고발, 법원명령 후 석방) 제출 동의 • 질병과 진단관련 기록의 제출 및 상담 요청의 이유 기록 • 상담 갱신 계획(예: 치료 계획, 관리 계획, 개입 일정, 지역사회 개입) • 건강 및 발달 이력
내담자와 접촉을 위한 정보	• 상담 날짜와 진행 기간 • 상담 유형(예: 상담, 평가, 치료, 교육) • 전문적 중재 및 접촉의 방식(예: 치료법, 소개, 편지, 이메일, 전화 접촉) • 내담자에 대한 공식적 · 비공식적 평가

상황에 따른 특정 정보	• 전문적 중재에 대한 내담자의 응답 및 반응 • 자기 자신이나 타인에 대한 위험성과 관련된 현재 위험요소들 • 사용된 다른 치료방법들(약물치료, 생체 자기 제어 치료 등) • 긴급 조정(예: 특별히 조정된 세션, 입원 등) • 향후 개입 계획 • 상담자와 내담자의 상호작용에 있어서 질적인 정도를 언급하는 정보 • 예후(豫後) • 평가 및 요약 데이터(예: 심리적 테스트, 한정 응답식 면담, 행동평가, 행동일지) • 다른 전문가와의 상담 또는 위탁 • 상담할 때 사용되는 전화, 우편, 이메일 주소 • 관련 있는 문화적 · 사회정치적 요소들

앞에서 보듯이 미국심리학회의 필수 정보에 대한 요구는 매우 상세하고 구체적이다. 내담자에 대한 평가와 상담 계획, 상담자의 개입 증거가 될 수 있는 정보를 필수적으로 요구하고 있다. 국내 상담자들이 상담 진행에 따라 기록의 형식이나 양식 위주로 기록을 남긴다면, 미국심리학회는 정보를 기준으로 기록을 남기도록 요청한다는 점도 기억할 만하다.

상담기록에 반드시 포함되어야 할 내용이 있지만 정반대로 절대 포함되어서는 안 되는 정보도 있다. 상담기록은 내담자 그리고 상담과 관련이 있는 것만 포함해야 한다. 내담자 평가와 상담 계획 등과 관련되지 않는 것은 기록에 포함시켜서는 안 된다. 상담자가 개인적으로 참조하기 위해 만든 기록이나 메모는 내담자의 공식적인 기록과는 관련이 없다. 상담자의 개인기록이 공식기록에 우연히 끼어들지 않도록 주의를 기울여야 한다.

Moline, Williams와 Austin(1998)은 내담자의 과거력 중 범죄 기록 등이 포함되지 않아야 한다고 보았다. 상담기록이 후에 내담자에게 낙인이 되는 결과를 초래해서는 안되기 때문이다. 그들은 또한 내담자의 성적 취향이나 사생활에 관련된 민감한 정보 또한 포함되어서는 안 된다는 점을 강조했다.

이 외에도 이미 등록된 기록에 대한 무단수정이나 삭제도 있어서는 안 된다. 단순한 실수라면 응당 수정되어야 한다. 그럴 때에 개인의 자격에서 지우는 것이 아니라 공식적으로 수정되어야 한다. 만약 상담자가 기록의 정보를 임의적으로 지울 경우, 기록의 신뢰성이나 무결성을 결정적으로 해치는 행동으로 판단될 것이다.

3. 국내에서 사용되는 상담기록

국내에서는 개인상담기록부, 상담신청서, 접수면접기록과 상담회기기록, 상담종결기록, 축어록 등의 형태로 상담활동을 기록한다. 국내의 상담기록 현황에 대해 한국청소년상담복지개발원과 각 시도상담센터가 공유하는 상담기록 네트워크인 CYS-net의 상담기록, 그중에서도 개인상담기록을 중심으로 살펴보자. 개인상담기록은 내방상담, 전화상담, 사이버상담, 메일상담 등 상담의 내방 여부와 매체에 따라 다르게 생성된다. 내방상담의 경우 일반적으로 내담자에 대해 가장 많은 정보와 기록이 생성된다. 메일상담과 사이버상담 등은 전산자료의 형태로 남으며, 전화상담의 경우 개인의 인적사항 등이 기록으로 남겨지기 어렵다. 여기서는 내방상담의 경우를 중심으로 생성되는 기록의 종류와 특성을 살펴본다.

1) 상담기록부 파일

상담기록부 파일은 상담이 시작되면서 최초로 생성되는 기록이다. 대체로 내담자의 이름과 일련번호가 기록된다. 상담기록부 파일은 상담의 관리상 편의를 위해 기록과 자료를 한곳에 보관하기 위한 목적으로 만들어졌으며, 상담이 진행되는 동안 상담자의 책임하에 관리된다. 상담기록이 전산화되기 이전에는 상담기록부 파일이 공식적인 기록으로 등록되어 보존되었다. 그간 상담기록부 안에 어떤 필수 기록들이 포함되어야 하며 무엇이 포함되지 않아야 하는지에 대한 논의는 이루어지지 않았다.

2) 상담신청서

상담신청서는 상담신청과 더불어 반드시 생산되는 기록으로, 상담자에게 제공되는 내담자에 대한 최소한의 정보, 최초의 정보가 수록된다. 상담신청서의 내용 영역을 크게 나누어 보자면 '개인식별정보항목' '개인배경정보항목' '상담정보항목' '상담진행정보항목'으로 구분해 볼 수 있다(이효선, 2002). 내담자의 이름과 성별, 나이를 비롯한 개인의 가장 기본적인 정보를 통해 내담자를 확인할 수 있는 '개인식별정보항목', 종교와 직업, 가족사항 등 내담자의 현재 상황을 알 수 있는 '개인배경정보항목', 상담을 받아 본 이력과 최근의 고민 같이 비교적 타인에게 설명하기 어려운 내용을 쉽게 체크할 수 있도록 표의 형식으로 설계한 '상담정보항목', 마지막으로 상담을 받을 수 있는 시간까지를 상세히 기재하도록 하여 이후 원활한 상담이 진행될 수 있도록 하는 '상담진행정보'가 수록된다.

3) 접수면접기록부

상담자의 배정과 상담의 위급성 여부를 판단하기 위한 접수면접의 내용을 간결하고도 핵심적인 내용을 중심으로 한 기록을 접수면접기록부라고 지칭해 왔다. 그런데 簿(부)라는 용어는 장부 형식의 기록을 지칭하는 것인데, 접수면접을 기록하는 낱장의 서식화된 카드를 대장으로 지칭하는 것은 용어상 혼란을 가져온다는 지적도 있다(이효선, 2002). 기록의 명칭에 대한 정리도 있어야 할 것이다.

4) 개인상담회기보고

개인상담회기보고는 상담을 진행하면서 상담자가 진행과정을 기록하는 것이다. 여기에는 상담이 진행된 회차와 상담약속시간에 내담자가 약속을 지켜 출석하여 상담이 진행되었는지 확인하는 진행상황을 체크하도록 하였다. 개인상담회기보고에도 내담자의 필수 정보를 확인할 수 있도록 기입하도록 하고 있다. 상담회기기록의 명칭은 상담경과기록(progress note), 과정기록(process note), 사례기록(case note), 심리치료기록(psychotherapy note) 등으로 다양하다. 우리나라에서는 상담기록을 대체로 상담자가 서술하는 방식으로 하고 있지만, 실제로는 상담자 간 편차가 커서 기록으로서의 가치가 충분한지 검증할 필요가 있다. 또 상담기록은 상담자만이 볼 수 있는 기록으로 여겨지고, 상담기록에 대한 기관의 책임이나 공식기록으로서의 인증 등에 대한 인식이 확립되지 못한 상태다. 또한 슈퍼비전 등을 통해 상담 사례에 대해서는 일부 상담자 간 공유하는 경우가 있으나, 상담기록 자체에 대해서는 순전히 개인의 기록으로서만 인식되고 있다는 점도 특징이라 하겠다.

5) 개인상담종결보고

상담이 종결되면 상담자는 상담종결보고서를 작성해야 한다. 개인상담종결보고의 핵심내용은 상담 시작 단계에서의 문제행동과 상담목표에 비추어, 상담의 시작에서부터 종결까지 진행되어 온 상담과정을 요약하고 상담의 성과를 평가하는 것이다. 이로써 모든 상담과정이 끝을 맺게 되고, 기록으로서도 하나의 완결된 기록철로 만들어지는 마지막 단계에서 생산되는 기록이다. 그러나 이 역시 결재권자의 결재를 받거나 기관의 정해진 절차에 의거하여 공식화되는 기록은 아니다.

6) 축어록

상담자와 내담자가 나눈 대화의 구체적 내용을 기록으로 남긴 것을 축어록이라 한다. 녹취록이라고도 하고 전사자료라고도 하는 이 기록은 상담기록의 독특한 형태라고 할 수 있다. 축어록을 작성하기 위해서는 녹음이나 녹화의 과정이 선행되어야 하고, 이를 있는 그대로 가공하지 않고 옮겨 적는 과정이 따른다. 물론 침묵이나 표정, 말투 등을 기록하는 것도 필요하다. 축어록은 교육과 슈퍼비전, 연구와 분석 등을 목적으로 만들어지는데, 이때 유의할 점은 내담자의 녹음과 녹화에 대한 동의를 반드시 받아야 하고 보다 바람직하게는 동의의 기록을 가지고 있어야 하며, 축어록에 개인정보나 혹은 개인정보를 유추할 수 있는 정보를 포함하지 않아야 한다는 것이다. 또한 축어록의 관리와 공유의 과정은 철저히 관리되어야 한다. 축어록은 상담자의 필요에 따라 작성되지만 공식기록으로 보존되는 경우는 거의 없는 상황이다.

7) 기타 기록

상담과정 중에 생산되는 기타 기록으로는 심리검사결과를 비롯하여 녹음이나 녹화 자료, 슈퍼비전 기록 등이 있다. 또 상담진행기록만이 아니라 상담자와 내담자가 주고받은 편지나 메일, 내담자의 일기나 자기기록, 내담자의 요청에 의해 생산된 의뢰기록이나 소견서 등도 있다. 그러나 이러한 기록들은 상담을 하는 동안 상담자의 이해를 높이는 정도의 역할을 마치고 상담 파일 안에 함께 편철되지 못한 채 상담자의 책상 서랍 안에서 보관되다 폐기되는 것이 대부분이라고 지적된다(이효선, 2002).

4. 미국의 상담기록

미국의 상담자들은 오래전부터 나름의 자유로운 방식으로 상담기록을 작성해서 사용해 왔다. 하지만 상담관련 법적 규제가 생겨나고, 특히 상담비용과 관련된 건강보험 법률(HIPAA)이 발효되면서 HIPAA의 요건을 충족시키는 상담기록을 생산해야 하는 과제에 직면했다. 즉, 기존의 상담기록이 상담자 자신을 독자로 하여 작성되었다면, 이제는 공식적인 제출을 염두에 둔 상담기록을 작성해야 하는 상황이 된 것이다. 이러한 공식기록으로서 미국을 중심으로 한 국외 상담자들이 흔히 사용하는 개념이 상담에 대한 공식기록인 '상담경과기록(progress note)'이다. 상담경과기록과 달리 기존의 자유로운 형식의 상담기록을 '심리치료기록(psychotherapy note)' 혹은 '과정기록(process note)'이라고 부르고 있다. 또한 상담경과기록의 형태로 DAP 방식과 SOAP 방식이 권장되고 있다.

1) 미국 건강보험 법률(HIPAA) 기준에 따른 기록

미국의 상담자들이 상담기록작성에서 참고하는 기록에 대한 구체적인 규정으로 미국의 건강보험 법률(HIPAA)을 들 수 있다. 1996년 제정된 미국의 HIPAA는 상담경과기록에 대해 언급하고 있다. 상담자의 심리치료기록(혹은 상담과정기록)과 상담경과기록은 구분되어 사용되고 있다. 심리치료기록은 상담과정을 통해 상담자의 진행과정을 기록한 개인노트라고 할 수 있다. 그러나 상담경과기록은 상담과정과 상담의 성과를 증명할 수 있는 공식적인 기록이라고 하겠다. 상담경과기록에는 상담이 이루어진 시간과 길이, 상담 횟수, 개입의 유형, 내용, 치료과정과 성과 등이 포함된다. 상담경과기록은 상담과정에서 어떤 일들이 일어났으며, 어떤 진전이 있었는지를 보여 주는 공식적인 자료가 된다. 이것은 경우에 따라 다른 사람에 의해 읽힐 수 있는 자료라는 전제하에 기록된다. 그러므로 상담경과기록은 단순히 상담시간에 이루어진 이야기를 기록하는 것이 아닌 상담과정에 대한 증거의 기능을 담을 수 있는 형태로 기록되어야 한다.

상담경과기록을 통해서 내담자의 진단, 현재의 문제, 그리고 치료의 효과를 확인할 수 있어야 한다. 또한 내담자가 현재 기능적으로 무엇이 손상되어 있는지, 그리고 상담을 통해 어떻게 개선되고 있는지를 보여 주어야 한다. 예를 들어, 내담자가 우울로 진단되었다면 상담경과기록에는 다른 영역의 문제가 아닌, 바로 그 우울의 문제가 어떻게 다루어졌는지가 분명히 밝혀져야 하며, 그것은 치료 계획 속에 명료히 드러나야 한다.

과거 상담기록에는 언제 상담이 이루어졌는지 그리고 상담에서 어떤 이야기들이 다루어졌는지가 드러나는 것으로 충분했다면, 오늘날의 상담기록은 상담자 행위의 핵심적인 증거자료로서의 역할을 다 할 것이 요구되고 있다. 이는 재정적인 지원 기관과 사법적 기관에서 상담기록을 증거자료로 요구하고 있기 때문이다. 또한 내담자들과 제3자들(의료보험, 의뢰기관, 그리고 법적 기관들)은 보다 높은 상담자의 책임성과 전문성을 요구하고 있다. 그들은 특히 상담자의 내담자에 대한 정확한 진단과 그 진단에 초점이 맞추어진 상담과정을 통해 목표로 설정된 정확한 효과가 나타났는지 보기를 원하고 있다.

HIPAA는 내담자와 관련 기관이 상담기록을 공식적인 기록으로 요구하는 데 대한 규정을 변화시켜 왔다(Wiger, 2012). 미국의 상담자들은 HIPPA 규정을 충족시키는 공식기록으로서의 상담경과기록을 작성하고 있다. 전통적으로 내담자의 의료기록이 요청되면 모든 기록을 복사하는 것이 일반적이었다. 하지만 HIPAA는 최소한의 공식적인 기록만을 요구한다. 상담경과

기록은 특별한 요청이 있을 때 내담자의 허락과 함께 기관으로 보내진다.

2) 상담경과기록과 심리치료기록

상담경과기록은 상담기관이 요구하는 공식적인 기록이라고 할 수 있다. 이것은 보험사나 기타 기관에 제출이 가능한 기록이다. 여기에는 날짜, 상담 횟수, 상담의 빈도, 약물투여상황, 사례요약(진단, 현재의 기능수준, 증상, 예후, 진료과정, 호전양상, 자살상념, 내담일정 등)이 담겨 있다. 반면, 심리치료기록, 과정기록, 회기기록(session note), 그리고 사례기록(case note) 등은 상담경과기록과는 별도로 작성되고 보관되며, 특별한 법정 요청이 없는 한 공개되지 않는 전문가 자신을 위한 기록이다. 이는 공식적인 기록관리체계에 포함되지 않고 내담자의 상담기록부 파일에 첨부되지도 않는 상담자만의 기록이다.

심리치료기록은 상담자가 원하는 어떤 양식으로도 기술이 가능하고 또 상담자의 개인적인 소견이나 상담과정의 세부 사항도 기록이 가능하며, 상담자가 일정 기간 동안 개인적으로 보관하며 이용할 수 있는 기록이다. 여기에는 상담회기 내의 일들은 물론, 전이와 역전이 같은 내담자에 대한 치료자의 주관적 느낌도 기록되고 내담자에 대한 민감한 정보, 내담자에 대한 가설이나 치료 계획 등이 포함될 수 있다, 심리치료기록에는 상담의 필수 정보만이 포함되는 것은 아니다. 진단이나 치료경과, 증상 및 예후 등도 포함될 수 있다. 이러한 심리치료기록은 다른 사람들에게 제공되어서는 안 된다.

상담경과기록은 우리나라에서 사용되고 있는 회기보고나 종결보고와 비슷한 개념이라 할 수 있다. 상담경과기록은 매회 상담의 최종적이고 종합적인 보고기록으로 기관에 제출되고 수집, 관리되는 공식기록이다. 반면에 심리치료기록이나 과정기록, 또는 회기기록은 비공식기록으로 상담자의 상담 진행을 위한 목적으로 작성되는 기록이라고 할 수 있다. 하지만 우리나라 상담기록의 경우 공식기록과 상담자의 상담 사례의 관리를 위한 개인기록이 구분되지 않는 경우가 많다. 상담자가 작성한 기록에 대해 기관장 혹은 상급자의 접수나 결재의 공식화 과정이 별도로 존재하지 않기 때문이다. 이는 결과적으로 상담에 대한 모든 기록이 비공식기록으로 간주되는 것으로 해석될 수도 있어 상담기록의 관리에 많은 혼란과 문제점을 야기시킨다.

미국의 경우, 법률은 상담자가 모든 내담자의 상담경과기록을 구별해서 보관하도록 요구하지만 심리치료기록은 요구하지 않는다. 두 가지 기록 모두를 보관하는 것은 가능하지만 강제사항은 아니다. 상담경과기록은 일반적이고 사적인 측면이 제외되어 있어 보험회사 직원이나 내담자에게 쉽게 제공할 수 있고, 심리치료기록은 상담의 구체적인 운영과정, 상담자의 판단이나 메모 등의 내용이 많고 상담자가 활용하기 위한 것이어서 다른 사람에 의해 열람되지 않는 기록이다. 상담경과기록에는 내담자에 대한 상담자의 개인적 의견이나 반응이 포함되어서는 안 되고, 기록 보관에는 전문성이 반영되어야 한다. 특히 상담경과기록은 행동을 구체적으로 묘사하여 모호한 표현이 사용되지 않도록 신경 써야 한다. 이 기록의 내용이 훗날 내담자가 배석한 가운데 법정에서 읽힐 수 있다는 점을 기억하고 필수적인 것은 반드시 기록하되 불필요한 것은 기록하지 않아야 한다.

다만, 심리치료기록이 정말 상담자에게만 의미를 갖게 될 것인지는 새로운 논의가 필요하다. 비록 미국의 경우 법률적으로는 개인적 취급이 보장된다고 하더라도, 심리치료기록에는 상담활동에 대한 연구 분석, 혹은 상담과정에 영향을 미친 아주 다양한 요인 등을 추적해 나갈 때에 매우 유용한 정보가 포함될 수 있다. 이 점은 심리치료기록이 단지 상담자 개인의 기록이 아니라 상담활동과 상담과정의 구체적인 행위에 대한 의미 있는 정보를 담고 있는 업무기록임을 보여 준다. 슈퍼비전이나 그 밖의 상담자 교육과 훈련에 있어서는 물론이고, 심지어 특정 사회심리적 현상에 대한 분석에 보다 직접적인 정보를 제공해 주고, 때로는 상담자 자신의 전문적인 판단과 행위의 정당성을 입증하기에 가장 유효한 증거를 찾을 수도 있고, 반대로 오류나 실패의 원인을 찾는 데도 유용한 정보가 될 수 있다. 보험사나 법정 등 또 다른 이해당사자와의 관계가 쟁점인 미국의 사례가 반드시 상담기록의 가치와 특성을 보장하는 최선의 방식이라고는 볼 수 없는 것이다.

3) 상담기록방식 1: DAP

상담기록을 빠르고 정확하게 기록하는 것은 상담자의 오랜 숙제 중의 하나다. 상담기록을 생성하는 데 DAP나 SOAP의 원리를 따르는 것은 도움이 된다(Hodges, 2011). DAP나 SOAP 방식은 흔히 미국의 상담자들이 상담회기 중에 일어났던 일을 신속하면서도 체계적으로 문자화하고 기록하는 데 도움이 된다고 생각하고 실행하는 방식이다. 특히 최근 상담경과기록의 방식으로 DAP방식과 SOAP방식이 추천되고 있다.

DAP는 D(R)AP으로도 사용되는데, D(R)AP는 기술(description), 반응(response), 평가(assessment), 치료 계획(treatment plan)의 앞 글자를 딴 용어로서, 상담기록의 최소한의 요소를 의미한다. 기술은 누가, 언제, 어디서, 무엇을 했는지에 관한 기술이다. 내담자가 경험한 것, 내담자가 가지고 있는 현재의 문제 등이 여기에 해당한다. 반응이란 내담자가 가져온 문제와 상황에 대해 상담자가 듣고, 보고, 생각한 것의 기록으로, 문제에 대해 공감하고 지지했다든지, 내담자에 대한 가설을 세우고 분석했다든지 하는 상담자의 반응이다. 이것은 기술에 포함되기도 하고 생략되기도 한다. 평가는 내담자의 신체적 · 정서적 상태, 증상의 심각성, 위기의 정도, 자살가능성 등에 대한 상담자의 판단을 의미한다. 치료 계획은 앞으로의 상담에 대한 상담자의 일정, 내담자에게 부여할 과제나 주제, 일정한 시기까지 취하려고 하는 행동목록 등을 의미한다. 이러한 상담경과기록에는 다양한 양식이 사용될 수 있으나, 4개의 빈칸에 앞의 네 가지 요소를 각각 기록하는 방식을 사용하고 있는 것을 흔히 볼 수 있다.

4) 상담기록방식 2: SOAP

SOAP란 주관적인(subjective), 객관적인(objective), 평가(assessment) 그리고 치료 계획(plan)의 약어다. 주관적인 측면은 내담자의 호소내용, 기분이나 감정, 관심, 원하는 바, 가치관이나 사고방식, 그들이 느끼는 문제의 심각성 등이다. 객관적인 측면은 각종 검사결과나 지표, 상담회기 중 내담자가 보이는 행동, 수를 셀 수 있거나 측정할 수 있는 것 등이다. 아울러 다른 상담자나 근무직원들이 관찰한 내용도 포함될 수 있다. 평가는 내담자가 처한 상황에 대한 주관적이고 객관적인 정보를 토대로 하여 내담자의 상황을 종합적으로 해석하여 개념화한 내용이다. 상담자가 내담자에 대해서 내리는 일종의 진단을 의미하는데, 여기에서는 상담자가 왜 그런 진단을 내리게 되었는지, 왜 다른 방식으로 진단하지 않았는지의 근거가 제시되어야 하며, 이를 다른 상담전문가가 보았을 때에도 상담자의 판단과 결론이 수용될 수 있도록 내담자에 대한 충분한 자료가 포함되어야 한다. 치료 계획에는 앞서 이루어진 평가에 기초해서 상담자가 세운 치료와 개입을 위한 계획이 제시된다. 여기에는 두 가지 파트가 포함되는데, 하나는 행동 계획(action plan)이고 다른 하나는 치료개입 후 상담자가 기대하는 예후(prognosis)다. 행동 계획에는 개입이 이루어질 날짜와 다음 약속 시간, 개입방법, 교육방법, 진행과정, 그리고 바로 다음 시간의 실행 계획이 포함된다. 예후의 부분에는 내담자가 이러한 개입을 받아들일 동기가 갖추어져 있는지에 대한 확인과 이러한 개입으로부터 내담자가 얻게 될 효과나 도움이 무엇인지에 대한 예상이 포함된다.

훌륭한 상담기록은 상담 회기 중에 제공된 개입이 어떤 것인지를 확증하고, 임상상황에서 내려진 의사결정의 책임성을 설명해 줄 뿐만 아니라 상담자가 자신의 책임을 다했다는 것을 증명해 줄 수 있는 자료가 된다. DAP나 SOAP 노트를 기록하는 방법을 습득하는 데는 일정한 교육과 집중력, 연습 그리고 지도가 필요하지만 일단 훈련되고 나면 상담자는 상담을 시작할 때 내담자의 현재 상태에서 그가 필요로 하는 것은 무엇이며, 그런 필요는 어떻게 충족될 수 있을 것인가에 대해 스스로 질문하고 답하는 능력을 소유하게 될 것이다.

5) 상담기록의 작성시기

한 조사에 의하면 미국의 상담자 2,500명을 대상으로 한 설문의 결과, 75%이상의 상담자가 상담 회기가 끝난 후 상담과정을 기록한다고 대답했다고 한다. 그들이 상담기록을 상담이 끝난 후로 미루는 이유는 대체로 다음과 같이 나타났다.

- 기록하는 동안 내담자에게 집중할 수 없으므로
- 내담자가 말하는 것 모두를 적고 있다는 것을 인식하면 내담자는 정보를 감추거나 말하는 자신을 의식할 것이므로
- 내담자들이 상담자가 무엇을 적고 있는지 궁금해할 것이며, 가끔은 끼어들 수도 있고, 그러다 보면 상담에 집중하기 어려워질 것이므로
- 마지막에 가서야 이야기된 모든 것을 종합하여 기록할 수 있으므로

이는 곧 소수의 상담자들만이 상담시간에 활동을 기록한다는 것을 보여준다. 그럼에도 불구하고. 어떤 원칙이 정해져 있는 것은 아니지만 상담 회기 동안 기록을 해 두는 것이 시간을 절약해 주는 것은 명확하다. 상담 중에 기록을 남기는 것이 좋다는 상담자들의 생각은 다음과 같이 나타났다.

- 기록은 상담시간 중에 내담자의 말에 더욱 집중하는 데 도움이 된다.
- 내담자의 이야기 중 중요한 내용을 놓치지 않고 수집할 수 있기 때문에 좋다.
- 내담자의 말을 적는 상담자의 행동은 내담자에게 '당신의 이야기는 매우 중요하다'는 암묵적인 메시지를 줄 수 있다.
- 상담시간 중에 기록한다 해도 상담기록에 할애되는 시간은 사실상 아주 적지만 나중에 기록하는 데 시간을 많이 절약해 준다.
- 상담자가 기록에서 내담자의 말을 더 정확하게 인용하기 쉬우며 내담자를 직접 관찰하고 기록할 수 있다.
- 몇 시간 혹은 며칠 후 기록하는 것보다 소실되는 정보가 적다.

상담시간 중 기록하는 것은 상담 실제에서 긍정적인 가치가 있으며, 또한 내담자에게 공감적일 수도 있다고 지적하였다. 또 언제 상담기록을 작성하느냐는 상담자의 시간 사용과 관련이 있다. 한 상담자가 하루에 4~5회의 상담을 한다고 가정하고 모든 기록을 상담이 끝난 다음에 한다고 가정해 보면, 일주일에 20여 개의 상담기록을 남겨야 하며 그 정도의 양을 쓰려면 하루 온종일의 시간이 필요할 것이다. 게다가 각 회기에서 어떤 이야기들이 오고 갔는지를 기억하는 것은 어려운 일이 될 것이다. 몇 시간 혹은 며칠 후에 그 상담 회기에서 무엇이 일어났었는지를 기억해야 하는 것은 어려운 일일 뿐만 아니라 거의 불가능한 일이 될 수도 있다.

상담자들이 남기는 1회기 상담에 관한 기록은 15문장 이내인 경우가 대부분이라고 한다. 상담내용에 해당하는 기록은 핵심어를 중심으로 간략하게 진술하며, 기록에 할애하는 시간도 20분을 넘지 않는 것이 좋다. 상담시간이 40분이고, 기록하는 시간 10분, 상담자가 다음 회기를 위해 쉬거나 준비하는 시간이 10분이면 상담자에게 적절하다는 관점이 지배적이다. 상담시간 중 기록하는 방법은 상담자의 시간을 절약해 주는 좋은 습관이 될 수 있다.

5. 각종 상담기록의 양식

상담기록의 유용한 도구 중 하나는 잘 만들어진 기록 양식이라고 할 수 있다. 여기에서는 미국 상담자들이 주로 사용하는 상담기록 양식을 바탕으로, 국내 전문가를 대상으로 델파이 연구를 통해 개발한 필수상담기록목록 개발연구(유정이, 두경희, 이아라, 2014)를 소개하고자 한다.

상담기록에 대한 관심은 면접기록의 원리를 찾기 위한 것에서 출발하였다(고기홍, 2001). 상담 면접과정에 대한 효과적인 기록방법과 원리를 제시하며, 기본 요소로 인적사항기록, 접수면접기록, 면접기록, 종결기록이 제시되기도 하였다(이장호, 최윤미, 1992). 또한 일반적으로 상담기록은 등록번호, 성명, 성별, 나이, 내방경위, 개인발달사, 가족관계, 검사결과, 호소문제 등을 포함하는 접수기록, 신청서, 상담내용을 서술적으로 기술하는 회기기록, 그리고 종결회기 이후에 작성하는 종결기록을 필수기록으로 하고 있다는 조사도 있다(이효선, 2002). 집단상담의 경우 집단원 간의 상호작용, 집단의 발달단계, 개입에 대한 평가 등을 기록하도록 권장하는 연구도 있다(권경인, 2010).

이들은 공통적으로 상담 면접회기의 내용을 '어떻게' 충실하게 기록할 것인가에 대한 관심에 초점을 둔 것이었는데 최근에는 상담기록으로 '무엇을' 남길 것인가에 상담자들의 관심이 확장되고 있다. 가장 우선적으로는 상담에 대한 동의기록(고향자, 현선미, 2008; 하혜숙, 조남정, 2012; 하혜숙, 최은미, 2013)과 비밀보장에 대한 윤리적 증거(손현동, 2007)의 기록에 관심을 두고 있다. 최근에는 상담자 윤리와 관련한 기록의 역할에 대한 연구를 넘어서 학교상담에서 진로상담을 위한 상담기록의 활용실태에 대한 연구 등이 나타나고 있다(이종범, 정진철, 이건남, 2013).

최근에 상담기관 운영자들은 폭발적으로 늘어나는 상담기록을 어떻게 보존하고 처분할 것인지에 대해 궁금해 하고 있다. 물론 많은 상담기록이 전산장비 속에 데이터로 존재하는 경우가 많지만 이러한 경우에도 누가 무엇을 언제까지 남기고, 어떻게 활용하며 처분할 것인지에 대한 본질적인 문제는 그대로 남는다고 할 수 있다. 최근에는 법원, 보험회사 및 의료기관에서 상담기록을 요구하거나 내담자의 기록제공에 대한 요청이 늘어나고 있지만 상담기록과 상담 통계자료 제공에 뚜렷한 원칙이 없어 상담행정의 갈등요인이 되고 있다. 이제 상담기록에서 반드시 있어야 할 기록은 어떤 것인지, 그리고 상담 실제는 물론 상담교육과 상담연구를 위해 상담기록이 활용될 수 있는 방안은 무엇인지에 관한 연구가 시작되어야 할 시점이다.

Wiger(2009)와 Zuckerman(2008)은 미국 HIPPA의 요건을 충족하는 필수상담기록 61개의 양식을 제공하였다. 여기에는 상담기관이 갖추어야 할 필수기록체크리스트를 비롯하여, 상담과정의 안전, 재정관련, 윤리적 문제관련, 사전 동의, 접수 및 내담자 평가, 상담 계획과 기록 양식, 비밀보장과 상담자 책임, 기록요청과 기록소환 관련, 불만접수 양식 등이 포함되어 있다. 여기에서는 Wiger(2009)의 기록 양식 목록을 제시한다.

표 4-3 미국의 대표적인 상담기록 양식(Wiger, 2009)

행정관리 및 접수 양식(Administrative and Intake Form)	
양식 1	내담자 스크리닝 정보 양식(Screening Information)
양식 2	약속 알림양식(Notice of Appointment)
양식 3	치료동의서 및 내담자의 권리 알림양식(Consent to Treatment and Recipient's Rights)
양식 4	내담자의 권리 알림양식(Recipient's Rights Notification)
양식 5	비용에 관한 규정(Financial Policy)
양식 6	상담료 지불계약양식(Payment Contract for Services)
양식 7	상담자의 윤리강령 및 서약(Code of Ethics and Mission Statement)

양식 8	치료자 윤리 서약(Therapist's Ethics Statement)
양식 9	소수인종에 대한 존중 서약(Agreement Regarding Minors)
양식 10	의료보험 선계약서(Preauthorization for Health Care)
양식 11	비밀보장에 관한 동의서(Confidentiality Agreement)
건강보험법률 충족을 위한 양식(Forms Designed for HIPAA Compliance)	
양식 12	내담자 개인정보 보호에 관한 규정(Privacy of Information Policies)
양식 13	건강기록 열람 요청서(Request to Amend Health Records)
양식 14	제한 정보 열람 및 사용 요구서(Request for Restricted Use/Disclosure of Records)
양식 15	비밀정보에 대한 대안 요청서(Request for Alternative Means of Confidential Information)
양식 16	정보제공에 대한 동의서(Release of Information Consent)
양식 17	내담자 개인정보 제공 동의서(Record of Request for Client Information)
양식 18	내담자 기록 공개의 목록 요청서(Request for Listing of Disclosures of Client Records)
스크리닝 정보(Screening Information)	
양식 19	정신건강 스크리닝 양식(Mental Health Screening Form)
양식 20	약물남용 스크리닝 양식(Substance Abuse Screening Form)
양식 21	적응기능 스크리닝 양식(Adaptive Functioning Screening Form)
양식 22	학습장애 스크리닝 양식(Learning Disablity Screening Form)
양식 23	ADHD 스크리닝 양식(ADHD Screening Form)
평가진단 양식(Assessment Forms)	
양식 24	초기평가 양식 - 성인용(Initial Assessment-Adult)
양식 25	초기평가 양식 - 아동 및 청소년용[Initial Assessment-Children and Adolescents(<18)]

양식 26	개인사 양식 – 성인용[Personal History-Adult(18+)]
양식 27	개인사 양식 – 아동 및 청소년용[Personal History-Children and Adolescents(<18)]
양식 28	부부정보 양식(Couple's Information Form)
양식 29	정서/행동 평가 양식(Emotional/Behavioral Assessment)
양식 30	정서/행동 평가 갱신 양식(Emotional/Behavioral Update)
양식 31	진단평가 보고서(Diagnostic Assessment Report)
양식 32	진단평가 보고서 – 낮은 기능용(Diagnostic Assessment-Lower Functioning)
양식 33	생리심리사회적 기능 평가 보고서(Biopsychosocial Report)
심리평가 양식(Psychological Evaluations)	
양식 34	심리평가 보고서(Psychological Evaluations)
양식 35	심리평가보고서-어린이 및 청소년용(Psychological Evaluation-Children and Adolescents)
양식 36	심리적 · 직업적 평가(Psychological/Vocational Assessment)
양식 37	신경심리학적 평가 컨설팅 보고서(Neuropsychometric Consultation)
치료계획양식과 진행 보고 양식(Treatment Planning Forms and Procedures)	
양식 38	개인상담 계획서(Individual Treatment Plan)
양식 39	단기상담 치료계획서(Short-Term Therapy Treatment Plan)
양식 40	상담과정 검토 보고서(Treatment Review)
양식 41	상담과정 검토 갱신 보고서(Treatment Update)
상담경과기록(Progress Notes)	
양식 42	상담진행회기보고(Progress Notes)
양식 43	상담진행회기보고 – 요약(Progress Notes-Outline)
양식 44	집단상담진행회기보고(Group Therapy Progress Notes)

양식 45	심리치료와 약물치료 진행보고(Psychiatric Medication Management Progress Notes)
치료과정에서 사용되는 기타양식(Other Forms Used during the Course of Treatment)	
양식 46	정신건강서비스를 위한 의뢰요청서(Referral for Mental Health Services)
양식 47	약물치료에 대한 동의서(Informed Consent for Medication)
양식 48	자살방지서약서(Suicide Contract)
양식 49	자녀양육에 관한 협력 서약서(Cooperating in Child Rearing)
양식 50	목표행동 분석 양식(Couple's Analysis of Target Behaviors)
양식 51	상담에 관한 제3자의 확인요청서(Third-Party Prior Authorization Request for Continued Services)
기록확인 및 성과기록 양식(Review and Outcomes Documentation)	
양식 52	개인기록 확인서(Chart Review)
양식 53	개인상담기록 검토위원회의 행동지침(Utilization Review Committee Guide to Review Charts for Audit)
양식 54	개인상담기록 검토위원회의 요약(Utilization Review Committee-Chart Review Summary)
양식 55	성인 내담자 상담기록의 의료기록(Medical Records Audit Chart)
양식 56	내담자의 기록과 음성기록에 대한 비밀보장 서약(Statement of Confidentiality for Those Auditing or Reviewing Client Charts)
양식 57	상담성과 평가지 – 성인용(Outcome Survey for Adults)
양식 58	상담성과 평가지 – 아동용(Outcome Survey for Children)
양식 59	가족과 인간관계에 대한 상담성과 평가지(Outcome Survey for Families and Relationship)
상담종결 및 후속조치 양식(Termination and Aftercare)	
양식 60	상담종결 요약기록(Discharge Summary)
양식 61	상담종결 편지(Termination Letter)

앞의 목록은 미국의 상황에서 제시된 내용으로, 국내 상황에는 적용하기 어렵다. 관련 국내법의 조건이 다르고, 실제 상담이 이루어지는 상담기관에서 필요로 하는 기록의 종류도 다르기 때문이다. 건강보험에서 상담료가 지불되는 미국의 상황과 국내 상황은 다르며, 상담에 대한 기대와 태도를 포함한 문화적 배경도 다르다. 따라서 상담자들의 기록에 대한 태도와 요구조건 등 차이를 반영한 상담기록물의 목록과 양식이 개발되어야 할 것이다.

상담기록은 그 특성상 표준화된 기록 양식을 갖기 어렵다는 관점이 지배적이었다(Luepker, 2012). 상담기록의 경우 입력자가 주로 상담내용을 서술하는 자유기술형 방식으로 입력되어 입력방식이 표준화되기 어렵다는 것이다. 또한 상담기록이란 상담내용에 대한 기록 이 외에도 내담자의 편지나 일기, 메모, 녹음 테이프나 녹화 파일 등 다양한 형태의 기록이 있을 뿐만 아니라 상담시간에 일어나는 다양한 의사소통과 인간관계의 방식 그 자체가 상담의 주요 주제가 되기 때문에 기록을 표준화한다는 것에 대한 상담자들의 심리적 저항이 크다.

하지만 상담기록과 그 특성이 유사한 정신과 의무기록을 중심으로 상담기록의 표준화를 위한 노력이 이어지고 있다. 김창윤 등(2002)과 임미선 등(2009)은 기존 입력중심기록체계를 임상정보활용중심기록체계로 만들기 위해서 상담기록의 표준화에 대한 연구를 진행했다. 기존의 상담기록양식은 사용자 편의(User friendly) 입력중심체계로 구현되어 사용자의 접근이 용이하고 신속하게 입력할 수 있다는 장점이 있는 반면, 표준화된 양식이 빈약하여 자유기술 양식을 사용함으로써 입력 시 지나치게 주관적인 내용이나 누락정보가 발생되고 있다고 지적하였다. 따라서 향후 입력중심이 아닌 정보조회 및 활용의 가치를 지닐 수 있는 진료기록이 될 수 있도록 양식개발 및 양식관리 개선을 통한 표준화를 이루어 의무기록과 진료의 질 향상을 도모하여야 한다고 주장하였다(임미선 외, 2009).

상담과정에서 사용되는 필수 양식을 추출하고 이들 양식의 내용을 표준화한다는 것은 자칫 무모한 생각으로 여겨질 수 있다. 그러나 상담에서 기록되어야 할 최소한의 과정에 대한 기록을 구조화 혹은 반구조화 양식으로 개발함으로써 상담기록의 생성과 활용 및 관리의 효과를 극대화할 수 있다고 본다. 상담기록에서 집단상담 사례보고서 모형을 연구한 권경인(2010)은 집단상담에 대한 기록의 필수 요소로 집단소개, 집단상담목표, 집단원, 집단과정, 집단역동, 평가 슈퍼비전에서 도움 받고자 하는 것, 축어록의 요소를 추출하였다. 그는 상담전문가들이 제안한 표준화된 보고서 양식은 초심 집단상담자들에게는 슈퍼비전에 참여하기 전에 집단에 대해 생각하고 준비해야 하는 기본적 틀을 제공할 수 있으며, 상담자에게는 한 집단을 진행하는 데 무엇이 중요하고 무엇을 고려해야 하는지에 대한 지침으로 활용될 수 있을 것이라 전망하였다.

상담의 시작부터 종결에 이르는 과정에서 필수적으로 요청되는 상담기록의 목록과 각 기록의 상세 세부내용이 제공될 수 있다면 부족하거나 잘못된 상담 작업을 미연에 방지하는 효과도 거둘 수 있을 것이다(Donald, 2012). 즉, 잘못된 상담활동, 목표와 상담과정이 일치하지 않거나 상담에서의 개입이 빈약한 경우, 또 상담자의 실수나 무계획 등을 방지해 줄 수 있을 것으로 보인다(Mitchell, 2007). 물론 자율기술기록에만 의지하는 것보다 상담내용을 기록하는 데 드는 시간적 비용을 줄일 수 있으며, 상담교육과 연구에도 상담기록이 효과적으로 사용될 수 있을 것이다. 필수 상담기록 목록을 추출하는 것은, 상담 단계와 설정된 상담목표에서 간단한 지침을 제공하거나 반드시 확인해야 할 항목을 체크리스트로 제공함으로써 상담자가 윤리적 오류를 범하는 일을 줄여 주고 견고한 상담 계획과 상담과정을 이끌어 나갈 수 있는 길을 제시할 수 있다는 이점이 있으며, 내담자에 대한 상담자의 계획을 보다 상세화하는 데 도움이 되고 내담자에게 제공되는 상담의 질을 향상시킬 수 있을 것이다. 또한 만들어진 기록이 모두 체계적으로 수집되고 관리되도록 함으로써 상담의 운영은 물론, 법적이고 윤리적인 문제에 대응할 수 있는 상담기관의 잠재력을 높이고 상담기록을 교육과 연구에 안전하게 사용할 수 있는 가능성을 높일 수 있다(Donald, 2012).

이러한 점들을 종합하여 유정이 등(2014)은 필수 상담기록의 개발을 위한 상담전문가의 인식에 대한 델파이 연구 결과를 제시하여 국내 상담기록 양식개발의 방향을 논의하였다. 상담기관을 운영하거나 상담기관에 소속되어 상담활동을 하고 있는 상담전문가들의 의견을 통해 상담 진행과 기관운영에 필수적이고 중요한 상담기록에는 어떠한 것이 있는지를 파악하였다. 이를 위해 상담기록물과 관련된 국내외 문헌과 미국 상담기록물 목록, 현재 국내 상담기관에서 사용되고 있는 기록물 양식을 바탕으로 상담기록물 목록을 제작하였다. 각각의 기록물의 필요성과 중요성에 대한 전문가의 합의 과정을 도출하기 위해 상담전문가 30명을 대상으로 6개월 동안 총 3차에 거쳐 델파이 방법을 사용하였다. 그 결과, 다음과 같은 중요 상담기록 양식의 목록을 추출할 수 있었다.

표 4-4 상담전문가가 평정한 상담기록 영역별 필요성과 중요성이 높은 기록양식

구분	내용
영역 1 상담관리 및 접수관련 기록	내담자 접수대장(Screening Information) 행정 및 관리를 위한 인구학적 정보를 포함하는 기록물. 내담자의 개인적인 의학정보와는 별도로 관리되며, 주로 사무실 운영과 행정적인 절차를 위해 활용하는 정보가 담겨 있음. 위급 상황 시 연락할 수 있는 연락 정보를 포함하고 있음. 상담동의서 및 내담자의 권리 알림(Consent to Treatment and Recipient's Rights) 상담에 대한 동의와 내담자의 권리에 대한 내용. 내담자들에게 비자발적으로 상담관계가 끝날 수 있는 다양한 상황과 비밀보장의 한계에 대한 설명을 담고 있음. 내담자의 권리와 상담기관에서 준수해야 할 윤리적 의무, 내담자의 책임, 내담자의 권리가 침해되었을 때 접촉할 수 있는 관련자들에 대한 내용이 포함됨.

	미성년 내담자 상담에 관한 부모 동의서(Agreement Regarding Minors) 미성년자 내담자들이 상담에서 이야기하는 내용에 대한 비밀보장과 관련하여 부모가 관련 규정을 존중하고 따르겠다는 동의. 자녀의 독립회기와 이에 대한 부모의 존중, 비밀보장의 예외 상황, 부모와 함께 참여하는 회기 관련 내용. 접수면접기록지(Intaking record) 상담이 시작되기 이전 접수면접의 내용을 기록하는 양식. 내담자의 구체적인 호소문제, 내방사유, 호소문제의 역사, 내담자가 원하는 상담목표와 요청하는 상담자 유형 등에 대한 내용을 기록할 수 있도록 함. 내담자 접수면접 혹은 부모 접수면접 이후 작성할 수 있음. 위기 정도 체크리스트(Crisis checklist) 심각한 수준의 우울, 불안, 자살 위기 등의 내용을 파악하는 기록물로, 내담자가 어느 정도의 심각한 위기 수준에 있는지 확인하기 위함. 기록물의 내용에 따라 위기개입의 필요성과 수준을 파악할 수 있음. 비용에 관한 규정 및 지불계약서(Financial Policy) 비용 지불에 관한 규정으로 상담시간에 따른 상담료, 비용 지불 방법, 지불기한 및 지불하지 않았을 때의 규정, 취소에 대한 금액, 함께 제공되는 다른 정신건강서비스의 목록과 금액, 검사 금액에 대한 정보를 포함하고 있음. 상담자의 윤리강령 및 서약서(Code of Ethics and Mission Statement) 정신건강 전문가로서 준수해야 할 윤리적 의무에 대한 강령 및 서약. 내담자의 권익 우선 추구, 내담자에 대한 평등한 태도, 자기 발전을 위한 지속적인 자기점검 등의 내용이 포함되어 있음. 상담센터와 전문가 조직에서 정한 윤리규정을 준수하겠다는 서약서의 형태로 각 상담자들이 사인함. 비밀보장에 대한 상담자 서약서(Confidentiality Agreement) 내담자의 정보(구두 및 문서 정보, 과거 혹은 현재 내담자 및 상담을 받을 내담자도 포함)는 정신건강치료 목적 이외에는 사용되지 않을 것과 이를 위반할 시 책임을 질 것을 명시하는 내용
영역 2 내담자 정보 및 공개관련 기록	내담자 개인정보보호에 관한 규정 안내(Privacy of Information Policies) 타인을 해하려는 의도나 공공의 안전을 해치는 등의 개인정보보호 예외사항을 명시하고, 법원의 요청이 있거나 미성년자의 경우 등 특수한 상황에서의 정보보호에 대한 내용 포함함.

	정보수집 동의서(Release of Information Consent) 내담자가 자신과 관련된 정보를 수집하는 것에 대해 동의하였음을 확인하는 양식 정보공개 동의서(Release of Information Consent) 내담자가 공개하는 것에 동의하는 정보의 종류 및 사용목적에 대한 동의서
영역 3 스크리닝 관련 기록	정신건강 스크리닝 양식(Mental Health Screening Form) 이전에 상담 받은 경험이나 상담의 양식, 정신건강 문제로 병원을 내방하였거나 약을 먹은 경험, 관심 있는 증상 및 분야에 대해 표기하도록 한 양식 약물남용 스크리닝 양식(Substance Abuse Screening Form) 이전의 약물남용 치료 여부, 알코올 문제 여부, 약물남용 관련 가족력, 약물 복용 여부 등을 파악하는 양식
영역 4 평가 및 진단관련 양식	초기평가 양식(Initial Assessment) 내담자에 대한 진단 및 기능손상 여부 확인, 문제가 처음 나타난 시기, 기간, 강도, 증상 등을 확인하고 이전의 기능 상태와 비교하기 위한 목록. 생물사회심리적인 평가나 진단적 인터뷰, DSM-Ⅳ-TR에 따른 평가가 포함됨. 개인사 양식(Personal History Forms) 초기 평가 세션 이전에 기록되도록 하는 것으로 발달사, 가족정보, 사회적 관계, 문화적 배경, 종교, 이전의 법적 기록, 교육정보, 건강문제, 약물 복용 이력, 상담이력 등의 내용이 포함됨. 정서/행동 평가 양식(Emotional/Behavioral Assessment) 발달장애 아동 등을 대상으로 내담자의 현재 정서적인 표현수준, 긍정적 행동, 수정될 목표 행동, 최근의 스트레스 요인들에 대해서 평가하도록 되어 있음. 발달장애 내담자의 상담 계획을 세울 때 도움을 받기 위함. 진단평가 보고서(Diagnostic Assessment Report) 방문 목적, 문제의 발달, 현재 기능, 가족력 등을 평가하는 기록물. 외모, 자세, 얼굴표정, 정서, 지각, 인지적 기능 등에 대한 평가를 포함함. 의학적인 진단을 위한 초기접수, 평가 자료, 현재 정신건강 상태를 토대로 이를 요약하는 보고서
영역 5 심리평가 관련 기록	심리평가보고서(Psychological Evaluations) 심리적 문제의 증상, 일상생활, 관계적 기술, 약물 사용 등과 관련된 심리적 기능을 평가하는 기록물. 구체적인 개인의 생각, 정서, 성격, 신경증적 증상, 기억과 주의, DSM-IV의 기준에 합치하는지를 평가하는 내용을 포함함. 이를 통해 상담 계획을 세울 때 도움을 얻고자 함.

영역 6 상담 계획 및 과정검 토 기록	개인상담 계획서(Individual Treatment Plan) 내담자 문제에 대한 구체적인 목표, 상담 전략을 기록하는 계획서. 모든 계획은 구체적이고 측정 가능하고 내담자에 맞는 내용으로 기록되도록 안내함.
영역 7 과정보고 관련 기록	상담 회기 경과보고서(Progress Notes) 상담 회기의 과정을 보고하는 기록물. 세부적으로 상담회기 동안 일어난 내용과 개입 내용, 관찰, 숙제 등의 내용이 포함되는 자료 제시 영역, 임상적 평가 영역, 추후 상담 계획 제시 영역이 포함되어 있음. 상담회기 시간 및 다음 약속 정보도 포함됨. 부모 및 보호자 상담기록지(Progress Notes for parents) 아동 및 청소년을 상담했을 경우 사용하는 기록물로, 부모 및 보호자의 특성뿐 아니라 아동 문제에 대한 지각, 지지 자원 등의 내용을 파악하여 아동 상담 기록물과 합본하여 사용함. 집단상담 과정보고서(Group Therapy Progress Notes) 집단상담 과정에서 사용할 수 있는 회기보고서. 집단원들이 보이는 행동들(정서 교환, 주제 이해, 공감 반응 등)의 정도를 체크할 수 있고 각 집단원들이 매 회기에 보였던 행동을 요약하여 서술할 수 있도록 함.
영역 8 상담과정에 사용되는 기타 기록	정신건강서비스 의뢰요청서(Referral for Mental Health Services) 의뢰를 하거나 의뢰를 받을 때 사용되는 기록물로, 내담자의 기본 인적사항과 심리 건강 배경, 문제 영역, 어떤 서비스가 필요한지에 대한 요약이 포함되어 있음. 또한 의뢰의 목적이 무엇인지, 의뢰자에게 요구하는 사항이 무엇인지 기록하도록 함. 자살방지서약서(Suicide Contract) 내담자로 하여금 자살충동이 들 때 책임감 있는 행동을 하도록 하게 하고, 자살행동을 하지 않도록 내담자와 상담자가 동의하는 것. 응급한 상황에서 내담자가 연락할 수 있는 번호와 도움을 요청할 수 있는 사람, 찾아갈 수 있는 응급기관 등을 적을 수 있도록 하고 서명할 수 있도록 함.
영역 9 기록 확인 및 성과 관련	내담자의 기록과 음성기록에 대한 비밀보장 서약서(Statement of Confidentiality for Those Auditing or Reviewing Client Charts) 외부에서 받게 되는 내담자와 관련된 기록에 대해 비밀을 보장할 것을 서명하는 기록

	상담성과 평가지(Outcome Survey) 개인, 가족, 부부 상담이 끝난 후 상담 회기 전반에 대해 어느 정도 만족하는지 기록하는 체크리스트. 상담과 관련된 행정적 내용부터, 상담자와 상담회기에 대한 만족도, 상담성과에 대한 만족도를 각각 체크하도록 하고, 필요한 경우 코멘트할 수 있도록 함.
영역 10 종결 관련 기록	상담종결 요약기록서(Discharge Summary) 상담 효과에 대한 요약 기록물. 상담 초기와 상담이 끝난 후의 진단, 상담내용과 과정, 종결의 이유, 증상의 변화와 상담 효과로 나타난 내담자의 기능수준, 추후 상담 계획과 내담자의 평가내용을 기록하도록 함.

상담전문가들은 상담기록 51개의 목록 중에서 중요성이나 필요성 측면에서 앞의 27개의 기록에 대해 높은 합의를 이루었다. 영역별로는 상담관리 및 접수관련 기록이 속하는 영역 1과 평가 및 진단관련 양식이 속하는 영역 4에 속한 기록이 중요하고도 필요한 기록으로 인식하였다. 영역 1은 내담자가 기관에 상담을 신청하고 상담자에게 배정이 되기 전에 내담자에 대한 정보를 파악하기 위한 기록으로 구성이 되어 있고, 영역 4 역시 상담과정이 시작되기 전에 내담자의 증상이나 개인사에 대한 정보, 진단을 위한 기록으로 구성되어 있다. 즉, 상담 초기에 상담에 대한 설명과 상담이 이루어지는 절차, 비밀보장 등 상담의 구조화에 관한 내용이 포함된 기록 그리고 내담자에 대한 이해를 도울 수 있는 정보가 포함된 기록들이 중요하고 필요하다고 판단한 것을 알 수 있다.

제5장

상담에 관한 내담자의 동의기록

1. 고지에 의한 동의의 법적 · 윤리적 기초
2. 고지에 의한 동의가 필요한 내용
3. 고지에 의한 동의의 문서화

Record Keeping in Counseling Institution

상담에 관한 내담자의 동의기록

어떤 대상에 대해 더 잘 알수록 더 적극적으로 참여할 수 있다. 마찬가지로 내담자들이 상담과정에 대해 더 잘 알수록 더 효과적일 수 있다. 또한 내담자는 상담이 시작되기 전, 상담에 대한 충분한 정보를 받을 권리가 있으며, 상담과정에서 자신에 대한 결정에 참여할 권리가 있다. 이때 정보에는 내담자의 상태와 진단에 관한 것, 제안된 상담의 이점과 위험 요소, 대안적인 다른 상담 접근, 상담을 받지 않았을 경우의 위험 요소와 이점 등이 포함된다. 이런 점에서 상담에 대한 내담자의 동의는 매우 중요한 개념으로 다루어져 왔다.

내담자가 상담의 전 과정에서 적절한 정보를 제공 받았는지를 의미하는 '고지에 의한 동의'의 원칙이 강조되고 있다. '고지에 의한 동의'란 'informed consent'의 한국어 해석인데, 내담자는 상담자로부터 상담에 관한 정보를 받고 이에 동의한다는 의미다. 이 장에서는 '고지에 의한 동의'의 개념과 원리, 그리고 상담과정에 적용하기 위한 조건과 지침을 정리하고 이것이 상담과정에서 기록으로 남겨질 수 있는 방법을 찾고자 한다.

1. 고지에 의한 동의의 법적 · 윤리적 기초

상담 및 치료에 만족하지 못한 내담자를 대상으로 한 설문에서, 상담의 질을 높이기 위한 방법이 무엇인지를 물었을 때, 많은 응답자들은 상담에 대한 안내와 정보제공, 즉 '상담구조화(structuring)'의 필요성을 꼽았다(Luepker, 2003). 내담자의 상담에 대한 '알 권리'가 충족될 때 내담자는 상담의 주체가 될 수 있다(고향자, 현선미, 2008).

일반적으로 상담자가 상담에 대해 내담자에게 알리고 교육하며 조율하는 과정을 '내담자 교육' 혹은 '상담구조화'라는 개념으로 설명해 왔다. 내담자가 상담에 대해 자세하고 분명하게 이해하는 것은 상담에 대한 내담자의 동기를 높이고 나아가 상담의 효과를 증진시킨다는 연구 결과가 있다. 일반적으로 상담자는 상담의 구조화를 통해 내담자에게 상담에 대한 정확한 지식을 제공하고 정서적 안정과 희망을 갖도록 격려하며, 상담에 대한 적극적이고 책임감 있는 태도를 촉진한다. 상담전문가들 또한 구조화를 통해 내담자의 '마음 달래 주기' '상담의 의미와 상담자 역할에 대한 이해' '내담자 역할에 대한 이해' '상담과정에 대한 이해' '내담자의 권리에 대한 이해'를 갖도록 할 수 있다(김인규, 2004)

최근에는 상담구조화의 내담자 교육과 안내 기능보다는 내담자의 법적 권리와 상담자의 의무를 충족하는 측면이 강조되고 있다. 상담에서 '고지에 의한 동의'는 내담자의 권리와 자유를 보호함과 동시에 상담자를 보호하기 위해 반드시 필요하다는 관점이다.

서구사회는 의료적 치료에 관한 정확하고 철저한 정보를 환자에게 제공하고 이런 정보를 보고 환자 자신이 자신의 치료에 대한 자기결정권(self-determination)을 갖도록 하는 절차를 중요시해 왔다. 역사적으로는 뉘른베르크 규칙(Nuremberg code)이 대표적이다. 제2차 세계대전 중 독일의 의사와 과학자들이 일반인을 대상으로 매우 큰 고통을 주는 실험을 했다는 사실이 밝혀지면서 인간을 대상으로 한 연구에서는 반드시 피험자의 자발적인 동의가 필요하다는 규칙을 제정하였다. 이것이 뉘른베르크 규칙인데, 여기에서는 피험자의 동의 없이 사람을 대상으로 실험하는 것을 금지했다. 미국의 HIPAA는 개인의 건강정보를 다룰 때 상담자들은 내담자에게 서면으로 기록에 대한 공지를 제공할 것과 이러한 공지를 받았다는 인증을 요구하고 있다(Leupker, 2003). 또한 미국심리학회(APA, 2007)는 모든 필수 상담기록으로 '치료에 대한 사전 동의 및 승인' 문서와 '비밀보장 예외를 인정하는 각서와 정보제공 동의 및 승인'에 관한 문서를 지정하고 있다.

국내에서도 공공기관의 활동에서 인권 및 개인정보에 대한 책임과 의무를 강조하고 있다. 「개인정보 보호법」은 개인정보를 수집, 활용, 제공하는 모든 경우에 정보제공자의 동의를 받을 것을 강제하고 있으며 개인정보처리자는 개인정보의 처리 목적을 명확하게 하여야 하고 그 목적에 필요한 범위에서 최소한의 개인정보만을 적법하고 정당하게 수집하여야 한다고 규정하였다. 「생명윤리 및 안전에 관한 법률」은 인간을 대상으로 하는 모든 연구, 특히 의사소통, 대인 접촉 등의 상호작용을 통하여 수행하는 연구와 개인을 식별할 수 있는 정보를 이용하는 연구에 대해 엄격한 심사기준을 적용하고 있다.

학회에서도 윤리적인 지침으로 고지에 의한 동의를 필수적으로 요구한다. 한국상담심리학회는 상담전문가의 윤리강령을 통해 "내담자는 비밀유지를 기대할 권리가 있고 자신의 사례기록에 대한 정보를 가질 권리가 있으며, 상담 계획에 참여할 권리, 어떤 서비스에 대해서 거절할 권리, 그런 거절에 따른 결과에 대해 조언을 받을 권리 등이 있다."라고 명시하고 "상담심리사는 내담자에게 상담에 참여 여부를 선택할 자유와 어떤 전문가와 상담할 것인가를 결정할 자유를 주어야 한다. 내담자의 선택을 제한하는 제한점은 내담자에게 모두 설명해야 한다."라고 규정하였다(한국상담심리학회 윤리강령). 이러한 점은 상담학회 윤리강령에서도 마찬가지다.

'고지에 의한 동의'는 내담자의 자기결정권을 기본으로 하는 윤리적 · 도덕적 원리로 내담자가 치료나 개입에 대한 정보를 듣고 그것에 자율적으로 동의한 후에야 비로소 전문가가 개입할 수 있다는 원리다.

최근에는 내담자들이 필수적인 정보를 받고 이해했다는 것과 그들이 치료에 관해 중요한 결정을 내릴 수 있었다는 것을 문서화하는 것이 요구되고 있다. '고지에 의한 동의'의 문서화란 상담자가 그들의 의무를 충실히 수행했음을 증거할 수 있는 가장 적절한, 때로는 유일한 방법이 되고 있다.

2. 고지에 의한 동의가 필요한 내용

상담과정에서 내담자의 동의를 받아야 하는 내용은 무엇인가에 대해 논의하기에 앞서, 내담자에게 동의의 내용을 이해하고 동의 여부를 결정할 수 있는 능력이 있는지를 확인하는 것이 필요하다. 즉, 동의에 대한 내담자의 자발성과 동의능력에 대한 확인이다. 자발성(voluntariness)이란 고지에 의한 동의가 어떠한 형태의 강요도 없는 자유로운 상황에서 이루어져야 한다는 것을 의미한다. 고지에 의한 동의는 무엇보다도 그 당사자에게 동의할 수 있는 능력이 있어야 한다는 전제가 있다. 즉, 아동이나 미성년인 경우, 혹은 정신건강의 심각한 문제가 있는 상황에서 고지에 의한 동의의 원칙이 지켜지기 어렵다(Leupker, 2003).

상담과정에서 내담자의 동의를 얻기 위해서는 먼저 내담자에게 적절한 정보가 제공되어야 한다. 개입 및 치료가 필요한 이유, 절차, 상담으로부터 얻을 수 있는 이득과 위험 그리고 상담 이외의 다른 대안들에 대한 정보 등이 내담자에게 제공될 것으로 생각해 볼 수 있다. 동의의 내용과 절차에 대한 기존의 논의를 살펴보고자 한다.

1) 일반적 기준

'고지에 의한 동의'란 다음의 네 가지 영역을 포함한다(Luepker, 2003). 첫째는 치료를 제공하는 것에 대한 동의다. 상담자들은 상담의 과정에서 지속적으로 치료에 대한 동의를 얻어야 할 필요가 있다. 기본적인 요소에 대한 동의는 상담과 심리치료가 시작되는 시점에서 이루어지지만, 상담 계획이 수정되거나 종료될 때에도 이루어져야 한다. 방법에 있어서는 내담자가 치료에 동의한다는 양식에 날짜를 기입하고 서명하는 방법이 추천된다. 고지에 의한 동의를 문서화하는 것은 내담자와 함께 치료 계획을 짜고 동시에 서명하기 위한 절차로 활용될 수 있다. 둘째는 지불동의라 할 수 있다. 지불에 관한 내담자의 동의는 문서화되어야 한다. 상담자는 상담을 시작하기 전에, 누가 지불의 책임을 지는지, 어떻게 지불하는지, 회사나 보험에서 지불하는 경우 청구 과정에 어떤 정보가 필요한지에 관해 기록을 남기는 것이 필요하다. 셋째는 미성년자와 아동의 치료에 대한 부모의 동의다. 특별한 경우를 제외하고 상담자들은 아동의 법적 보호자로부터의 서면동의 없이 상담할 수 없다. 하지만 이혼한 부모와의 관계에서 법적인 양육권을 가진 부모의 허락이 필요한 경우라든지, 학교상담에서 교사의 상담과 관련하여 아동을 상담한 경우 논쟁이 야기될 수 있다. 마지막으로는 제3자에게 정보를 제공하는 것에 대한 동의를 들 수 있다. 상담자는 상담관계 이외의 제3자에게 기밀 정보를 제공해야 할 상황에 놓일 수 있다. 즉, 예를 들어 내담자의 상담내용을 학교나 법정에 제출해야 할 상황이 있기 때문이다. 이를 위해 법적으로 유효하고 내담자가 서명한 동의 기록을 확보할 필요가 있다.

각 동의에 대하여 Luepker(2003)는 다음과 같이 상세히 설명하고 있다.

치료를 제공하는 것에 대한 동의: 상담을 하기 전에 실시하는 심리평가나 치료를 위한 내담자의 동의는 필수다. 상담에서 어떤 처치를 할 것인지, 어떤 치료 계획을 가지고 있는지에 대해 내담자에게 충분히 설명 · 고지하고 이에 대한 내담자의 동의의사를 서명으로 표시하는 서면동의가 이루어져야 한다. 이를 '고지에 의한 동의'라고 명명해 왔다. 서면동의에는 날짜와 인적 사항이 기록되어야 한다.

상담기관에서 미리 준비해 둔 양식화된 문서를 사용하는 것은 상담자와 내담자의 의사소통에 도움이 되고, 시간도 절약하는 유용한 방법으로 볼 수 있다. 고지에 의한 동의를 문서화하는 것은 상담구조화의 의미도 포함되고 내담자와 함께 치료 계획을 세우는 과정에서도 사용된다. 이는 상담에서뿐 아니라 인턴교육과 슈퍼비전에서도 사용되며, 여기에는 슈퍼바이저의 기록, 상담 사례의 검토에 대한 동의를 포함할 수 있다.

지불동의: 유료상담의 경우, 상담료 지불에 관한 내담자의 동의는 문서화되어야 한다. 상담자는 상담을 시작하기 전에 누가 상담료 지불의 책임을 지는지, 기관이나 보험에서 지불되는지, 기관이나 보험에서 청구될 경우 어떤 정보가 필요한지에 관해 문서로 동의 내용을 남긴다.

미성년자와 아동의 치료에 대한 동의: 몇몇의 아주 특별한 경우를 제외하고 상담자들은 아동의 부모 혹은 법적 후견인으로부터의 서면동의를 받고 상담을 진행해야 한다.

제3자에게 정보를 제공하는 것에 대한 동의: 상담자는 특수한 경우에 제3자에게 내담자 정보를 제공해야 하는 경우, 내담자로부터 동의를 얻을 필요가 있다. 내담자 정보의 제공을 위한 권한 위임 양식의 필수적인 정보는 다음을 포함한다.

- 내담자의 이름과 주소, 주민등록번호
- 정보를 받는 사람 혹은 단체의 이름과 주소

- 요청된 구체적 정보
- 개인정보 제공의 목적(예: 진단과 치료 계획을 위해)
- 권한 위임 기간과 만료일(6개월 혹은 1년)
- 언제든지 동의를 무효화할 수 있는 내담자의 권한에 대한 기록
- 내담자 혹은 보호자의 서명과 서명한 날짜
- 서명을 거부한 결과
- 필요한 경우 공인 인증: 제3자에게 기록을 제공했을 경우 이를 제공했다는 기록

상담기록의 특성상 수많은 개인적인 정보들이 담기게 되므로, 내담자 기록정보의 보호에도 각별한 주의가 필요하다. 심지어 미국상담자협회의 윤리강령에 의하면 "상담자는 내담자에게 상담의 비밀보장이 지켜지지 않을 수 있음을 알려야 한다. 또한 그것이 상담자가 자격을 획득한 주와 상담이 이루어지는 주의 기준과 법적인 상황에 따라 달라질 수 있음을 설명해야 한다."라고 규정하고 있다.

이 외에도 상담자가 내담자에게 사전 정보를 주어야 하는 영역에는 다음과 같은 것들이 속할 수 있다. 첫째, 상담의 효과와 위험에 관한 안내다. 내담자는 상담 프로그램에 관한 효과와 위험성에 대해 모든 정보를 제공 받아야 한다. 상담의 효과는 내담자의 책임성이나 태도와 깊이 관련되어 있기 때문에 내담자의 책임성에 대해 언급하는 것은 대단히 필요한 과정이라고 할 수 있다. 양심적인 상담자라면 어떤 문제해결에 대한 약속이나 보장을 줄 수는 없다는 것을 알리고 내담자의 책임 있는 참여를 강조해야 한다. 현명한 상담자라면 어떤 위험에 대해 보다 잘 알게 될 때까지 부정적인 측면을 자세히 기록하고, 치료방법을 수정하기 전에 내담자와 충분히 상의하며 그 이후에야 상담방법을 수정할 것이다. 그리고 물론 그에 대한 기록을 남길 것이다.

둘째, 대안적인 상담방법에 대해 알리는 것이다. 어떤 상담자들의 윤리강령에 따르면, 상담자가 내담자에게 다른 대안적인 치료방법에 대해 알릴 것을 강조한다. 상담자는 지역이나 국내에서 사용할 수 있는 다른 치료방법과 전문가 그리고 상담센터에 대해서 잘 알도록 훈련 받아야 하고 그래서 내담자에게 다른 치료에 대해 알려 주어야 할 의무를 지닌다. 예를 들면, 자가치료방법, 스트레스관리 프로그램, 지지그룹활동, 위기개입 프로그램 등등이 그것이다. 이런 정보는 유인물로 제공되거나 영상자료로 만들어지거나 혹은 접수면접 시에 알려 줘야 한다. 물론 이런 과정에서 내담자가 상담이 아닌 다른 치료나 활동을 선택할 수도 있을 것이다. 이때 다른 치료나 활동을 선택했을 때의 장점과 위험에 대해서까지 논의하기는 어려울지도 모른다. 그러나 많은 경우 상담과 대안적인 다른 활동에 대해 공개적으로 논의하는 것이 상담을 계속하려는 확고한 의지를 심어 준다. 어찌되었든 내담자는 자신의 상황이나 자신이 직면하고 있는 문제에 대해서 상담 이외의 다른 치료나 약물치료 등에 대해 알 권리를 가지고 있다는 것은 명백하다.

셋째, 녹음이나 녹화에 대한 정보다. 상담실에 따라서는 교육과 훈련, 그리고 상담의 질적인 관리를 위해서 상담의 과정을 녹음할 것을 기본으로 삼기도 한다. 내담자는 이에 대해 첫 회기에 안내를 받아야 한다. 내담자가 녹음의 목적과 방법, 그리고 그것이 어떻게 사용되는지, 누가 그 자료를 보는지 그리고 그것이 어떻게 보관되는지에 대해 충분히 이해할 수 있도록 해야 한다. 대체로 상담자들은 자신의 상담과정을 다시 듣고 상담과정을 개선하기 위해, 그리고 상담과정에 대해 동료나 슈퍼바이저에게 지도와 의견을 듣기 위해 녹음을 사용한다. 어떤 경우에도 내담자에게 녹음 전에 충분한 동의를 구하고 허락을 받으며, 이러한 정보를 적절하게 보호하는 것이 중요하다.

고지에 의한 동의를 확보하고 이를 문서화하는 일은 상담의 모든 단계에서 이루어져야 한다. 상담의 시작과 중간 그리고 마무리 단계에서 수시로 이루어져야 하는데 의사소통을 통해 제공되는 정보와 그에 대한 동의의 내용은 적절한 방식으로 문서화되는 것이 바람직하다. 현재 대부분의 상담에서는 내담자에게 고지한 내용을 상담자의 상담기록에 남기는 정도로 문서화가 이루어진다. 내담자들이 기록을 남기도록 하는 경우는 많지 않은데, 내담자에게 상담에서 무엇이 행해지는지에 대한 서면정보를 제공하는 것은 상담자에게도 내담자에게도 도움이 된다. 내담자가 서면으로 제공받은 정보를 첫 회기 전에 미리 읽고 그것을 읽었다는 서명을 하도록 요청하는 것도 좋다. 내담자가 이를 읽고 질문할 수 있는 기회를 주기 때문이다. 내담자가 서면정보를 받는다면, 내담자는 서명할 수 있고, 내담자가 상담에 관한 첫 정보를 제공받았고 읽었다는 것을 상담자가 문서화할 수 있다.

2) 동의가 필요한 영역에 대한 연구들

이 외에도 무엇을 고지하고 동의를 얻어야 하는가의 근본적인 질문을 위해서 동의의 영역을 확대시켜야 한다는 관점이 있다. 상담의 내담자들은 상담에 관해 어떤 질문을 가지고 있을까? Luepker(2003)는 내담자들이 상담에 대해 흔히 가지는 질문을 정리하고, 그것들은 성공적인 상담관계를 발전키는 데 필수적인 질문들이었다고 회고한 바 있다. 상담자는 다음의 질문들에 대한 정보를 제공하고 내담자가 답변을 이해하고 의미 있게 동의했다는 것을 문서화해야 한다고 주장하였다.

- 상담자의 자격증과 수련 그리고 경험이 나에게 도움이 되는가?
- 상담자가 나와 나눈 대화와 심리치료에 관한 비밀을 어떻게 보장할 것인가?
- 나의 비밀이 보장되지 않는 예외적인 상황은 무엇인가?
- 비밀보장을 위해 상담자와 사무실 직원이 따르는 절차는 무엇인가?
- 상담료는 얼마인가?

- 상담료는 어떻게 지불하고 언제까지 지불해야 하는가?
- 만약 내가 지불을 하지 않는다면 결과는 어떻게 되는가?
- 만약 내가 보험이나 제3자 배상을 사용하기를 원하면 나의 정보를 요청할 수 있나? 만약 그렇다면 정보가 제공되는가?
- 나의 상담에 관한 진단은 무엇이고 그것은 무슨 뜻인가?
- 상담자는 나를 돕기 위해 무엇을 추천할 것인가? 상담자는 특정 치료를 추천할 것인가? 아니면 특정 치료를 권고하지 않을 것인가? 특정 치료를 권고할 경우, 그것은 어떤 종류의 치료이고 그 치료에 포함되는 것은 무엇인가?
- 상담의 치료 효과는 어떤가?
- 제안 받은 치료의 위험 부담은 어떤 것인가?
- 다른 대안 치료법이 있는가? 있다면, 그것들은 무엇인가?
- 치료를 받지 않을 경우에는 무슨 일이 있을 수 있는가?
- 예상되는 상담의 횟수와 기간은 얼마나 되는가? 그 이유는 무엇인가?
- 나와 상담자는 언제 치료를 끝낼지 어떻게 알 수 있는가?
- 내가 치료를 더 이상 원하지 않을 때, 나는 상담자에게 필요한 경우 다시 치료 받을 수 있는 선택권을 가질 수 있는가?
- 상담자가 없을 때 내가 응급 상황에서 누구의 상담을 받을 수 있는가?
- 치료 중 일어나는 일에 불만 사항이 있을 경우 나는 무엇을 해야 하는가?

물론 한국의 내담자들은 미국의 내담자와는 다른 궁금증을 가지고 있을 것이다. 또 상담이 이루어지는 환경도 다르다. 국내에서도 상담의 시작 단계에서 동의를 받아야 할 상담내용을 정리한 연구들이 있다. 하혜숙과 조남정(2012)은 상담자를 대상으로 한 조사연구에서 상담자들이 응답한 개인상담의 사전 동의 구성요소는 상담 및 상담실 소개, 상담에 대한 기대와 불안, 상담의 이득과 위험, 상담자 전문성, 내담자 자세, 상담 절차, 비밀보장, 자문 및 의뢰, 내담자 권리, 심리검사, 상담비용, 기록관리, 연락방식 및 불평사항, 동의확인 및 서명 총 14개 영역으로 분류하였다. 구성요소 중 상담과정의 비밀보장, 상담 절차, 내담자의 자세, 연락방식 및 불편사항은 적합도, 중요도, 현재 사용 여부에서 모두 높은 순위로 나타났으며, 상담비용, 상담자 전문성은 낮은 순위로 나타났다. 응답자의 대부분이 사전 동의가 필요하며, 현재 사전 동의를 사용하고 있으며, 사전 동의 절차가 상담 전체에 긍정적 영향을 준다고 응답한 것으로 나타났다. 사전 동의는 주로 서면이나 구두(말) 형태가 주로 사용되며, 온라인이나 영상 형태는 사용되지 않는 것으로 나타났다. 개인상담에서 사전 동의를 제공하는 시기는 1회기 상담 전후이며, 소요시간은 5분 이내이며, 분량은 A4용지 1장 이내가 가장 많은 것으로 나타났다(하혜숙, 조남정, 2012).

한편, 하혜숙과 최은미(2013)에 의하면, 집단상담 사전 동의 구성요소는 집단상담 소개, 집단상담에 대한 기대와 불안, 집단상담자 전문성과 역할, 집단원의 역할, 집단상담과정(상담 절차, 비밀보장, 집단규칙), 자문 및 의뢰, 집단원 권리, 상담비용, 기록관리, 연락방식 및 불편사항, 동의확인 및 서명 총 14개 항목으로 분류되었다.

한편, 학교상담에서는 학교상담의 특수성을 감안하여 부모의 알 권리와 학생의 비밀보장 사이에 상충될 수 있는 부분에 대하여 보다 명확한 기준이 제시될 필요가 있으며, 특히 자녀의 상담 사실을 학부모가 알지 못할 경우 법적인 문제가 발생할 수 있으므로 윤리강령에서 사전 동의에 대한 규준을 제시해 주는 것이 필요하다고 제안하였다(최선 외, 2012). 상담동기가 부족한 청소년 내담자들을 대상으로 하는 청소년 상담에서 사전 동의에 대한 인식을 논의한 연구도 있다(고향자, 현선미, 2008).

3) 상담 단계에 따른 동의 내용

흔히 고지에 의한 동의는 상담 초기에 이루어지는 것으로 생각하기 쉽다. 그러나 변화하는 상담과정에서 필요할 때마다 주요 사항에 대한 동의가 이루어지는 것이 바람직하다고 한다. 상담의 시작 단계와 중간 단계 그리고 마무리 단계 모두, 그리고 상담 중 적절한 단계마다 이루어질 동의의 내용을 정리하면 〈표 5-1〉과 같다(Luepker, 2003).

표 5-1 상담의 단계에 따른 동의 내용

과정	내용과 주제
상담 시작 전	• 상담내용과 내담자 인적사항에 대한 비밀보장 • 비밀보장의 예외 • 내담자 개인정보 보호에 관한 보안 절차 • 치료에 관한 불만을 접수하는 곳과 방법 • 상담료 청구 과정
첫 회기	• 상담자의 전문성과 교육경력, 상담방법 등 • 내담자에 대한 잠정적 진단과 상담 권고 • 상담 이외의 다양한 치료에 대한 소개 • 상담의 위험 부담과 이익, 한계 • 필요한 상담의 빈도수와 예상되는 상담 횟수 • 응급 상황에 상담자에게 도움을 받을 수 있는 방법과 정도 • 필요시 다른 전문가들과 협력에 대한 동의 • 사례협의나 슈퍼비전에 대한 동의 • 상담녹음이나 축어에 대한 동의 • 제3자의 정보제공 요청에 대한 대응방법 • 제3자에게 정보제공을 허가한다는 동의 • 상담료와 지불방법 • 예약을 지키지 않았을 때 상담료 지불에 관한 방침

상담 진행 중	• 상담 진행의 방향과 방법의 변경 • 검사실시에 대한 동의 • 추가의 혹은 다른 상담에 대한 정보제공 • 상담에 진척이 없거나 더 나빠질 경우의 논의 내용 • 종결에 대한 논의

상담 시작 전에 내담자에게 상담에 관해 알리는 것은 중요하다. 때에 따라서는 단순히 알리는 것뿐 아니라 동의를 받아야 하는 경우도 있다. 대부분의 상담자들이 첫 상담을 시작하기 전에 구두로 내담자에게 상담구조화를 하고 있다. 하지만 이제 이를 서면화시키는 것도 좋을 것이다. 어디에서나 개인정보제공 동의 등이 일반화된 상황에서, 서면으로 정보를 제공하고 첫 상담에서 미리 읽고 그것을 읽었다는 서명을 받는 것이 좋다. 상담에 대해 알리고 동의를 받는 절차는, 상담 초기에 내담자가 상담에 집중할 계기가 된다. 상담 초기에 제공되는 정보들은 팸플릿이나 브로슈어 형태로 제공되는 것이 자연스런운 동의를 이끌어 내는 데 도움이 된다.

상담이 진행되는 과정 중에도 구조화와 고지에 의한 동의가 이루어질 수 있다. 상담과정은 여러 가지 변수에 의해 유동적으로 움직이는 가변적인 과정이다. 내담자와 상담자가 함께 일하는 동안, 새로운 정보가 들어오고 새로운 문제가 나타나며 상담자는 진단에 관해 세웠던 잠정적 가설과 계획을 변경할 수도 있다.

상담자들은 정보에 관한 제3자 요청을 받을 수 있다. 내담자의 학교로부터, 또는 병원이나 군대 혹은 법정으로부터 상담의 진행과정, 검사결과와 같은 정보를 요구받을 수 있다. 이때는 반드시 상담자가 이를 내담자에게 혹은 보호자에게 알리고 정보제공에 대한 논의를 해야 한다. 만약 제공하는 것에 동의하면 상담자는 정보제공에 대한 모든 종류의 논의를 문서화해야 한다.

만약 내담자가 상담과정 중에 진척을 보이지 않거나 더 나빠진다면, 그러한 상황에 관해서 즉각적으로 인지하고 논의해야 한다. 다른 상담을 구하거나 상담을 중단하는, 혹은 내담자에게 다른 상담자를 권하는 모든 가능한 대안이 공개적이고 직접적으로 검토되어야 한다. 이러한 논의와 그 결과에 따른 결정은 상담자와 내담자의 동의에 의한 것이든 아니든 반드시 기록되어야 한다(Luepker, 2003).

3. 고지에 의한 동의의 문서화

고지에 의한 동의를 문서화하는 방법으로는 대부분의 경우 서술형식(a narrative form)을 사용하고 있다. 앞에서 본 바와 같이 동의를 받아야 할 내용은 상담의 단계에 따라 그리고 대상에 따라 다르기 때문에 필요한 내용을 담은 문서양식이 미리 준비되어 있어야 한다. 어떤 상담자들은 고지에 의한 동의 체크리스트를 사용한다. 체크리스트에 동의하는 내용을 확인할 수 있게 하고 내담자가 서명하고 날짜를 쓸 수 있도록 한다. 체크리스트는 내담자가 상담자와 함께 의논하기 위해 필요한 정보가 무엇인지와 꼭 얻어야 할 동의는 무엇인지를 잘 알 수 있게 도와준다. 상담자는 상담 상황에 가장 적합한 문서화 방법을 선택해야 한다. 여기에서는 각급 상담실이나 상담센터에서 사용할 수 있는 상담동의서(예)를 제시하였다.

상담동의서

일련번호 ______________ 고객성명 ________________

나는, 다음과 같은 내용을 읽고 아래에 서명한다.

- 나는 자발적으로 상담에 응하였으며, 미성년자 또는 자녀의 상담에 동의한다.
- 나는 상담자, 의사, 심리학자, 사회사업가 그리고 상담자의 슈퍼바이저와 함께 공동으로 제공하는 상담에 동의한다.
- 나는 상담과 관련된 권리, 위험 그리고 이익에 대해서 설명을 들었고, 더욱 적절한 상담개입이 필요하다고 생각할 때 이에 대해서 다시 논의할 수 있음을 알고 있다.
- 내담자의 권리: 나는 상담에서 내담자로서 어떤 권리를 가지는지에 대한 안내문을 받았음을 확인한다.
- 비자발적인 치료의 중단: 나는 다음과 같은 이유로 상담이 중단될 수 있음을 알고 동의한다. 즉, 신체적 폭력, 언어폭력, 무기 소지, 또는 상담과 관련된 불법적인 행동을 보이거나 규정된 프로그램 규칙을 어기거나, 상담자의 제안에 응하지 않거나 정해진 상담료를 지불하지 않을 때 상담기관의 판단에 따라 상담이 중단될 수 있음을 확인한다.
- 상담내용 비밀보장에 대한 알림: 상담기관이 가지고 있는 상담기록의 기밀성은 법과 규정에 의해 보호된다. 일반적으로 상담기관은 내담자의 개인 정보와 내담자 식별정보를 타인에게 제공하지 않는다. 다만, 다음의 경우에는 예외를 인정할 수 있다. 첫째, 서면에 의한 내담자의 동의가 있을 경우, 둘째, 법정의 요청에 의해 내담자의 동의가 있는 경우, 셋째, 응급 상황, 타인을 해칠 심각한 위협이 있는 경우 등.

나는 치료에 동의하고 위에 진술된 정책과 내용에 동의한다.

________________ ________________

증인 날짜

고객이 18세 이하인 경우에는, 법적으로 보호자에게 책임이 있다.

________________ ________________

증인 날짜

제6장 상담기록의 조직화

1. 기록의 획득과 등록
2. 기록의 편철과 분류
3. 기록의 정리와 이관
4. 특수 성격 기록의 관리

Record Keeping in Counseling Institution

상담기록의 조직화

기록의 유지와 보존은 기관의 필요에 부합하면서도 규제환경을 충족시키는 방식이어야 하며, 기록관리체계를 설계하고 실행하는 것에 기초해야 한다. 기록관리 국제표준에 의하면, 기록관리체계는 기록으로서의 요건과 특성을 유지할 수 있도록 해야 할 뿐만 아니라 업무활동 영역 내의 모든 기록을 일상적으로 획득하고, 기록 생산자의 업무 과정이 반영될 수 있도록 기록을 조직하여야 한다. 또한 허가 받지 않은 변경 혹은 처분으로부터 기록을 보호하고, 기록으로 남기는 업무행위에 대한 일차 정보원으로서의 역할을 수행하며, 관련 있는 모든 기록 등에 대한 손쉬운 접근을 제공하여야 한다(ISO 15489-1, 2007).

기록관리체계는 다음과 같은 요건을 갖춰야 한다.

- 신뢰성: 기록관리체계는 책임 있는 절차에 따라 지속적이고 정규적으로 운용될 수 있어야 하며, 그 운영에 관한 기록을 생산하고 유지함으로써 자체의 신뢰성을 기록화해야 한다. 기록관리체계는 업무 요구의 변화에 부응해야 하지만, 이러한 변화가 기존에 유지해 오던 기록의 성격에 영향을 미쳐서는 안 된다.

- **무결성**: 기록관리체계는 기록에 대한 접근 감시, 이용자 인증, 승인 받은 폐기, 보안 유지 등의 통제조치를 실행하여, 기록에 대한 허가 받지 않은 접근, 폐기, 변경 또는 삭제를 막아야 한다.
- **준수성**: 기록관리체계는 현행 업무와 규제환경, 그리고 조직이 속한 사회의 기대치에서 비롯되는 모든 요건을 준수하도록 관리되어야 한다. 기록관리체계가 이러한 요건을 준수했는지의 여부를 정기적으로 평가해야 하고, 평가에 대한 기록을 증거 목적으로 보유해야 한다.
- **포괄성**: 기록관리체계는 조직이나 부서의 모든 업무활동에서 발생하는 모든 기록을 관리해야 한다.
- **체계화**: 기록은 체계적으로 생산, 유지, 관리되어야 한다. 기록관리체계와 업무관리체계가 함께 설계되고 운용되도록 하여 기록의 생산과 유지를 위한 실무가 체계화되어야 한다. 그러기 위해서 기록관리체계는 명확하게 성문화된 정책, 책임의 부여 그리고 이를 관리하기 위한 공식적인 방법론을 가지고 있어야 한다.

일반적으로 기록관리 실무는 획득, 등록, 분류, 보존관리, 이용과 추적, 처분 등의 절차로 설명되며, 대체로 종이기록의 실무절차는 시간 순으로 진행되곤 한다. 그러나 전자기록시스템에서는 이런 과정들이 동시에 발생하거나 여기서 설명하는 순서와는 다르게 발생하는 경우도 많다. 기록관리체계의 세밀한 정도는 기관의 업무나 설명책임성 요건에 따라서 결정된다. 이 장에서는 주로 상담업무를 진행해야 하는 상담실에서의 관리 실무를 중심으로 살펴보고 이용과 접근통제, 보존관리와 폐기 등에 대해서는 이하 다른 장에서 각각 살펴보기로 한다.

1. 기록의 획득과 등록

기록관리 국제표준에서는 체계화된 기록관리 실무의 출발을 획득(capture)이라는 단계로부터 설명한다. 각종 규제환경과 업무나 설명책임의 요건, 그리고 그 기록을 획득하지 않았을 때 발생할 수 있는 위험을 분석한 결과 등에 따라 획득해야 할 문서가 결정되며, 기관의 유형이나 기관이 운영되는 법적 · 사회적 환경에 따라서도 기록 획득의 요건이 달라질 수 있다. 기본적으로는 업무를 수행하면 생산하거나 접수하는 기록 모두가 획득 대상이지만, 사실상 다음에 해당하지 않으면 공식적인 기록으로 획득할 필요도 없다고 할 수 있다. 기관에서 반드시 획득해야 하는 기록은 다음과 같다.

- 조직이나 개인이 행위를 취하도록 정하는 기록
- 의무나 책임을 문서화한 기록
- 조직이 책임지는 업무에 관련된 정보를 담고 있는 기록

종이기록의 관리체계에서는 표제가 있는 기록철에 기록을 발생 순서에 따라 물리적으로 정리하는 편철이 획득에 영향을 미친다. 이러한 그룹화를 통해 특정한 사안이나 문제를 다룬 기록들을 연결하고, 정보를 검색하고자 하는 사람들이 기록의 맥락정보를 추론할 수 있게 하며 시간이나 물리적 유사성, 기록철의 생산자와 소유자, 기록철의 표제 등을 통해 다른 기록과 암묵적으로 연결한다. 따라서 기록철을 만들어서 어떤 표제를 부여할지를 통제해야 하는데, 이러한 기록철에 기록을 추가하는 일 자체가 기록의 획득을 의미하게 되며, 미리 어떤 범주의 기록을 포함하는 것이 가장 적합한지를 결정하기 위해서는 기록의 분류체계와 연계하여 판단하여야 한다.

기록 획득의 또 다른 방법으로는 미리 지정한 일련의 행위나 업무흐름에

관련 기록을 통합시키는 방식인데, 전자기록의 관리시스템은 보다 계획적인 과정으로 기록을 획득하게 설계할 수 있다. 여기서 유의해야 할 점은 기록이 다양한 매체로 생산 · 접수되며, 이러한 매체는 끊임없이 변화하는 기술에 기반을 두고 있다는 점과 다수의 생산자에 의해 복수 버전(version)으로 생산될 수도 있고 다양한 기간에 걸쳐 여러 형성 단계로 존재할 수 있다는 점이다. 따라서 기록과 업무의 상관관계는 물론, 기록 자체의 성격을 명확히 하는 기록의 메타데이터(기록에 관한 다양한 정보)를 획득하고 유지하는 것 또한 중요한 과제다.

이상에서 살펴본 것처럼 기록의 획득은 필연적으로 등록이나 분류, 편철 등과 연계되어 수행될 수밖에 없는데, 그중에서도 등록은 획득과 동시에 수행되어야 하며, 등록이 완료될 때까지 그 기록에 영향을 미칠 수 있는 다른 어떤 조치도 진행해서는 안 된다. 기록이 생성되었거나 획득되었다는 사실에 대한 증거를 마련하는 것이 등록의 목적이다. 등록과정에서는 등록부에 기록에 관한 간략한 기술 정보를 기록하고, 기록마다 고유한 식별자를 부여하여 검색을 쉽게 하는 부차적인 효과를 거둘 수 있다. 일반적으로 기록관리체계에서는 기록을 하나 이상의 계층이나 집합체로서 등록하게 되는데, 대표적인 것이 기록시리즈나 기록철이라고 할 수 있다. 전자적 환경에서는 기록관리자의 개입 없이 기록을 획득하는 자동화된 과정을 통해 기록이 등록되도록 설계할 수도 있다. 어떤 형태를 취하든, 일단 등록한 기록은 변경할 수 없다는 것이 일반원칙이지만 변경할 필요가 발생하는 경우 추적할 수 있어야 한다.

종이기록의 관리체계에서는 등록부 자체가 별도의 기록이 되는 경우가 일반적이지만, 전산시스템에서의 등록부는 기록과 그 기록에 대한 데이터 요소들의 조합으로 이루어진다. 물론 등록과정 전체를 자동화하지 않더라도 기록이 발생하는 전산 및 업무 환경으로부터 등록항목을 자동으로 추출할 수 있다. 등록과정에서는 최소한 고유 식별기호와 등록 일시, 표제 혹은 간략한 기술(description), 생산자 및 발신자나 수신자 등의 메타데이터를 지정해야 한다. 이보다 더 상세한 등록과정에서는 기록의 맥락, 내용 및 구조에 대한 기술 정보, 기타 관련 기록 등에 대한 다양한 메타데이터와 연결시킬 수 있다.

이 외에도 기록을 등록하거나 기록에 적절한 색인어를 부여하면 모든 유형의 분류나 범주, 매체에 대한 기록 검색의 효율을 높일 수 있다. 색인은 수동으로 작성될 수도 있지만, 전자 프로파일 혹은 전자 문서의 텍스트라면 자동으로 생성될 수도 있다. 이전에는 주로 수작업으로 이루어지던 색인 작성이 오늘날에는 대개 전산화되었다. 일례로 전문(全文)검색 시스템은 그 내용을 검색하여 기록의 소장 위치를 찾는다. 이용자 프로파일이나 주제 프로파일 등을 활용한 검색 등 다른 검색 도구들도 있고 분류체계에서 정한 용어만 색인어로 부여할 수도 있다. 만일 색인어를 부여하기 위한 방법을 적용시키려면 일반적으로 기록의 형식이나 성격, 업무활동과 일치하는 기록의 주제, 표제, 대체적인 내용, 초록, 기록된 처리행위와 관련된 날짜, 고객이나 조직의 이름, 특정한 취급이나 처리요건, 확인 가능한 첨부문서, 기록의 이용 내역 등으로부터 색인어를 추출할 수 있다.

한편, 우리나라의 기록관리 법령에서는 획득의 단계에 대한 규정은 갖고 있지 않지만 업무수행 과정에서 생산 · 접수된 모든 기록을 등록하도록 규정되어 있다. 기록의 등록은 기록의 계층에 따라 시리즈에 대한 등록, 기록철에 대한 등록, 기록건에 대한 등록 등으로 구분할 수 있는데, 시리즈의 등록은 기록관리기준표에 새로운 단위과제를 설정하는 것으로 이해할 수 있다. 기록철의 등록은 수행하는 업무의 첫 기록이 생성되어 건단위의 등록을 시행하면서, 해당 기록이 어느 기록철로 편성되어야 하는가와 앞으로 생성되는 기록들은 어떻게 함께 편성할 것인가를 따지는 과정에서 등록하게 된다. 기록의 건단위 등록은 기록을 생산하거나 접수하였을 때 진행된다. 기록의 등록정보는 임의로 수정 또는 삭제되지 않도록 관리하여야 하며, 각각의 업무부서에서 지정해 운영하는 기록물관리책임자가 관할한다. 공식문서 이외에 다음과 같은 중요 기록도 등록하도록 규정하고 있다.

- 대통령 · 국무총리 및 중앙행정기관의 장, 지방자치단체장, 교육감 및 교육장 등 주요 직위자의 업무관련 메모 · 일정표 · 방문객명단 및 대화록
- 조사 · 연구서 또는 검토서를 작성해야 하는 사항과 관련된 문서가 결재 또는 검토과정에서 반려되거나 중요한 내용을 수정하기 위하여 재작성된 경우에는 반려된 문서 또는 재작성 전의 원본문서
- 그 밖에 영구기록물관리기관의 장이 정하는 기록물

이 중에서 두 번째의 경우는 통상 기록의 버전(version)을 관리하는 것과 유사하다고 할 수 있으나, 이 경우는 특히 기록에 담긴 결정의 책임소재를 명확히 하기 위한 것으로 해석된다. 기록물의 본문과 첨부물의 규격차이가 심하거나 상호 다른 기록매체로 구성되어 있는 등, 첨부물을 본문과 분리하여 각각 관리할 필요가 있는 경우에는 첨부물을 별도로 등록하도록 규정하고 있다. 일반적으로 기록이 생산되거나 접수된 직후 등록을 수행해야 하지만, 사진 · 필름류의 시청각기록에 대하여는 촬영물 중 보존대상으로 적합한 작품을 선정한 후 등록하고, 영화 · 비디오 · 오디오류 기록에 대하여는 촬영 · 녹화 또는 녹음된 기록을 편집하여 완성된 후 등록하도록 되어 있다.

현행 법령에는 기록을 등록하는 항목을 자세히 설명하고 있지 않지만, 최초로 법령이 제정될 때 채택되었던 규정에서는 각종 등록 서식이 제시되어 있었다. 건단위의 등록에서는 기록의 종류별로 항목구성에 차이가 있었는데, 구분 없이 공통적으로 등록해야 하는 기본등록사항은 〈표 6-1〉과 같다.

표 6-1 구법령 기록건 등록대장 기본등록양식

기본등록사항								
등록구분	등록일자	등록번호	첨부번호	제목	쪽수	결재권자	업무담당자	확인

여기서 등록구분 항목을 기록의 종류와 생산등록, 접수등록 등의 구분에 따라 선택하면 추가등록사항이 달리 적용되게 규정하였는데, 일례로 일반문서의 경우 생산등록일 경우에는 시행일자, 수신처, 발송방법, 발송책임자 등을 기입해야 하고, 접수등록일 경우에는 접수일시, 생산기관등록번호, 보낸기관명, 문서과 배부번호 등을 등록해야 한다.

마지막으로 분류등록에서는 분류번호와 공개구분, 특수기록 여부 및 검색어 관련 등록사항이 작성되도록 하였다(〈표 6-2〉).

표 6-2 구법령 기록건 등록대장 분류등록양식

분류등록사항									
분류번호	특수기록	공개구분	공개제한	쪽표시	제1특수목록	제2특수목록	제3특수목록	확인	분류등록수정

기록철의 경우도 기본등록과 보존분류등록을 구분하였는데, 오늘날의 기록관리기준표와 같은 의미를 갖던 분류기준표의 항목과 연계되도록 하였다(〈표 6-3〉, 〈표 6-4〉).

표 6-3 구법령 기록철 등록부 기본등록양식

기본등록사항							
단위업무 번호	기록물철 등록연번	기록물철 제목	제1특수 목록	제2특수 목록	제3특수 목록	기록물 형태	확인

표 6-4 구법령 기록철 등록부 보존분류등록양식

보존분류사항								
종료 연도	보존 기간	보존 방법	보존 장소	비치종결 일자	비치 사유	업무 담당자	확인	보존분류 수정

한편, 건단위 등록을 통해 기록건의 고유번호가 부여되는데 이를 등록번호라고 불렀으며, 업무부서의 고유번호와 해당연도 및 일련번호로 구성되었다. 기록철의 경우는 분류번호라고 부르며, 업무부서의 고유번호 및 단위업무번호, 생산연도 및 일련번호로 구성되었다.

상담기관의 경우 기록관리 법령을 직접적으로 적용받는 정부기구의 경우에는 정부에서 보급한 전자문서시스템과 기록관리시스템에 의해 이러한 등록체계가 전자화되어 있겠지만, 일반 민간 상담기관의 경우라면 간단하게나마 별도의 전자적인 등록체계를 구비해야 한다. 특히 전자기록과 비전자기록이 모두 만들어질 수 있다는 점을 유의하되 모두 하나의 등록장부에 기입될 수 있도록 해야 한다.

상담기록을 관리하는 주요 목적은 상담과정에서 발생하는 자료와 기록을 정확하게 수집하고 효율적인 방법으로 보관하며 필요할 때에는 쉽게 검색해서 이용할 수 있도록 하기 위한 것이다. 물론 컴퓨터를 이용해서 전자기록을 사용하는 상담기관의 경우 검색의 기능을 사용하는 데 큰 어려움이 없을 것으로 보이지만 소규모의 사설 상담기관에서는 종이기록을 사용하거나 종이기록과 전자기록을 함께 사용하는 것으로 알려져 있기 때문에 등록번호 부여의 과정은 반드시 필요하다. 또한 개인상담뿐 아니라 사이버 상담이나 집단상담 및 여러 가지 교육, 훈련에 참여한 기록을 하나의 파일에 통합할 것인가 아닌가의 문제라든지, 내담자가 다시 상담기관을 방문했을 때 새로운 파일을 생성할 것인지 아닌지 등을 결정하는 것이 필요하다.

번호를 부여하는 데에는 여러 가지 방식이 있지만 단일번호제도(unit numbering system) 역시 유용한 방식이다. 내담자가 상담기관에 처음 왔을 때 부여된 고객등록번호를 집단상담이나 개인상담 등 모든 과정에서 동일하게 사용하고, 또 일단 상담과정이 마무리되고 다시 내담하게 된 경우에도 다시 사용하는 방식이다. 이 방법의 장점은 모든 과정에서 같은 번호를 사용하게 되므로 한 내담자의 기록이 한곳에 모이게 되어 연계성 있는 상담 진행이 이루어진다는 점이다. 하지만 번호를 부여하기 전에 내담자의 전력을 확인하기 위한 절차가 필요하고, 또 개인상담과 집단상담을 동시에 운영할 경우에 서로 다른 상담자가 동일한 내담자의 기록을 공유할 것인지 등의 문제가 제기될 수 있다. 또 내담자의 기록이 언제든지 추가될 수 있기 때문에, 상담기록을 보관하는 가운데 사용하게 될 보존상자나 서가 등 배열공간의 일정 부분을 해당 내담자의 기록을 위한 여유공간으로 남겨 두어야 한다는 점도 유의할 점이다.

앞서 국가 법령에서 제시하는 방식은 각각의 사례별로 직접 관련된 기록으로만 기록철을 만들고 미리 개발된 분류체계에 연동하도록 번호를 부여하는 방식이어서 여유공간을 비워 두어야 하는 등의 필요는 없다. 그러나 특정한 내담자를 대상으로 한 기록을 함께 찾아보기 위해서는 기록철 혹은 기록건 단위에 내담자의 이름이나 기타 식별기호를 색인 혹은 검색어로 부여해 두어야 한다.

등록번호를 단순하게 일련번호로 사용하기보다는 상담의 주제나 주요 호소문제 등을 포함하여 부여하는 것도 도움이 된다. 상담일자나 상담형태의 구분을 기록의 등록번호에 표기할 수도 있으나, 업무활동에 기반한 분류체계를 사용하거나 등록일자를 등록항목으로 채택하면 문제는 해결된다. 대신에 적절한 색인어를 부여하면 모든 유형의 분류나 범주, 관련 기록 등에 대한 검색의 효율을 높일 수 있다. 특히 상담기록의 이용이 예상되는 대상은 상담 연구자나 교육자 혹은 전공 학생들, 그리고 기관의 정책을 수립하기 위한 정책 결정자 등이라 할 수 있다. 이들에게 적절하게 상담정보를 제공하는 것뿐 아니라, 상담정보의 안전하고 활발한 이용을 통한 상담학의 발전을 염두에 두고 다양하고 적합한 색인을 개발하여 상담기록의 일부로 포함시키는 것이 필요하다. 이를 위해서는 상담에서의 문제 유형 분류체계(한국청소년상담원, 2000)라든지, 상담용어 개발연구 성과(권희영 외, 2012), 상담의 이론적 접근분류, 내담자 분류체계 등을 적극 활용하는 노력이 필요하다.

2. 기록의 편철과 분류

기록을 편철하는 이유는 업무담당자가 여러 업무활동을 진행하면서 서로 연관성이 없는 다수의 기록들을 생성하기 때문이다. 이들을 낱개로 관리하다 보면 필요한 정보를 찾는 데에 어려움이 생길 뿐만 아니라, 분실이나 유출, 훼손, 보안 유지 등에 실패할 위험이 더욱 커지기 때문이다. 뒤집어서 말하자면, 생성되는 기록을 일정한 법칙에 의해 직접 관련된 기록정보 세트로 그룹화시키는 것이 불가피하기 때문이다.

이미 앞에서 설명하였듯이 업무기능과 업무활동에 기반한 분류체계를 만들어 기록시리즈를 확인해 둔다면, 실제로 업무를 진행하면서 생성되는 기록들을 그 맥락에 따라 크게 기록시리즈로 구분함과 동시에 그 안에서도 직접 기록정보 세트로 다시 세분하는 논리적 기준을 적용시켜 갈 수 있다. 이러한 기준을 국가 법령에서는 편철기준이라고 명명하였다. 편철기준이 모든 기록시리즈에 동일하게 적용될 수는 없다. 업무의 성격과 기록의 특성에 대한 세심한 조사와 분석이 선행되어야 하고, 또한 주된 이용자의 이용 목적과 기록정보 조직화의 적합성 등을 종합적으로 고찰하여 검색과 통제 모두에 적합한 방식을 찾아내야 한다.

상담기관에서 가장 의미 있게 진행되는 상담활동의 하나인 개인상담의 경우를 상정하여 기록의 편철에 대해 살펴보자. 개인상담의 절차를 가장 단순화하여 보면 〈표 6-5〉와 같다.

표 6-5 개인상담활동의 진행절차

상담 신청접수	→	상담 회기 진행	→	상담종결

여기서 상담의 신청접수는 상담신청접수실의 별도 담당자에 의해 수행될 수도 있는데 그런 경우에도 상담의 주제나 주요 문제의 성격에 따라 다시 담당 상담자에게 배부되고 이런 가운데 상담배정기록이 생성될 수 있다. 또한 상담 회기가 진행되는 가운데 여러 차례의 상담을 통해서 그때마다 상담 회기기록이 생성될 수 있으며 경우에 따라서 접수는 이루어졌으나 이후 상담이 이뤄지지 않을 수도 있다. 상담 회기의 종결처리 역시 일반적으로는 담당 상담자에 의해 결과보고기록이 작성되지만, 상담 진행이 중단되는 경우 생성되지 않을 수도 있다.

만일 이러한 개인상담이 한 명의 상담자에 의해 A, B, C, D 등 복수의 내담자를 대상으로 일반적인 절차로 진행되었다고 가정한다면, 해당 기록은 〈표 6-6〉과 같이 생성될 것이다.

표 6-6 개인상담활동의 진행절차에 의한 상담기록

내담자	내담자 상담기록		
A	A 상담신청서	A 면접상담기록	A 상담처리보고서
B	B 상담신청서	B 면접상담기록	B 상담처리보고서
C	C 상담신청서	C 면접상담기록	
D	D 상담신청서		

이러한 기록을 기록철로 편철하는 데에는 몇 가지 방식이 적용될 수 있을 것이다. 우선 상담활동의 절차별로 같은 단계의 기록을 기록철로 편성하는 경우다(〈표 6-7〉).

표 6-7 개인상담 절차별 상담기록철

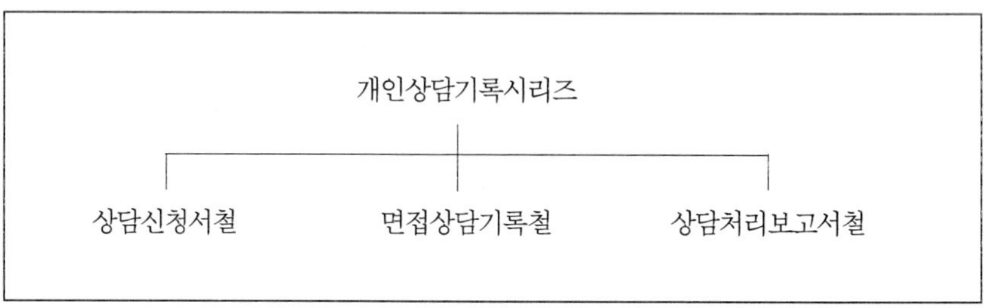

이러한 편철방식은 상담신청과 처리결과 등의 통계를 낸다든지 하는 필요에 도움이 될 수 있으나, 내담자들의 정보가 복수의 기록철에 흩어지게 되는 단점을 지닌다(〈표 6-8〉).

다음은 내담자 개인별 상담기록철로 편성하는 방법이다. 이 방식은 내담자별로 상담의 신청과 회기진행, 처리결과 등을 각각의 기록정보 세트로 조직하여 정보적인 활용에 가장 유리한 방식이라고 하겠다. 해당 상담자가 자신의 상담활동을 대장류 형식으로 작성할 수도 있다. 만일 동일한 내담자가 서로 다른 문제로 몇 차례의 개인상담을 수행한다면, 내담자의 고유식별 방식에 의해 복수의 기록철을 모아 검색할 수도 있다. 또한 C의 사례처럼 상담이 중단된 경우나, D와 같이 상담이 이뤄지지 않은 경우 미결상담기록철 혹은 상담미진행철 등으로 묶어 내담자별 상담진행의 특성을 복합적으로 반영할 수도 있다.

표 6-8 내담자 개인별 상담기록철

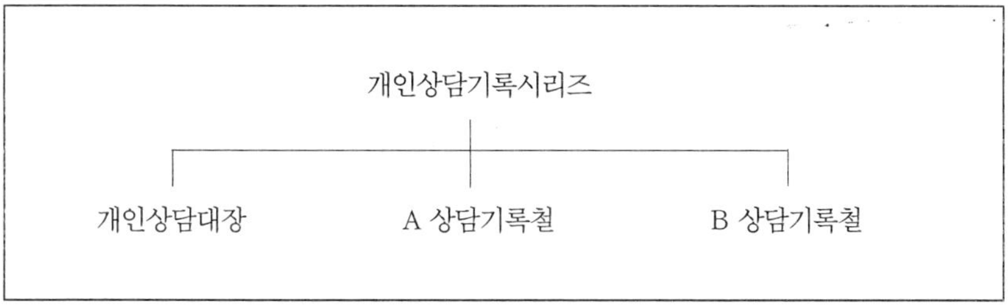

다음은 개인상담의 주제 혹은 주요 호소문제별로 상담 사례를 기록철로 묶는 방식이다(〈표 6-9〉). 상담자별로 특정 주제의 상담 범주가 할당되어 있는 경우라면 좀 더 손쉽게 기록철을 만들 수 있으며, 각각의 주제나 호소문제별 상담내용과 결과를 파악하는 데 적합하다. 물론 각각의 주제 아래 내담자별 기록철을 만들 수도 있다. 또 학교폭력상담과 같이 법률적으로나 사회적으로 특별히 관리되어야 하는 경우이거나 혹은 내담자 개인에 대한 특별한 관리가 필요한 경우도 있다. 이런 경우에는 경찰 등 외부기관과 연계 여부 등에 따라 특별하게 취급된 사례들을 단위별로 구분하여 편철할 수도 있다. 다만, 이러한 편철방식의 경우 한 명의 내담자가 복수의 문제를 호소하거나 여러 주제에 걸쳐 진행되는 상담이라면 이렇게 나누어 편철하기는 곤란할 수도 있다.

표 6-9 주제별 개인별 상담기록철

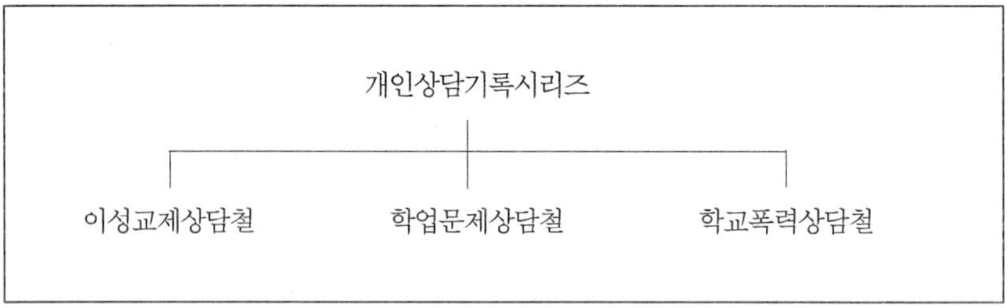

이 외에도 내담자의 특성에 따라 구분하여 편철할 수도 있는데, 예를 들어 주로 내담자들이 중등학교 학생이라면 중학생과 고등학생 혹은 학년별로 편철하는 방식도 가능할 것이다. 그 하위에 내담자별 혹은 주제별 등의 기록철을 편성하는 것도 가능하다. 물론 이러한 방식은 내담자의 특성을 기준으로 기록을 정보화하는 것이 유리한 경우에 적용될 수 있다.

이상에서 살펴본 편철은 종이기록에 대해서 필수적으로 적용되어야 하는 것이며, 전자기록의 경우라면 내담자에 대한 식별기호나 주제별 구분기호 등은 물론, 다양한 색인어를 통해서 필요한 수준에 적합한 그룹화가 가능할 것이다.

한편, 국가 법령에서는 앞에서 살펴본 것처럼 기록철에 대한 등록을 규정하고 있다. 생산 혹은 접수한 기록건을 등록하는 과정에서 어느 기록철에 편성되어야 하는가를 결정하면서 기록의 편철이 이뤄지고, 해당 기록철이 어느 단위과제를 수행하는 것이었나를 구분하는 가운데 기록의 단위과제별 분류가 이뤄진다. 결국 건단위의 등록과정에서 기록철로의 귀속을 결정짓고, 기록철을 등록하는 과정에서 기록건을 편철한 기록철의 분류가 동시에 이뤄진다.

또한 업무가 진행 중일 때 사용하는 기록철 도구와 업무가 종결된 이후에 교체하여 사용하는 편철도구를 구분하고 있기도 하다. 특히 일반문서류 이외에도 카드류 · 도면류 · 시청각류에 대한 편철의 표준적인 방식도 규정하고 있다. 일반문서류의 편철은 업무부서에서 업무가 진행 중일 때에는 진행문서파일을 사용하다가, 업무처리가 완결되면 기록의 표지를 보존용 표지로 바꾸고, 표지와 색인목록을 포함하여 발생순서나 논리적 순서로 편철한다. 통상 100매 이내로 다루기 쉽도록 편철하며, 필요하다면 분철한다. 카드류나 도면류는 30매 정도를 기준으로 보존봉투를 편성하도록 되어 있다. 사진 · 필름류는 건단위로 사진설명과 사진형태를 적고, 기타 오디오 · 영화 · 비디오는 내용요약을 하도록 되어 있다.

이렇게 작성된 기록철은 해당 업무가 종료되면 더 이상 기록건을 편철하지 않게 된다. 또한 기록철이 기록관리기준표에 연계됨으로써 어느 단위과제에 해당하는가를 결정하는 순간 기록관리기준표의 각종 관리기준에 따라 통제되기 시작한다. 해당 기록철의 보존기간, 보존장소, 보존방법, 접근구분, 공개구분 등이 적용되는 것이다.

상담기관에서 생성되는 상담기록에 적용할 편철기준을 일반화해서 제시하기는 곤란하지만, 상담활동의 종류나 절차를 가장 단순한 사례를 기준으로 제시해 본 것이 부록에 실은 상담기록관리기준표다. 이것은 물론 기록철의 목록은 아니고 상담기관의 활동에 의한 기록시리즈를 제시하고 있을 뿐이다. 다만, 시리즈별로 적용할 만한 편철기준을 함께 제시하여 생성될 기록철의 대체적인 모습을 이해할 수 있다.

3. 기록의 정리와 이관

상담실에서 상담활동이 진행되었다가 최종 종결처리가 되면 더 이상 해당 기록철에는 기록이 편철되지 않는다. 기록의 생산이 업무와 함께 종결된다. 기록학의 표현에 따르자면, 업무가 지속되고 이에 따른 기록이 생산되는 '현용 단계'를 벗어나 '준현용 단계'로 진입하게 되는 것이다. 준현용 단계에 진입한 기록은 새로운 상담활동에 참고가 되기도 하고 감사 등의 업무에 필요한 대상으로 남기도 한다.

하지만 참고활용이나 증거적 활용이 영구히 지속되는 것은 아니다. 대체로 최근 활동에서 생성되었던 기록이 더 자주, 더 중요하게 참고된다. 준현용 단계의 기록은 참고활용의 가치가 점차 줄어들고, 어느 시점에 도달해서부터는 아예 업무와 관련해서는 재차 활용되지 않는다. 이러한 기록은 이제 더 이상 기록관리체계하에서 유지되거나 통제될 필요가 없는 것으로 판단되어 영구보존이나 폐기 처리의 대상이 된다.

그중에는 업무와의 관련성 때문이 아니라 기관 자체의 역사나 활동을 규명해 줄 역사자료로서, 혹은 유관 분야의 학문적 필요에 제공되는 학술자료로서, 혹은 기타 다양한 사회문화적인 필요로 인한 중요 정보로서 오랫동안 보존되어야 하는 것도 있다. 혹은 종결되었던 상담이 한동안 시간이 지난 후 다시 다른 이유로 재개되거나 후속 활동으로 연계될 수도 있다. 이처럼 기록의 활용 가치를 기준으로 보존기간이 책정되고, 그 기간 동안 안전하게 보존되고 통제된다.

업무부서에서 업무활동이 진행 중인 상태에서는 대체로 관련 기록을 해당 업무담당자가 직접 관리하며 업무에 효율적으로 활용한다. 마찬가지로 상담실에서도 진행 중인 상담기록은 이를 담당하는 상담자가 직접 작성하고 접수도 하며 또 자신의 문서함이나 캐비닛 등에 담아 관리하기도 한다. 이 시기의 주된 이용자 역시 상담자 자신이기 때문에 검색이나 활용에 큰 어려움은 없다. 오히려 부주의한 취급으로 분실이나 훼손이 발생할 우려가 높고, 혹은 업무가 바쁘다는 이유로 등록을 늦추거나 아예 빠트릴 위험이 있다. 상담자 개인이 관리하는 진행 중인 일이기 때문에 다른 상담자들이 접근해서 내용을 살펴보기 어렵다. 기록이 빈번하게 참고활용이 되는 동안은 상담실에 두더라도, 종결 후에는 가급적이면 짧은 시간 안에 기록관리부서로 옮겨 전문적인 관리가 실행되도록 한다.

기록이 준현용 단계에 진입하면 곧 기록관리실로 이관되어야 하지만 사실상 기록관리부서에서는 어떤 업무가 종결되어 어떤 기록이 준현용 단계에 진입하였는지 알 수 없고, 일부 기록이 빠진 채 업무부서에서 넘겨준 기록만 관리하게 될 우려도 있다. 생성된 기록의 등록여부가 해당 기록의 법적 효력을 좌우함에도 불구하고 업무담당자가 이를 등록하지 않고 누락해도 좀처럼 알아낼 수 없다. 여전히 이러한 맹점이 해결되지는 않지만 업무처리가 종결된 기록을 업무부서에서 최종적으로 정리하는 절차를 두고, 그 결과를 통해 얻은 기록들의 목록을 기록관리부서에 보내어 이관에 대비하게 하는 방식이 국가 법령에 규정되어 있다.

이러한 기록 정리는 다음 사항을 포함하여 실시된다.

- 전자기록생산시스템에 등록되지 않은 기록이 있는지 여부를 확인하여 누락되었던 기록을 추가로 등록한다.
- 등록정보와 실제 기록 상태가 일치되는지 여부를 확인하여 미비사항을 보완한다.
- 접근권한, 공개 여부, 비밀여부를 확인하고, 해당 항목의 변경이 필요한 경우에는 등록정보를 수정한다.
- 등록번호가 표시되지 않은 기록이 있는지 여부를 확인하여 누락된 기록의 등록번호를 기록에 표기한다.
- 전자적 형태로 생산되지 않은 기록의 경우 등록정보 상의 쪽수와 실제 기록의 쪽수가 일치되는지 확인한 후, 기록철 단위의 면표시를 최종적으로 확정 · 표기한다.
- 기록철을 생산연도별 · 보존기간별로 구분하여 보존상자에 담는다. 이

경우 생산연도는 그 기록철의 종료연도를 기준으로 한다.

- 비치활용이 종료된 카드류를 보존봉투에 담아 이관할 수 있도록 편철 · 정리한다.
- 그 밖에 기록물관리기관의 장이 정하는 기록물의 정리에 관한 사항을 행한다.

이렇게 정리된 결과는 기록건 및 기록철의 등록정보에 반영하여야 한다. 정리된 기록은 전년도 기록생산현황으로 통보되는데, 정리 결과가 반영된 기록의 등록정보를 제출함으로써 이후 이관과 직결되어 활용된다. 등록 누락 여부에 대해서까지 확인하지는 못하더라도, 종결된 업무의 기록은 이관을 보장하는 가장 강력한 제도적 장치라고 할 수 있다. 나아가 업무부서에서 기록이 제대로 생성되었는지, 분류나 편철 등이 적절하게 이뤄졌는지 투명하고 세밀히 들여다볼 수 있게 해 준다. 또 보완이 필요하거나 교육이 필요한 부분을 확인하고 실행할 수 있게 해 주는 근거로 사용될 수 있다. 또한 이 자체가 준현용 단계로 진입한 기록의 목록이 되어 해당 기록에 대한 검색과 이용의 기본 도구가 될 수 있다.

이처럼 정리가 끝난 기록은 현용 단계를 마치고 준현용 단계에 들어갔음을 의미한다. 국가 법령에 의하면 보존기간의 계산은 정리행사가 있는 해의 1월 1일부터 시작되며, 정리가 끝난 기록은 보존기간이 시작된 후 2년 이내에 기록관으로 이관되어야 한다. 물론 아주 빈번한 참고활용이 필요한 기록의 경우는 10년의 범위 내에서 이관연기를 신청할 수도 있다. 이러한 기록을 비치기록이라 하는데, 비치기록은 빈번한 참고 때문이 아니라, 기록의 성격 자체가 현용 단계에 오래 머무는 기록을 의미한다. 이런 비치기록의 경우도 이관사유가 발생하면 기록관으로 곧 이관해야 한다.

이관은 기본적으로는 기록철 단위로 이뤄지지만, 비밀기록이나 비밀이었던 기록의 경우처럼 개별 건단위의 기록으로 이관되는 경우도 있다. 비전자기록은 이관대상 기록철을 새로 단위과제별로 구분하여 보존상자를 재편성한 후 이관목록과 함께 제출한다. 기록관은 원본 및 목록의 일치여부나 물리적 상태의 확인 등 검수절차를 거쳐 인수한다. 전자기록을 이관하는 경우에는 이관대상 기록을 검수하고, 오류가 없는 기록에 대하여는 행정전자서명 및 전자기록이 해당 공공기관에 제시된 시점을 확인한 정보(이하 '시점확인 정보'라 한다)를 포함하여 이관한다. 기록관은 행정전자서명의 확인 등 진본 확인 절차를 거쳐, 메타데이터(metadata) 오류, 바이러스 검사 등 품질검사를 실시해서 인수한다. 기록관은 이러한 확인절차와 품질검사 및 검수절차 과정에서 미비사항 또는 오류사항을 발견한 경우에는 업무부서에 즉시 통보하여 수정 · 보완한 후에 재이관하도록 한다.

상담기관의 경우도 상담실과 기록관리실 간 기록의 이관과 인수를 국가 법령에서 제시하는 대로 체계적으로 수행해야겠지만, 제한된 인력과 공간으로 기록관리실이 운영되기 어렵고, 또 상담활동의 특성상 연간 단위로 끊어서 수행하기 곤란한 경우도 적지 않을 것으로 생각된다. 특히 내담자가 다시 찾아와 새로운 상담활동이 재개될 경우가 있다거나 상담활동 간의 연계성이 있어 참고활용의 가능성이 크다는 점도 충분히 고려될 필요가 있다. 국가 법령에는 규정되어 있지 않지만, 상담기록관리기준표의 한 항목으로 시리즈별로 기록관리실 이관시기의 기준을 각각 제시하고 있는 것도 이러한 이유에서다.

4. 특수 성격 기록의 관리

상담기관에서 생성되는 기록들 중에는 문서 형식의 기록이 아닌 다양한 형식의 기록들이 있을 수 있다. 대표적인 것이 상담회기 중에 생성되는 사진이나 동영상 혹은 녹음된 형태의 기록이라고 할 수 있다. 또 결재를 받거나 보고하는 목적으로 만들어지기보다는, 상담의 핵심적인 내용을 정리·편집·서술하여 발행하는 간행물도 있다. 때때로 실시하는 기관 차원의 행사에서 상담활동과 관련하여 관리할 필요가 있는 형상물 혹은 박물류도 생성될 수 있다. 이처럼 다양한 매체와 형태로 만들어지는 기록을 관리하기 위한 방법도 고안되어야 한다.

먼저 사진이나 녹음, 동영상 등 시청각기록은 활자화된 기록과 차이가 확연히 드러난다. 이들은 현장감을 재현하거나 생동감 있게 사실을 전달할 수 있어, 사실규명의 근거나 가치 있는 현상을 기록하기에 적합하다. 이러한 점에 착안하여 국가 법령에서는 의무적인 시청각기록 생산대상의 범주를 정해 놓고 있다.

시청각기록은 다양한 기록방식으로 매체전환이 간편하고 유통 및 전파가 용이하며 흥미를 유발하고 설득력 있게 현상을 전달할 수 있다. 이러한 시청각기록을 작성하고 운용하기 위해서는 기본적인 장비와 시설, 기술인력 등이 필요하다. 각종 생산 장비와 편집 장비, 보존 시설 및 장비는 물론 전문적 기술인력도 필요하다. 특히 전자적인 매체가 아닌 경우라면 온도나 습도 등에 쉽게 손상되는 특성 때문에라도 안전한 보존을 위한 노력이 필수적이다.

한편, 시청각기록은 종이나 전자기록과는 달리 최종 편집이 완료된 기록이 원본으로 인정되어야 하는 불가피한 특성을 지닌다. 또한 시청각기록은 정식의 보고, 결재 등 문서처리 방식에 적합하지 않다. 그 자체가 보고나 결재를 위한 것이라기보다는 참고 혹은 확인·홍보·배포 등의 목적에서 작성되는 것이 일반적이다. 게다가 시청각기록은 현장을 재현하거나 생동감 있는 의사전달은 가능하지만, 해당 시청각기록의 맥락과 의미·특성 등을 충분히 이해하도록 하기 위해서는 부연설명이 불가피하다. 당시의 정황을 설명해 놓지 않은 경우에는 사후에 시청각기록의 내용을 정확히 이해하기가 곤란하다. 따라서 시청각기록을 작성하여 등록할 경우에는 그 정황을 정확하게 이해할 수 있도록 설명항목을 설정할 필요가 있다.

간행물 역시 업무활동의 결과물이라는 점에서 기록의 일환으로 취급되어야 마땅하다. 물론 상담 분야의 학술적인 간행물로 발간되는 경우도 있겠지만, 대부분의 간행물은 상담활동의 내용과 사실을 반영하는 기록을 저본으로 삼아 편집 · 간행된다. 오히려 기록의 가장 핵심적인 내용이 정리되어 간행되므로 업무상으로도 단기적인 참고만이 아니라 중장기적인 참고의 가치가 있으며, 학술적 활용에도 요긴한 기록이 된다. 특히 일반 기록은 정보공개과정을 통해 제공되는 데에 반해, 간행물은 이용을 전제로 발간된다는 점에서 능동적인 이용서비스의 일환이라 할 수 있다. 다만, 일반적으로는 판매와 영리를 목적으로 하는 것이 아니며, 대부분 한정 부수의 비매품으로 출간된다.

국가 법령에서는 간행물을 기록관리의 대상으로 포함시키고 발간등록제와 납본제를 규정하고 있다. 이를 준용해서 설명하면, 상담실이 간행물을 발간하기 위해서는 기록관리실에 발간등록을 신청하여 등록번호를 부여받아 이를 해당 간행물에 표기하여 발간해야 한다. 발간등록을 거쳐 발행된 간행물은 발간 후 15일이 경과하기 전까지 복수의 부수로 기록관리실에 송부되어야 한다. 기록관리실은 송부 받은 간행물의 활용 가치가 없어진 경우에는 보존용 1부를 제외한 나머지 간행물은 파기할 수 있다. 간행물은 기록관리기준표의 분류체계에 적용하여 일반 기록과 함께 검색되고 활용될 수 있어야 한다.

이 밖에도 상담기관에서는 상담활동과 관련한 행정박물류가 생성된다. 국가 법령에서는 관인(官印)류, 견본류, 상징류, 기념류, 상장 · 훈장류, 사무집기류 등으로 행정박물의 범주를 설정하고, 이러한 범주에 속하는 행정박물을 생산, 접수 또는 취득하였을 경우 관리번호 및 등록정보를 작성하여 관리하도록 규정하고 있다. 그러나 앞의 범주에 속하는 행정박물이 생산, 접수, 취득되었다고 해서 모두 직접적인 기록관리의 대상으로 포함되는 것은 아니고, 기록관리부서가 그 가치 및 보존타당성 기준에 따라 관리대상을 선별하도록 규정하고 있다. 그 선별기준은 중요 행사 및 사업 관련 여부, 중요 인물 행적 관련 여부, 상징성 및 예술성, 유일성 또는 희소성, 활용성, 보존가능성, 훼손도 등이다.

제7장

상담기록의 이용과 보호

1. 상담기록의 이용도
2. 상담기록 이용의 과제
3. 정보보호의 실행
4. 기타 상담정보의 보호

Record Keeping in Counseling Institution

제7장

상담기록의 이용과 보호

기록을 보존 · 관리하는 궁극적인 목적은 기록정보의 이용에 있다. 기록이 담고 있는 정보의 가치에 대한 이용자들의 요구와 관심이 다양해지고 기록의 유용성에 대한 인식이 확대되면서 기록의 보존은 물론 기록을 활용하려는 이용자들이 늘어나고 있다. 더구나 컴퓨터와 인터넷이 상용화되면서 언제 어디서나 원하는 정보를 찾을 수 있어야 한다는 정보에 대한 요구수준이 높아졌다. 상담학계도 마찬가지의 상황에 놓여 있다. 매스미디어를 통해 다양한 아동상담 · 부부상담 프로그램이 일반인의 큰 관심의 대상이 되고 있고, 개인정보는 철저히 보호하되 기록정보는 최대한 공개하라는 법령이 발효되고 있다. 기록관리 법령에서는 비공개로 분류된 기록의 경우에도 개인의 권리구제, 공익, 학술연구 등의 목적으로 열람을 청구할 경우에는 그 타당성 여부를 검토하여 열람서비스를 제공해야 한다는 제한적 열람제도를 규정하고 있다. 상담기록도 이제 비공개의 섬에 머물러 있을 수 없게 되었다. 오히려 연구와 교육 그리고 상담지식의 개발을 위해 적극적으로 이용되고 사용될 수 있도록 적극적인 정보이용서비스 체계를 마련하여야 한다. 물론 개인정보가 안전하게 보장될 수 있으며, 상담기관과 상담자의 책임도 명확하게 판단할 수 있는 명료한 정책과 규정 그리고 운영체계가 마련되어야 한다.

기록은 기억을 대신할 만한 것으로 만들어지기 시작했으며, 유사시에 증거로서의 역할을 다해 준다는 점에서 그 중요성을 존중받아 왔다. 즉, 기관이나 조직에서 기록을 남기는 주요한 이유는 기록이 업무의 증거가 되고 활동의 기억으로 남겨진다는 인식 때문이었다. 그렇기 때문에 기록의 보존기능을 다른 어떤 기능보다 중요시해 왔으며, 소수의 업무관련자, 학자나 연구자, 특정 이용자만이 기록에 접근할 수 있었다. 상담기록 또한 이러한 점에서 크게 다르지 않았다. 특히 상담기록은 비밀보장을 최우선으로 해야 하는 기록으로 인식되면서, 상담기록의 활용이라는 관념에 대해 매우 조심스런 입장을 취해 왔다. 상담기록은 상담자 자신과 소수의 관련자 이외에는 관심을 가져서는 안 되는 기록으로 인식되었다.

이처럼 상담기록에 대한 비밀보장의 원칙만을 강조하고 상담기록에 대한 접근을 무조건 제한하다 보니 상담기록에 대한 책임을 상담자 개인에게 지우게 되고, 그 결과 상담기록의 관리 전반에 대한 검토와 개선의 기회를 갖기 어려웠다. 또한 상담자 간 상담기록을 남기는 방법에 대한 공통적인 규칙이나 권장되는 기준이 마련되지 못했고, 상담자가 상담운영을 위해 상담기록을 남긴다는 우선적인 이유에 걸맞게 상담기록이 생성되고 활용되는지에 대해서도 검증하기 어려웠다. 그러나 이제 상담자들은 상담기록이 언젠가는 공개되고 이용될 수 있는 기록이라는 것을 의심하기 어려운 상황이다. 내담자는 물론이고 각종 법령에 의해 허용되는 제3자들에게도 이를 열람하거나 제공받을 수 있는 권리가 있고, 상담기관과 상담자는 이에 응해야 할 책임이 있다.

기록의 이용 혹은 활용이란 "기관이 소장하고 있는 기록물에 대해, 이용자들의 다양한 요구와 필요에 부응하여 기록물관리기관이 규정된 절차와 방식에 의해 정보를 제공함으로써 기록물의 가치실현과 사회적 작용을 촉진시키는 기록관리의 적극적이고 궁극적인 기능"을 말한다(이원규, 2002).

상담기록 역시 생산과 동시에 상담정보로 전환될 수 있다. 상담정보에는 상담자가 기록한 내용이 가장 우선적으로 포함된다. 그러나 이 외에도 이 정보를 둘러싼 다양한 메타데이터들, 예를 들면 정보 생성일시, 상담회기 수, 정보의 길이, 정보에 포함된 키워드, 분류항목 등이 포함된다. 상담자가 기록한 상담내용과 메타데이터로 이루어진 상담정보는 체계적으로 수집되고 분석될 때 상담지식으로 발전할 수 있다.

1. 상담기록의 이용도

2013년 8월에서 9월 사이에 전국의 공공 및 사설 상담기관 30곳을 대상으로 한 조사에서 상담기관의 기록관리 현황을 살펴보았다. 우선 상담기록을 남기는 기관은 29개 기관(97%)으로 대부분의 기관에서 상담기록을 남기고 관리하는 것으로 나타났다. 종이기록과 전자기록을 동시에 유지하는 비율이 52%, 그리고 각각 한 가지 방식으로 남기는 경우가 비슷한 비율로 나타났다. 18개 기관(62%)에서 상담기록의 보존기간이 정해져 있지 않아 기록을 무기한 가지고 있는 것으로 나타났다.

상담자를 대상으로 한 조사에서는, 자신이 근무하는 상담실에서 생산된 상담기록을 볼 수 있는 권한을 누가 가지고 있느냐는 질문에, 현재 진행 중인 상담기록은 담당상담자와 기관장이, 종료된 상담기록의 목록은 신청실과 접수실 근무자, 전산담당자와 기록관리담당직원이 열람할 수 있다는 응답이 가장 많았다. 누가 기록을 볼 수 있는지에 대해 잘 모르겠다는 응답도 높은 비율로 나타났다. 조사를 통해 발견된 것은 대부분의 상담실에서 종이기록은 상담자만, 전자기록은 상담기관 종사자 모두가 볼 수 있다는 점이었다. 특히 CYS-NET으로 연결되어 있는 공공 상담기관의 상담기록은 접속권한이 있는 모든 사람이 볼 수 있다는 응답이 있었는데, 이는 역설적으로 기록관리의 보안에 의구심을 가질 만한 대목이었다.

또 자신의 상담기록 이외의 기록을 사용한 적이 있느냐는 질문에 대해서 87%의 상담자가 사용한 적이 없다고 응답했다. 다른 상담자의 상담기록을 이용한 적이 있는 경우에는 상담 사례집의 발간을 위한 보고서 작성, 학술논문 및 학위논문 등의 연구에 협조한 경우, 그리고 슈퍼비전 과정에서 다른 상담자의 사례를 가지고 토론한 경우라고 응답했다. 외부기관으로부터 상담 사례의 기록을 요청받은 일이 있느냐는 질문에 대해 23%의 상담자가 '그렇다'고 응답했고, 기록요청에 응하기로 한 결정을 어떻게 내렸는냐는 질문에는 '기록관련 내부회의에서 심의를 거쳐 공개 여부 및 공개방식을 결정했다'고 응답했다. 내부회의가 구성되어 있지 않은 경우에는 기관장이 결정한 경우도 있었다. 공개가 결정되면 상담기관에서 마련한 제출양식에 맞춰 재작성하여 제출한 경우가 대부분이었지만 2개의 기관에서는 상담기록을 그대로 복사해 제출했다고 응답하였다.

상담기록의 관리에 관한 교육을 받은 적이 있느냐는 질문에는 10%의 응답자만이 슈퍼비전이나 기관을 통해 교육받은 적이 있다고 응답했다. 한 응답자는 기록관리 관련 교육이 복지기관의 평가기준에 명시되어 있다는 점을 알려 주기도 했다. 이와는 달리 상담에서의 개인정보보호에 대한 교육을 받은 적이 있느냐는 질문에는 33%의 상담자가 대학원 교육과정이나 슈퍼비전을 통해서 배운 적이 있다고 응답했다. 상담자 교육과정에서 내담자의 개인정보보호와 비밀보장에 대한 교육은 어느 정도 이루어지고 있는 데 반해, 기록관리 및 정보공개에 대한 교육은 도외시되거나 소홀하게 다루어지고 있음을 알 수 있었다.

상담기록의 이용현황을 관찰한 한 기록관리 전공 대학원생이 국내의 공공 상담기관을 방문해서 남긴 서술은 상담기관의 기록 이용현황을 짐작케 해 준다. 그는 기록관리자의 입장에서 볼 때, '상담기록에 대한 이용'을 위한 고민이 부족했다는 점을 다음과 같이 지적하고 있다.

"상담기록은 생산한 생산자 이외에는 보지 못하는 것을 원칙으로 하였고, 생산자가 관리하다가 유출되거나 누락될까 우려하여 상담이 종결되는 순간까지, 다시 말해 기록의 업무 활용이 끝나는 순간까지 생산자가 관리하지도 못하게 하는 상황에 왔다. 때문에 현재 상담원의 상담기록관리와 한정적인 열람의 양상은 생산자에게만 보여 주는 형태를 취하고 있다. 전적으로 이용이 없다고 말할 수 있는 것이다. 때문에 상담접수실에서는 이용을 위한 어떠한 대비도 할 필요를 느끼지 못하며, 실제 하고 있는 활동이 없다."(이효선, 2002)

이미 시 · 도교육청과 지역교육청의 상담센터나 유치원, 초 · 중 · 고 · 대학의 공공기관 상담센터는 그들이 직무상 작성하여 관리하는 모든 형태의 기록정보를 정보공개의 대상으로 운영해야 한다. 물론 일방적 · 무차별적 공개가 아님은 말할 것도 없으나, 청구인의 청구에 의해, 또 공개 여부의 심사과정을 거쳐 청구인에게 공개하는 것이 원칙이다. 이러한 원칙은 앞으로 더 많은 사례를 통해 실현될 것으로 보인다. 상담과정의 기록뿐 아니라 내담자 평가나 운영을 위한 각종 기록 등 매우 다양한 상담기록들이 생산된다는 점을 고려할 때, 개인정보를 제외한 매우 많은 상담기록이 이용의 대상이 될 수 있음을 알 수 있다. 이제 상담기록의 이용을 위한 본격적인 고민과 연구가 시작되어야 할 시점이다.

실제로 상담학계의 거장들은 자신의 사례로부터 상담이론을 이끌어 낸 대표적인 상담기록의 이용자들이라 할 수 있다. 프로이트는 자신의 내담자 사례를 가명으로 발표하거나 상담 사례를 자신의 언어로 기술하며 상담자로서의 관점에서 상담기록을 분석하였다. 로저스는 자신이 직접 진행한 상담의 축어록과 녹음을 공개하고 자신의 사례를 평가하였다. 얄롬 또한 자신의 상담 사례를 통해 심리치료의 과정과 기법을 공개하였고, 실존주의 상담이론을 발전시켜 왔다. 이러한 업적과 발전에 상담기록이 활용되었을 것임은 분명하다.

그렇다면 기록이 유용하고도 효율적으로 사용되기 위해서는 어떤 조건이 필요한가? 첫째, 상담기관이 상담자 및 다른 사람에게 합법적인 절차를 통해 기록이 이용될 수 있음을 인지하고 이를 지원해야 한다. 둘째, 상담기관에서 생산하고 보유하는 기록에 관한 정보를 이용자에게 제공해야 한다. 셋째, 기관이 제공할 수 있는 정보, 즉 소장 기록의 목록, 소장 기록에서 추출한 정보목록, 기록 생산자에 관한 정보, 다른 정보원의 안내, 저작권 · 프라이버시 · 보안 · 정보공개 · 기타 관련법에 관한 정보, 기록을 활용하는 방법과 연구절차에 대한 정보 등을 적극적으로 이용자 등에 제공하여야 한다. 넷째, 상담기록이 지속적으로 체계적인 업데이트가 될 수 있는 체계를 갖추어야 한다. 내담자 기록을 빈틈없고 정확하게 구성하게 하고 효율적으로 검색할 수 있게 한다면 내담자에게도 유용함은 물론이고, 진행되는 치료 진행 과정을 면밀히 들여다볼 수 있게 될 것이다. 다섯째, 상담과정기록뿐만 아니라 다른 기록, 즉 행동평가 및 기록, 메모, 일기, 내담자에게서 받은 편지, 사진 및 비디오, 연하장 같은 여타의 기록이 질서정연하고 논리적으로 관리될 수 있는 체계와 이를 검색하거나 추출할 수 있는 효율적인 검색시스템이 갖추어져야 한다.

이러한 여건이 갖추어져 있다 하더라도 상담기록을 활용하고자 하는 이들의 필요와 요구를 정확하게 이해하고 있지 못하다면, 상담기록은 적극적으로 활용되지 못할 것이다. 그런 의미에서 상담기록의 이용자에 대한 연구가 필요하다. 즉, 기록에 대한 최적의 이용조건을 만들기 위해서는 주요 이용자 집단이 누구인지, 이용자는 어떤 정보를 요구하는지, 이용패턴은 어떠한지 등을 파악해야 한다. 또 이용자가 원하는 주제와 이에 상응하는 기록, 그리고 기록에서 추출된 정보가 제공될 수 있도록 이용자의 요구도 파악되어야 한다.

2. 상담기록 이용의 과제

1) 상담자의 이용

사실 상담자들은 상담기록의 일차적인 이용자라 하겠다. 상담운영을 위해서 기록을 남기고 그 기록을 토대로 상담을 진행한다. 또 상담과정에서 발생하는 긴급한 상황과 윤리적 쟁점에 대해 자신들이 설명해야 할 책임이 있다. 물론 내담자의 동의가 필요하지만, 자신의 상담기록을 분석하고 발표함으로써 교육과 훈련을 해 나간다.

그러나 현재도 상담연구 영역에서 다른 상담자의 사례를 연구자료로 확보하는 데는 많은 어려움이 있다. 내담자는 물론 상담자들도 자신의 상담과 관련기록을 다른 상담자에게 제공하는 데에 매우 주저하거나 저항적이다. 이는 상담자들이 상담기록 이용제공의 절차와 방법, 한계와 제한에 대해 정확하게 알지 못하기 때문에 나타나는 당연한 현상이다. 즉, 어떤 자료는 기관의 기록으로 남겨지고 어떤 자료는 시간이 지나면 삭제되는지, 누가 기록을 볼 수 있는지, 그리고 어떤 기록이 법적인 문제와 관련되는지 등등에 대해 알 수 있다면, 기록의 공개와 제공에 대한 상담자의 태도는 달라질 수 있을 것이다.

실제로 상담기록은 상담자가 상담을 진행하는 데 필수적으로 이용되고 있으며, 상담의 시작 전부터 상담기록은 생성되기 시작한다. 상담 진행에 따라 상담기록의 이용과정을 살펴보면 〈표 7-1〉과 같다.

접수면접과 상담자 배정이 이루어지는 최초의 평가 단계에서는 접수면접기록지, 위기 정도 체크리스트, 정신건강 스크리닝 양식, 약물남용 스크리닝 양식, 초기평가 양식 등이 생산된다. 이는 내담자 평가와 진단, 위기개입 판단, 상담자 선정과 상담 계획의 수립 등에 이용된다. 시작 단계에서는 개

표 7-1 상담의 진행과정에 따른 상담기록의 이용

단계	생산되는 기록	기록의 이용
평가 단계	접수면접기록지 위기 정도 체크리스트 정신건강 스크리닝 양식 약물남용 스크리닝 양식 초기평가 양식	내담자 평가와 진단 위기개입 판단 상담자 선정 상담 계획의 수립
시작 단계	개인사 양식 정서/행동 평가 양식 진단평가보고서 심리평가보고서 개인상담 계획서	내담자와의 의사소통 전문가 간 의사소통 및 내담자 의뢰 초기개입에 대한 평가
진행 단계	상담회기 과정보고서 부모 및 보호자 상담 기록지 집단상담 과정보고서 자살방지서약서	기관 정책의 결정 프로그램의 개발 상담의 평가와 연구 통계 슈퍼비전
종료 단계	상담성과 평가지 상담종료 요약기록서	상담자의 설명책임성 충족 감사나 소환에 대비 보험이나 의료 등 외부 요구에 반응 상담지식의 개발 보존과 연구에 필요한 기록 선별

인사 양식, 정서/행동 평가 양식, 진단평가보고서, 심리평가보고서, 개인상담 계획서 등이 생산되며, 앞선 단계에서 생산된 기록과 더불어 내담자와의 의사소통, 전문가 간 의사소통 및 내담자 의뢰, 초기개입에 대한 평가 등에 이용된다. 상담진행 단계에서는 상담회기 과정보고서, 부모 및 보호자 상담 기록지, 집단상담 과정보고서, 자살방지서약서 등이 생산될 수 있으며, 이 기록은 상담진행은 물론 기관 정책의 결정, 프로그램의 개발, 상담의 질 제

고를 위한 평가와 연구, 통계, 슈퍼비전 등에 이용될 수 있다. 상담종료 단계에서는 상담성과 평가지, 상담종료 요약기록지 등이 생산될 수 있으며, 앞서 만들어진 기록들을 총괄하여 상담자의 설명책임성 충족, 감사나 소환에 대비, 보험이나 의료 등 외부 요구에 반응, 상담지식의 개발, 보존과 연구에 필요한 기록 선별 등의 기록관리 시스템의 운영에 이용된다. 이런 이용이 활발하게 되기 위한 방안을 상담기록 생산 단계에서부터 기획되어야 함은 앞서 논의된 바와 같다.

한편, 상담기관이 정책을 결정하는 과정에서도 상담기록은 정보와 지식으로서의 역할을 하게 되며, 상담의 교육과 연구 등 정보활동을 통한 지식 창출에 이용되는 측면도 있다. 다만, 아직까지 상담기록은 정보와 지식으로서의 이용이 제한적이다. 상담내용에 대한 비밀보장이 상담과 상담자에 대한 신뢰를 얻는 가장 기초적인 조건으로 인식되어 왔기 때문이다. 상담내용을 비밀에 부친다는 것은 내담자에게 상담이 사적인 생활을 털어놓기 좋은 환경으로 인식되는 데 중요했다. 또한 상담과정이 매우 역동적이고 변화무쌍한 과정이어서 상담자들은 지금-여기에서 일어나는 다양한 세부사항을 지식정보화 하는 데에 어려움이 있다고 인식하여 왔기 때문에 대체로 기술적(descriptive) 방식으로 기록하는 것을 선호했다. 개인정보를 포함한 기술적 자료를 공개하거나 이용하는 데 어려움을 느끼는 것은 당연한 일이다. 현재까지 이러한 기술적 정보는 사례협의회와 슈퍼비전, 그리고 아주 제한된 사례연구집 형식의 출판물로만 일부 이용되고 있다.

상담자가 연구와 교육을 위해 보다 활발하게 상담기록을 사용할 수 있도록 하기 위해서는 기록이 어떻게 관리되고 제공되는지에 대한 체계적인 논의와 관리가 필요하다. 즉, 상담자들이 생산한 상담기록 중에서 모든 기록이 공유되거나 제공되는 것이 아니라, 연구와 교육을 위해 내담자의 초기기록과 종료기록만 공유하도록 한다든지, 접수면접기록지, 초기평가 양식, 진단평가보고서, 개인상담 계획서, 상담성과 평가지, 상담종료 요약기록서의 경우는 개인정보를 제외하고 보안을 유지하는 일정 범위에서 제공하는 등의 방식을 고려할 수 있을 것이다.

2) 내담자의 이용

상담기록은 상담자가 생산하지만 이용의 권한은 내담자에게도 있다. 그렇다고 내담자가 상담기록을 가장 많이 이용하는 것은 아니다. 많은 내담자가 자신의 상담기록이 남지 않기를 바라거나 자신의 기록을 열람할 생각이 없다고 말한다. 그러나 내담자는 필요할 때 상담기록을 요청할 것이고, 상담자는 상담기록을 남기고 보존하고 공개할 의무를 지니고 있다. 자신의 상담기록을 내담자가 직접 이용하는 경우는 많지 않을 것이다. 내담자는 다른 전문가에게 상담기록을 전달하도록 요청하거나, 법적인 혹은 의료적인 이유에서 상담기록을 이용하도록 요청하게 될 것이다.

상담자들은 내담자가 상담기록을 열람하거나 이용하는 데에 신중할 것을 요구한다. 내담자가 자신의 기록을 보는 것은 뚜렷한 이유가 없는 한 필요한 일은 아니다. 내담자는 상담자의 잠정적이고 진단적인 내용을 오해하거나 이해하지 못할 가능성이 있고, 기록이나 진단을 자신에 대한 낙인으로 인식할 가능성도 있다. 또 내담자는 자신에 대한 평가에 동의하지 않거나 상담기록을 작성한 상담자와의 상담관계에 저항을 느낄 가능성도 있다. 물론 상담기록을 내담자가 열람함으로써 상담자와 내담자 간 상담에 대한 의사소통이 원활해질 수 있다거나, 혹은 내담자가 상담목표 수립에 더 적극적으로 참여할 수 있는 등 긍정적인 효과가 있을 가능성도 있다.

이와 같은 장단점에도 불구하고 향후 내담자는 상담기록의 중요하고도 빈번한 이용자가 될 전망이다. 왜냐하면 내담자와 관련된 제3자에 의한 상담기록 공개요구도 늘어날 것으로 예견되기 때문이다. 상담기록에 대한 법적 시각에서 보면, 내담자의 상담기록은 기본적으로 내담자를 위해 작성되고 보관되는 것이기 때문에, 그들의 요구가 있을 시에 제공되는 것이 마땅하다고 하겠다. 또 내담자는 한 상담자가 작성한 자신의 기록을 다른 상담자 혹은 여타의 정신건강 전문가에게 보내도록 요청할 권리를 가지고 있다. 내담자가 자신의 상담기록을 요청하고 상담자가 이를 거부할 분명한 이유가 있는 상황이 아니라면, 상담자는 내담자나 혹은 내담자를 대신하는 제3자의 요구에 적절하게 대응해야 한다.

만일 내담자가 상담회기기록을 요청하는 경우라면, 상담자는 이에 대해 몇 가지의 단계를 거쳐 반응할 수 있다. 내담자의 요청에 대해 상담자는 내담자가 자신의 상담기록을 직접 보는 것이 어째서 최선의 방법이 아닌지를 설명하고 내담자가 이를 받아들여 그 요구를 철회하도록 한다. 만약 상담기록을 복사해서 가져가고자 하는 내담자가 있다면, 상담자는 그것을 그대로 복사하는 것보다는 그것에 대해 요약해서 가져가는 것이 내담자에게 보다 유익할 것이라고 제안할 수 있다.

또 다른 전문가에게 이관할 것을 요청하는 내담자에게도 상담기록에 대한 요약을 보낼 수 있도록 설득하는 것이 좋다. 상담회기기록은 오직 내담자의 상담을 진행시키고자 하는 목적으로 만들어진 기록이며, 다른 전문가나 혹은 다른 기관에서는 상담내용에 대한 모든 기록을 원하기보다는 잘 정리되고 요약된 기록을 원할 것이기 때문이다. 그러나 만약 이런 제안에도 불구하고, 내담자가 자신에 대한 상담의 모든 상세기록을 복사해 줄 것을 요구하거나 상담에서 일어났던 모든 진단과 치료적 개입에 관한 기록을 원하면 상담자는 이것을 제공해야 한다. 무원칙한 정보제공을 방지하고 보다 합리적인 이용서비스를 제공하기 위해서는 상담기록의 관리와 제공 및 이용에 관한 상담기관의 규정을 미리 마련하는 것이 필요하다.

어떤 경우에는 상담기록에 또 다른 제3자, 즉 내담자가 상담에서 언급한 다른 사람에 관한 정보가 함께 포함될 수도 있다. 특히 부부상담, 가족상담이나 집단상담의 경우에는 이러한 제3자에 대한 정보가 포함되는 것이 대부분이다. 기록을 요청한 내담자 이외의 다른 타인에 대한 비밀보장의 원칙을 지키기 어렵게 되는 경우에는, 이들에 대한 정보가 담겨 있는 회기기록 자체보다는 요약된 기록을 제공하도록 협의하여야 한다. 만약 회기별 상세 기록을 요구한다면 상담기록 안에 포함된 다른 사람들의 인적사항을 포함한 모든 정보를 삭제하여 복사하고 제공하여야 한다. 또한 불가피하다면 기록제공에 대한 제3자의 동의를 받아야 하는 것도 유의해야 할 부분인데, 이는 회기를 시작하기 전 동의여부를 확인하는 절차를 거쳐야 한다.

3) 검색도구의 개발

기록의 이용자가 만족할 수 있는 정보서비스를 제공하기 위해서는 이용환경의 개선, 검색도구의 정비 및 개발, 기록의 이용에 관한 규정의 정비, 기록정보의 구축 등이 이루어져야 한다. 이런 관점에서 보자면, 그간 상담기록의 이용에 대해 충분히 준비해 왔다고 할 수 없다. 향후 개인정보에 관해서는 충분히 보호하되 상담기록정보는 활발하게 이용될 수 있도록 최선의 준비를 해야 함은 말할 것도 없다.

일례로 집단상담, 개인상담 혹은 심리검사 등을 위해 상담기관에 접수한 내담자에 관한 사항을 이름별로 색인화할 수 있다. 내담자 색인을 통해서 내담자의 번호를 확인하고 내담기록을 찾을 수 있다. 색인은 단지 내담자의 이름뿐 아니라 등록번호, 성별, 등록연월일, 주민등록번호, 주소, 보호자 성명, 상담종류, 담당상담자 이름 등으로 확장될 수 있다. 보관장소가 부족하거나 내담자의 상담이 종료되어 보관기록이 폐기되더라도 내담자의 색인은 남게 하여 내담자에 대한 기본사항이 확인되고 검색되는 것이 바람직하다. 내담자대장이나 색인카드는 영구히 보관되는 자료로 지정하는 것이 일반적이다. 색인카드를 만들지 않는 상담기관에서는 내담자의 파일을 색인카드의 용도로 사용하거나 내담자등록대장을 만들어 사용하기도 한다. 하지만 대장만으로는 내담자가 재방문했을 경우 그를 확인한다든지 과거의 내담자 기록을 찾아내는 색인으로서의 역할을 다할 수 없다. 최근 상담기록이 전산화되면서 내담자의 이름으로 번호를 검색하거나 내담자의 내담일자를 통해 내담자 기록을 찾아내는 등 매우 편리한 방식으로 기록을 찾을 수 있게 되었다(이효선, 2002).

또한 상담기록은 회기의 진행과정에 대한 서술적 자료와 기록뿐 아니라, 미리 지정한 분류기준에 따라 상담자의 판단과 평가를 기초로 하여 이차적 기록으로 확장될 수 있다. 이런 기록은 상담회기와 진행이 거듭될수록 거대한 학술적 · 통계적 가치를 지닌 거대 데이터로 만들어진다. 예를 들어, 조기종결한 상담의 자료를 내담자의 인적사항, 내담경위, 상담기법 등의 자료를 바탕으로 분류하여, 조기종결할 가능성이 높은 내담자 유형을 발견하는 성과로 연결할 수 있으며, 이들에 대한 조기개입이 가능하도록 접근계획을 수립하는 데 도움이 될 수 있다.

이러한 작업들을 위해서는 단순히 색인어나 키워드에 의한 자료추출을 넘어서서 상담기록의 정보자료화를 위한 노력이 수반되어야 한다. 예를 들면, 주제어를 개발하고 확정하는 작업과 같은 것이 이에 해당한다. 상담의 주요 기법이나 개입방법, 증상에 대한 검토 등을 통해서 주제어사전이 마련된다면 보다 바람직할 것이다. 이런 주제어사전은 내담자에 대한 진단이나 호소문제에 따른 주제어, 상담개입의 종류와 방법에 따른 주제어, 사용된 심리검사에 따른 주제어 등으로 개발될 수 있을 것이다.

그간 상담학 전문용어의 정비를 위한 용어집 편찬과 사전 편찬 작업들이 다양하게 시도되었고(곽호완, 2004; 양돈규, 2013; 이광오, 2004; 정봉교, 2004), 이를 통해 이미 1,000개 안팎의 용어집 수준에서 주제어가 개발되었다면, 최근 6,000개 이상의 상담학 주제어가 수록될 정도로 방대한 상담학용어사전의 개발이 이루어지고 있다(권희영 외, 2012; 김춘경 외, 2012). 이미 개발되어 있는 자료 중 내담자의 진단이나 호소문제 분류를 위해 사용할 수 있는 것은 진단분류체계 DSM-IV, 청소년문제 유형 분류체계(한국청소년상담원, 2000) 등이 있다. 청소년문제 유형 분류체계는 모두 11개 영역으로 호소문제를 분류하고 각각의 하위요인으로 4~11가지의 문제를 제시하고 있다. 이를 통해 또한 개입방법에 대한 주제어 사전도 개발이 가능할 것이다. 김춘경(2007)은 250여 가지의 상담기법을 정리하여 소개했는데, 이러한 목록을 기초로 상담기법의 주제어 사전을 개발하고 상담자가 기록을 남길 때 사용한다면 상담교육 및 연구에 훌륭한 자료로 이용이 가능하다.

3. 정보보호의 실행

기존의 상담자들은 내담자의 개인정보가 노출되지 않도록 실명을 삭제하거나 가명을 사용하는 것, 즉 익명화를 통해 개인정보를 보호하고자 노력해 왔다. 또 개인상담 파일을 캐비닛에 넣고 자물쇠로 잠가 보관하는 노력도 기울여 왔다. 그러나 상담기록에 포함된 개인정보란 이보다 훨씬 체계적인 방법으로 보호되고 관리되어야 한다.

「개인정보 보호법」에 따르면 개인정보란 살아 있는 개인에 관한 정보로서 성명, 주민등록번호 및 영상 등을 통하여 개인을 알아볼 수 있는 정보이며, 해당 정보만으로는 특정 개인을 알아볼 수 없더라도 다른 정보와 쉽게 결합하여 알아볼 수 있는 것을 포함한다. 상담기록에서 유의해야 할 개인정보가 무엇인지에 대해 명시하고 있는 규정은 없다. 우선 상담정보와 가장 유사한 기록정보라 할 수 있는 건강정보규정을 토대로 보호해야 할 상담정보와 개인정보에 대하여 살펴볼 수 있다. 「개인정보 보호법」과는 별개로 2012년에 행정안전부와 보건복지가족부가 함께 발간한 의료기관 개인정보보호 가이드라인에는 개인정보의 예시에 키 · 몸무게 · 건강상태 · 진료기록 · 신체장애 · 장애등급이 포함되어 있다. 이러한 건강정보는 내담자번호와 같은 개인을 식별할 수 있는 정보가 익명화되거나 삭제되어 있다면 개인을 식별할 수 없는 정보임에도 불구하고 이러한 정보를 모두 개인정보로 포괄적으로 정의하고 있다.

미국의 경우 의료정보보안에 관한 가장 대표적인 법률인 HIPAA에서는 이와 같은 개인정보를 민감건강정보(Protected Health Information)라고 정의하고 있다. 민감건강정보에는 18개 항목이 포함되는데 이름, 사회보장등록번호, 진료기록번호, 피보험자번호, 전화번호, 팩스번호, 전자메일주소, 웹의 URL, 인터넷프로토콜(IP)주소, 계좌번호, 자격/면허증번호, 자동차 번호판 번호, 의료기기 고유번호, 지문이나 음성과 같은 생물학적 정보, 얼굴 사진, 기타 고유한 식별정보라고 정의하고 있다. 이 외에도 주소는 인구 2만 명 이하의 지역 주소도 민감건강정보라 보고 나이도 10대, 20대라는 식으로만 사용할 것을 제시하고 있다.

우리나라의 경우 상담학회의 윤리강령에는 보호되어야 할 내담자 정보가 무엇인지를 명시하지는 않았고, 다만 "적절한 방법을 통해 내담자의 신상이 드러나지 않도록 조치를 취한다."라고 규정하였다. 상담심리학회의 윤리강령에도 "내담자의 사생활과 비밀이 보호되도록 하여야 한다."라는 규정 이외에 구체적으로 어떤 정보가 보호되어야 하는지 명시하지 않고 있다.

다만, 상담심리학회의 윤리강령은 상담에서 드러난 개인정보를 보호할 수 없는 비밀보장의 한계에 대해 규정하고 있다. 즉, 내담자의 생명이나 사회의 안전을 위협하는 경우, 내담자가 감염성이 있는 치명적인 질병이 있다는 확실한 정보를 가졌을 경우, 법적으로 정보의 공개가 요구되는 경우, 사적인 정보의 공개를 요구할 경우 오직 기본적인 정보만을 밝힌다고 규정하였다.

이와 유사하게 상담학회에서는 상담자는 상담 시작 전이나 상담과정 중 내담자에게 비밀보장의 한계를 수시로 알리고 비밀보장이 불이행되는 상황에 대해 주지시키도록 규정하고 있다. 또한 내담자 개인 및 사회에 임박한 위험이 있다고 판단될 때는 매우 조심스러운 고려 후에, 내담자에 관한 정보를 적정한 전문가 혹은 사회 당국에 제공할 수 있다고 규정하고 있다. 위험이 있다고 판단하는 경우로는 내담자의 생명이나 사회의 안전을 위협하는 경우, 내담자가 감염성이 있는 치명적인 질병이 있다는 확실한 정보를 가졌을 경우, 내담자가 심각한 학대를 당하고 있을 경우, 법적으로 정보의 공개가 요구되는 경우를 들고 있다. 그러나 이때에도 최소한의 정보만을 제공하는 원칙은 지켜져야 한다. 또한 이처럼 비밀보장의 예외적인 상황이 있다는 것과 이러한 경우 어떤 정보가 어떻게 제공되는가에 대해 상담 시작 전에 미리 세부적으로 알려야 한다.

집단상담과 가족상담 등의 경우에는 비밀보호에 보다 주의를 기울여야 한다. 학회의 윤리규정은 다음과 같은 상황을 규정하고 있다. 첫째, 집단상담에서 상담심리사는 비밀보호의 중요성을 설명하고, 집단에서의 비밀보호와 관련된 어려움들을 토론한다. 집단 구성원들에게 비밀보호가 완벽하게는 보장될 수 없음을 알린다. 둘째, 가족상담에서 한 가족 구성원에 대한 정보는, 허락 없이는 다른 구성원에게 공개될 수 없다. 상담심리사는 각 가족 구성원의 사생활에 대한 권리를 보호한다. 셋째, 자발적인 언행이 불가능하거나 미성년인 내담자를 상담할 때, 상담의 과정에서 필요하면, 부모나 보호자가 참여할 수 있음을 알린다. 그러나 상담심리사는 내담자의 이익을 위해 최선을 다한다.

상담정보가 교육이나 연구를 위해 사용될 때에도 비밀보장의 원리는 지켜져야 한다. 상담심리학회는 교육이나 연구 또는 출판을 목적으로 상담관계로부터 얻은 자료를 사용할 때에는 내담자의 동의를 구해야 하며, 각 개인의 익명성이 보장되도록 자료 변형 및 신상 정보의 삭제와 같은 적절한 조치를 취하여 내담자의 신상에 피해를 주지 않도록 한다고 규정하였다. 한편, 다른 전문가의 자문을 구할 경우, 상담심리사는 사전에 내담자의 동의를 구해야 하며, 적절한 조치를 통해 내담자의 사생활과 비밀을 보호하도록 노력한다고 규정하였다.

이와 같은 상황에 대해 상담학회의 윤리규정은 다음과 같다. 첫째, 상담자는 피험자에게 연구의 필요성을 포함하여 연구에 관한 전반적인 사항에 대해 상세히 설명하여 동의를 얻어야 하며, 그들이 자발적으로 연구에 참여하도록 해야 한다. 둘째, 상담자는 내담자를 포함시키는 연구를 수행할 때 사전 동의 절차에서 내담자가 연구활동에 참여할 것인지에 대해 자유롭게 선택할 수 있다는 점을 명확하게 한다. 셋째, 상담자는 연구과정에서 연구 참여자에 대해 획득한 정보를 비밀로 유지한다. 넷째, 상담자는 자료가 수집된 후 연구에 대해 참여자들이 가질 수 있는 오해를 해소하기 위해 연구의 특성을 명확하게 설명한다. 다섯째, 상담자는 학술 프로젝트나 연구가 완료되면 합당한 기간 내에 연구 참여자의 신분을 확인할 수 있는 자료나 정보가 포함된 오디오 · 비디오 · 인쇄물과 같은 기록이나 문서를 파기하는 조치를 취한다.

한편, 기록관리 분야에서는 기록에 접근하는 사람과 허용되는 권한을 통제하는 원리를 가지고 있다. 접근통제란 상담기록에 영향을 미칠 수 있는 행위를 제한함으로써 상담기록의 보안을 지키는 방식이다. 기록의 검색(retrieval 혹은 search)은 기록 더미 속에 포함된 명칭이나 핵심어(key word)를 비교함으로써 파일 속의 데이터를 추출하는 것이다. 열람(reading)이란 서류철이나 서류를 죽 훑어보거나 조사하면서 읽는 것을 의미한다. 출력(print)은 컴퓨터나 전자장치의 기록을 인쇄하는 행위를, 복사(copy)는 원본 문서의 사본을 만드는 행위를, 수정(correct)은 기록의 일부 또는 전부를 지우거나 고치거나 덧붙여 기록하는 행위를, 폐기(disposal)는 기록의 일부나 전부를 목록에서 삭제하거나 내용을 버림으로써 더 이상 사용할 수 없도록 처분하는 행위를 의미한다.

기록을 생산한 본인 혹은 상담자를 포함해서 기관의 구성원은 기록관리체계 안에서 서로 다른 위치를 차지한다. 즉, 기록에 접근할 때 기관의 구성원은 각기 다른 권한과 책임과 제한을 갖게 된다. 각각의 위치에 따라 서로 다른 접근통제를 받게 되는데, 이는 구성원 각각에 대해 허용되는 접근행위와 제한되는 접근행위가 다르다는 것을 의미한다. 또한 기록에 대한 접근의 시도 및 행위에 대한 기록을 남기는 일과 기록관리 상황을 모니터링하는 것도 기록관리 접근통제의 중요한 부분이다.

일반적으로 상담자는 상담과정에서 생산되는 모든 기록에 대해 무한책임을 갖는다고 인식해 왔다. 상담기록을 어떻게 만드느냐와 이를 어떻게 보관하는가, 그리고 기록을 가지고 무엇을 하는가와 그것을 언제 그리고 어떻게 폐기하는가에 이르기까지 무한책임을 갖는다고 생각해 왔다. 물론 일차적으로 상담자는 내담자의 기록을 어떻게 보관할 것인가에 대해 책임을 져야 하며 내담자의 비밀보장에 대해서도 가장 큰 책임을 갖는다. 또한 상담자는 자신의 상담서비스에 기초한 모든 내담자의 비밀보장을 위해서 적절한 단계와 방법을 구축해야 한다. 그러나 상담자뿐 아니라 상담자가 속한 상담기관의 책임 또한 있다는 것을 확인하고 이를 어떻게 구분하고 공유할 것인가에 대해 논의가 필요하다.

Zuckerman(2008)은 미국의 소규모 상담센터를 기준으로 상담정보의 보호를 위해 각 상담기관이 유의해야 할 점을 정리하여 〈표 7-2〉와 같이 하나의 체크리스트를 제작하였다.

표 7-2 상담기관의 정보보호를 위한 유의사항 체크리스트

다음은 상담실의 안전한 자료관리를 위한 시스템의 확인용 질문입니다.
'예'와 '아니요'로 응답하시기 바랍니다.

1. 인적관리	예	아니요
① 안전을 책임지는 사무실 근무자는 자료의 안전을 책임져 왔다. 이들은 HIPPA와 같은 법적인 기관에서 요구하는 관리규정을 잘 알고 있으며, 컴퓨터시스템과 같은 기술적인 문제에 대해서도 잘 알고 있다. 이들은 현재의 정규멤버와 새로운 멤버, 그리고 임시직 등 모든 직원에게 필요한 훈련을 책임질 수 있으며, 이들 중 누군가가 직장을 떠나거나 이동한다 해도 이들에게 있을 변화에 적절한 훈련과 정보를 제공할 수 있다.		
② 우리는 새로운 직원을 임용할 때 그들의 모든 배경정보를 확인하며, 직원채용에 관한 모든 법적인 절차를 준수하고 있다.		
③ 새로이 채용되는 직원에 대해서는 상담실의 모든 업무절차와 규정에 대해 훈련시켜 왔으며, 그들이 규정을 어겼을 때 어떤 대가를 치룰 것인지를 확인시킨다.		
④ 모든 임용자들은 개인의 비밀과 안전에 대한 초기교육을 받으며, 정기적인 안전교육을 통해 안전의식을 일깨우고, 안전책임자로부터 모니터링을 받는다.		
⑤ 이 모든 훈련과 모니터링의 결과는 기록으로 남겨지며 또한 평가된다.		
⑥ 모든 직원들은 자신의 일을 해내는 데 필요한 범위 내에서만 기록에 접근하고 정보를 사용한다.		
2. 정보에 대한 물리적 관리		
① 상담자들의 업무지역은 매일 업무 종료 이후, 그리고 휴일에는 언제나 잠겨져 있다.		
② 전직 상담자들은 컴퓨터와 사무실, 그리고 파일에 접근할 수 있는 키를 모두 가지고 있지 않다.		
③ 비밀번호와 ID는 컴퓨터는 물론 그 어떤 눈에 띄는 곳에도 적혀 있지 않다.		

④ 사무실의 모든 컴퓨터는 내담자들이 드나드는 곳에 설치되어 있지 않으며, 덮개를 씌우거나 내담자들이 컴퓨터의 화면을 볼 수 없도록 정렬되어 있다.		
⑤ 대기실에서 내담자의 이름을 부르지 않으며, 다른 내담자들이 볼 수 있는 곳에 서명하는 일이 절대 없다.		
⑥ 내담자의 정보를 포함하는 모든 파일은 잠겨진 캐비닛에 보관되며, 상담실 근무시간 내에 폐기될 것은 모두 분쇄하여 처리한다.		
⑦ 문서뭉치들은 폐기회사에 맡겨 폐기하며 폐기된 문서의 목록과 기록만을 보관한다.		
⑧ 안전관리책임자는 기관이 임대하거나 소유하거나 사용한 기구들로서 기록을 포함한 모든 장비의 기록을 가지고 있다. 이들은 이 장비를 정규적으로 확인하며 이들이 수리나 정비, 혹은 교체될 때 기록이 승인되지 않은 채 유출되지 않았는지 확인한다.		
⑨ 모든 기록에 사회보장번호(social security number)를 기록하지 않는다. 만약 이를 기록할 경우에는 쉽게 보이거나 접근할 수 없도록 유의한다.		
3. 전자적 정보의 안전		
① 만약 임직원이 전자적인 기록에 접근해야 하다면 각기 다른 추측하기 어려운, 그리고 정기적으로 변경되는 충분히 긴 비밀번호를 사용해야 한다.		
② 모든 컴퓨터는 악성코드로부터 안전해야 하며, 악성코드 방지 프로그램이 적어도 48시간 단위로 업데이트된다.		
③ 임직원이 인터넷을 사용할 경우 방화벽이나 그와 유사한 안전시스템을 가지고 있어야 하며 그 또한 정기적으로 업데이트되고 모니터링된다.		
④ 우리는 안전요원이 언제나 모니터를 떠나지 않아야 하는 것을 철저히 훈련시킨다. 우리는 일정 시간 컴퓨터를 사용하지 않으면 자동으로 'sleep' 프로그램이 작동하도록 하며, 시간제한이 있는 로그오프 기능을 사용하며, 비밀번호를 사용해야 하는 스크린세이버를 설치하여 사용한다. 이를 통해 컴퓨터를 사용하지 않을 경우 기록에 접근하는 것을 철저히 차단하고 있다.		

⑤ 사무실의 모든 컴퓨터는 잠겨 있으며, 안전한 상황, 안전한 지역에서 만 사용한다.		
⑥ 임직원의 집이나 외부에서 사무실로 보내는 모든 전자 메시지에는 암호화 프로그램을 사용한다.		
⑦ 모든 이동가능한 디지털 전자기기, 개인 기록용 기기에는 반드시 비밀번호를 설정하여 사용한다.		
⑧ 내담자 정보가 읽기 가능한 형태로 외부로 유출되지 않도록 하기 위해서 자동암호화 프로그램을 사용한다.		
⑨ 이메일을 사용할 경우 자동 암호화 프로그램을 사용한다.		
⑩ 모든 내담자 자료의 백업은 정확성과 활용가능성을 확인하기 위해 자동적 · 정규적으로 이루어지도록 하며, 오프라인에서 보관되고 정규적으로 파쇄된다.		

4. 기타 상담정보의 보호

1) 상담행정기록

상담을 제공하는 모든 기관은 일정 정도의 행정기록을 가지고 있다. 행정문서란 상담의 내용을 담고 있는 기록 이외의 기록을 의미한다. 물론 기관을 운영하는 업무에서 생성되는 매우 다양한 행정기록도 있을 수 있지만, 상담과 관련해서도 직접 상담의 내용을 기록하지는 않더라도 예약기록부, 상담료지불명세서, 전화번호부, 접수기록부, 내담자인명록, 그리고 상담활동을 지원하는 업무에서 일상적으로 발생되는 여러 기록들을 상정할 수 있다. 만약 상담기관이 아니라면 일반적으로 이러한 기록들은 비밀유지의 대상이 아닐 수도 있지만, 누가 상담을 신청했고 그가 상담을 받았다는 사실 그 자체가 개인의 사생활에 대한 내용이며, 따라서 비밀유지의 대상인 상담활동의 특수성을 고려해야 한다. 그러므로 상담기관과 접촉한 사람의 개인 신상을 알 수 있는 모든 기록은 상담내용을 기록한 상담노트와 똑같이 비밀유지의 대상으로 다루어져야 하고 다른 사람이 볼 수 없도록 관리되어야 한다.

2) 녹음과 녹화자료

상담자의 훈련과 슈퍼비전을 위해 상담과정을 녹음하도록 하는 것은 일반적인 방법이다. 상담자들은 학위를 마친 후 전문가 자격을 획득하기까지 임상장면에서 진행한 상담에 대해 슈퍼비전을 받는 것이 의무화되어 있다. 게다가 아주 많은 상담자들이 상담자로 일하는 동안 슈퍼비전 교육과 연구를 목적으로 상담회기를 녹음하고 있다. 상담자는 내담자의 고유한 행동과 대인관계 반응 등 그의 사회적 의사소통 방식을 보거나 분석하기 위해서 녹음이나 녹화의 방법을 사용한다.

상담에서 녹음과 녹화는 특이한 것은 아니지만 특별한 주의가 요청된다. 상담자는 내담자에게 녹음과 녹화의 기록에 관한 비밀보장에 대해 약속하게 되며, 그에 대해서 상담자가 직접 책임질 것이며, 상담기록이 언제까지 보관되고 언제 삭제되는지를 알릴 의무가 있다. 물론 녹음과 녹화에 대한 목적과 활용에 대해 설명하고 녹음에 대한 허락을 받는 것이 우선이다. 또한 상담녹음 기록이 삭제되기 전까지 내담자가 법적인 상황에서 녹음자료를 요청한다면 제공될 것이라는 점도 분명하게 설명해야 한다. 상담자의 모든 행동이 향후 법적인 상황에서 의문시될 수 있기 때문에 상담자는 이 모든 것을 분명하게 밝혀 두어야만 한다.

3) 의뢰기록

내담자들은 때때로 자신의 상담기록을 다른 정신건강 전문가에게 보내

줄 것을 요구하기도 한다. 또한 새로이 시작한 내담자의 기록을 다른 상담자, 즉 이전에 상담을 담당했던 상담자에게 요청하기도 한다. 이렇게 다른 상담자에게 기록이 넘겨지는 것에 대해 내담자가 요청을 했거나 허락을 한 후에 상담자는 관련 기록의 작성과 유지에 더욱 유의해야 한다. 즉, 반드시 내담자가 자신의 기록을 또 다른 상담자나 제3자에게 넘기는 데 동의했다는 문서양식에 자필 서명을 하도록 해야 한다. 다음으로 상담자는 내담자가 요청한 사실을 정확히 따랐다는 것, 그리고 반드시 내담자가 허락한 내용에 관해서만 자료가 보내졌다는 것을 확인하고 기록해 두어야 한다. 상담자는 자신이 생산한 기록에 대해서만 권리를 가지므로, 이전 상담자 혹은 다른 기관에서 발행된 내담자 관련 기록을 제3자에게 보내지 않도록 유의해야 한다. 만약 내담자가 다른 상담자나 다른 기관에서 보내 온 자료까지 전달되기를 바란다면, 그 기록을 작성한 다른 기관 혹은 상담자에게 서면으로 동의 받는 절차를 따로 밟아야 한다. 내담자가 자필 서명한 기록은 그의 개인상담 파일에 함께 보관되어야 한다. 또한 내담자가 요청했던 자료의 복사본과 언제 그리고 어떤 방식(우편, 택배 혹은 인편)으로 누구에게(인명, 주소, 전화번호) 자료가 이관되었는지를 기록하고 함께 보관해야 한다.

4) 전화사용과 정보보안

통신기술의 발전으로 정보를 빠르게 주고받을 수 있게 되었다는 점은 고무적이지만, 이러한 발전은 개인정보의 유출이라는 측면에서는 위험요인으로 작용하고 있고, 특히 상담 분야에서 통신기술의 발전은 하나의 중대한 도전이 되고 있다. 상담자들은 통신기술을 사용하는 과정에서 내담자의 비밀보장 원칙이 손상되지 않도록 노력해야 한다.

상담자의 입장에서 전화를 통해 내담자와 접촉하는 것은 자주 일어나는 상황이다. 상담시간이나 약속은 때때로 변경되거나 취소되고, 서명해야 하는 양식들이 있다거나 또 통화가 필요한 다른 많은 일이 일어나기 마련이다. 메시지를 남길 때는 상담자의 직책이 아닌 이름을 남기는 것이 보다 현명한 일이며, 내담자가 다른 사람이 듣기를 원하지 않는 그 어떤 내용도 말하지 않는 것이 좋다. 내담자가 다른 사람과 함께 있는 상황에서 메시지를 듣거나 확인할 수도 있으며, 내담자가 아닌 그의 가족이 녹음된 메시지를 들을 수도 있기 때문이다.

상담자는 내담자 개인에 관한 이야기나 그들로부터 받은 정보를 전화상에서 말하거나 논의하는 데 주의해야 한다. 상담자가 내담자에 대한 이야기를 나누고자 하는 사람이 바로 그 내담자인지 확인하지 못할 수 있다. 전화는 당사자들의 동의 없이 그리고 그들이 인식하지 못하는 사이에 모니터링되거나 공개되는 경우가 아주 많다. 그러므로 상담자는 내담자의 비밀과 신상에 관한 정보를 말할 때 전화로 통화한다면 주의를 해야 한다.

다음은 상담자가 주의해야 할 전화사용에 관한 지침이다(Hughes, 2000).

- 누구인지 확인되지 않은 사람에게 전화를 통해 내담자의 이름, 신상, 그가 받고 있는 상담서비스, 그리고 내담자가 준 정보 중 그 어느 것도 이야기해서는 안 된다. 내담자의 비밀보장을 위해서 내담자가 서면으로 허락하지 않는 한 어떤 정보도 줄 수 없다는 것을 설명하고, 필요하다면 내담자의 허락을 얻는 방법에 대해 알려 준다.
- 전화를 받아 통화하고 있는 사람이 누구인지 확인하려고 노력한다.
- 통화하는 모든 내용이 누군가에 의해 녹음되거나 모니터링되고 있을 수 있다는 것을 명심한다.
- 전화로 통화한 내역이 통신사의 서버에 기록된다는 사실도 염두에 둔다. 특히 SNS를 통한 문자기록은 온전히 남겨진다는 점에 유의한다.
- 내담자가 듣고 싶어 하지 않을 거라고 생각되거나, 법정에서 진술하고 싶지 않은 내용이라고 생각되거나 판단되는 일체의 내용을 이야기해

서는 안 된다.

상담자들은 내담자와의 통화나 그들이 남긴 보이스 메시지들의 내용을 작은 메모로 써서 붙여 두는 경우가 많다. 이런 메시지에 비밀이나 개인정보에 해당하는 내용이 섞여 있을 수 있다. 따라서 이런 메모들도 다른 비밀정보와 마찬가지로 주의 깊게 다루어져야 한다.

앤서링 머신이나 보이스 메시지를 사용할 때 상담자가 주의해야 하는 일은 크게 두 가지라고 할 수 있다. 첫째, 메시지는 일부러 지우거나 삭제할 때까지 남아 있다. 둘째, 남아 있는 메시지는 내담자 아닌 다른 누군가에 의해 인출되거나 재생될 수 있다. 녹음된 메시지가 다른 사람에게 알려질 수 있다는 사실은 상담자가 녹음된 음성 메시지에 비밀에 해당하는 그 어떤 내용도 남겨서는 안 된다는 것을 의미한다.

5) 이메일의 보호

인터넷을 이용한 이메일 사용이 일상화되었다. 이 또한 내담자의 비밀보장성을 위협하는 요인이 되었다. 이전에 대부분의 상담자는 직접 대면한 상황에서 상담을 진행하면서, 추가 정보가 필요하다고 생각하면 편지나 보고서 혹은 전화를 통해서 정보를 요구하거나 전달했다. 인터넷 환경과 의사소통의 발달은 내담자와의 정보 교환을 증가시켰지만 정보의 보호라는 측면에서는 더욱 취약한 환경을 만들었다. 이에 대해 Hughes(2000)는 이메일을 통해 의사소통을 할 때 내담자의 개인정보가 기밀로 유지되는 것을 방해하는 몇 가지 위험 요소를 정리했다.

- 이메일 메시지는 실수로 다른 사람에게 쉽게 전달될 수 있다.
- 이메일 메시지는 지켜보는 사람 없이, 혹은 권한이 없는 사람에 의해

읽힐 수 있다.

- 이메일 메시지는 종이와 컴퓨터 파일로 쉽게 인쇄되고 전달되고 저장될 수 있다.
- 이메일 메시지는 승인되지 않은 목적으로 공개되거나 사용될 수 있다.
- 기밀 정보는 버려진 컴퓨터를 통해서도 전달될 수 있다.
- 이메일 메시지는 컴퓨터 해커들에 의해 공개될 수 있다.
- 보내는 이는 메일이 가지 않았음에도 불구하고 전달되었다고 생각할 수 있다.
- 이메일 메시지는 받는 이의 소프트웨어가 읽을 수 없는 첨부파일을 포함할 수 있다.
- 이메일 메시지는 오역의 소지가 있다.

상담자는 내담자에게 이메일을 사용할 때 아주 주의해야 할 뿐만 아니라, 전문가들 사이의 의사소통에서도 내담자의 중요한 내용을 전송할 때는 이메일을 사용하지 않는 것이 좋다. 내담자에게도 이메일을 통해 주고받는 모든 메시지는 알려질 가능성이 크다는 것을 정확히 알리는 것이 좋다.

제8장

상담기록의 보존과 폐기

1. 상담기록의 보존
2. 상담기록의 폐기

Record Keeping in Counseling Institution

상담기록의 보존과 폐기

한 기관의 업무활동이 지속되는 가운데 기록은 끊임 없이 생성되고 축적된다. 그러나 이들 기록이 항상 활용되는 것은 아니다. 불필요하게 된 기록을 적당한 시기에 폐기하지 않으면 기록을 유지하기 위한 공간과 인력, 비용 등의 낭비가 발생하기 마련이다. 더구나 수많은 기록의 더미에서 정작 필요한 기록을 찾아내기는 어렵기 일쑤다. 물론 업무가 끝났다고 해서 기록이 곧장 쓰레기 취급 받으며 폐기되어야 하는 것도 아니다. 이미 여러 차례 언급되었던 것처럼 기록에는 후속 업무나 관련 업무에 참고될 만한 업무지식이 고스란히 담겨 있다. 나아가 기관의 역사와 기관 구성원들의 집단적 기억을 담고 있어서 조직이 존재하는 한 계속 보존되어야 하는 중요 기록도 있기 마련이다. 이런 중요 기록들은 때로 조직의 틀 안에서만이 아니라 사회 전반의 역사적 · 문화적 · 학술적 가치를 갖는 것으로 알려져 다양한 목적으로 사용되기도 한다.

상담기관의 경우도 마찬가지다. 수많은 상담들이 진행되면서 상담기록 역시 상담실 가득 채워져 적합한 기록 폐기의 정책과 절차가 없으면, 사용되지 않는 기록들이 아무렇게나 쌓이게 될 것이다. 어떤 기록이 만들어지거나 남아 있는지도 확인하기 힘들고, 어떤 기록이 함부로 버려지거나 유출되었는지도 알 수 없으며, 어떤 기록이 상담기관의 역사나 상담학 연구에 활용될 수 있는지도 파악할 수 없다. 또 정반대로 사무실이 이전하거나 담당자가 변경될 때, 또 매년 연말 등 사무공간의 대청소가 있을 때에는 불필요하다고 판단되는 다량의 각종 자료들이 함부로 버려지기도 한다.

이처럼 두 가지 극단적인 현상이 나타나게 되는 근본 원인은 기록의 폐기와 보존에 대한 정책과 제도를 갖추고 실무를 전담하여 처리하는 기록관리업무가 개발되어 있지 못하기 때문이다. 모든 기록을 보존하는 것이 불가능한 상황에서 보존가치가 있는 기록을 확인하고, 보존 및 폐기를 선별하는 평가업무를 실행해야만 한다.

1. 상담기록의 보존

기록의 보존은 영구(혹은 준영구) 보존과 유한보존의 두 가지로 나누어 생각해 볼 수 있다. 영구 혹은 준영구 보존은 장기간 유지 보존해야 할 중요 기록물을 대상으로 이뤄지는 것이고, 유한보존은 일시적으로 업무상 참고하기 위해 기록을 유지하는 것이다. 앞에서 살펴본 것처럼 1년부터 10년까지 보존기간을 부여받은 기록이 유한 보존의 대상이 된다.

기록을 획득하고 등록한다는 결정을 내리는 데는 이를 저장(보존)하겠다는 의도가 함축되어 있다. 효과적인 방법으로 기록을 보호하고, 접근 가능하게 하며, 관리하는 데는 적절한 보존 환경이 중요하다. 기록을 관리하는 보존 설비와 서비스의 성격은 기록의 목적이나 물리적 형태, 그리고 기록의 활용이나 가치에 따라 달라진다.

모든 기록은 필요한 동안 이용가능성, 신뢰성, 진본성, 보존성을 보장할 수 있는 매체에 저장되어야 한다. 기록의 구체적인 물리적 · 화학적 속성을 고려한 보존 환경과 취급 과정이 필수적이다. 특히 전자기록을 위한 전자시스템은 기록을 보유하는 전 기간에 걸쳐 어떤 종류의 변화에도 불구하고 접근성, 진본성, 신뢰성 및 이용가능성이 유지될 수 있도록 설계해야 한다. 또한 허가 받지 않은 접근과 망실, 또는 폐기, 절도 및 재난 등으로부터 기록을 보호할 수 있도록 보존 환경과 처리 과정을 설계해야 한다.

물론 기록이 생산되기 전에 미리 효율적이고 효과적인 기록의 보존 · 취급 · 저장 수단을 정해 두는 것이 중요하며, 그 후 요건의 변화에 따라 보존 조치를 재평가하고 새로 적용해야 한다. 일반적으로 '위험분석'을 통하여 적절하고 실행 가능한 물리적인 보존과 취급의 방법을 결정할 수 있다. 또 접근 및 보안요건과 제한요소를 고려하여 보존의 방식을 결정해야 한다. 특히 업무의 지속성을 유지하는 데 필요한 기록에 대해서는 추가적인 보호 방법과 복원 조치를 마련하여 재난 발생에 대비한 복구 계획을 개발하는 일이 필요하다. 재난 복구 계획에는 재난 중에도 정상적인 업무활동을 지속할 수 있도록 하는 계획과, 재난 후의 복구를 위한 계획을 마련하는 일이 포함된다.

이처럼 기록의 보존과 취급의 구체적인 방식을 결정하는 데에는 다음과 같은 여러 요소를 함께 고려해야 한다(이원규, 2015).

- 기록의 양과 증가율: 예상되는 증가율에 근거하여, 수용 능력이 불충분한 보존 설비는 제외시킬 수 있다. 전자기록을 위한 디지털 보존매체도 이와 마찬가지로 수용 능력을 평가하여 고려해야 한다. 매체의 선택은 기록의 추정량 및 증가율을 감안하여 선택해야 한다.
- 기록의 이용: 기록이 이용되는 다양한 방식에 따라 기록의 손실 혹은 손상에 대비하기 위한 보호의 수준을 결정해야 한다. 전자기록을 위한 시스템과 매체는 더 용량이 크고 수명이 안정적이면서 신뢰할 만한 것으로 정한다. 전자기록을 위한 보존방식을 결정하는 데에는 백업자료를 보호하는 것이 가능한지가 핵심적인 고려사항이다.
- 기록의 보안에 대한 요구: 기밀성, 해당 정보 소유권, 법적 보호 필요성

등으로 인하여 접근을 제한할 필요가 있는 기록도 있다.

- **기록의 물리적 특성**: 무게, 필요한 공간 면적, 온도와 습도, 기록 매체의 특정한 물리적 보존요건 등이 기록 보존에 영향을 미친다. 전자기록은 변환하거나 매체를 이전할 필요가 있을 것이며, 디지털 저장매체를 갱신할 필요도 발생할 것이다. 지역 환경에 따라 화재나 홍수 등의 위험으로부터 보호할 필요도 있을 것이다.
- **검색 요건**: 기록의 검색 가능성도 주요 고려사항이다. 자주 접근해야 할 기록에 대해서는 더 쉽게 접근할 수 있는 보존 설비가 필요하다. 전자기록은 더 쉽고 빠르게 검색할 수 있는 다양한 방법으로 저장할 수 있다.
- **상대적 비용**: 비용 문제는 전자기록의 저장매체 선택에 영향을 미칠 수 있다.
- **접근 요구**: 조직의 요구를 충분히 지원하는 데 필요한 다양한 보존 설비, 시스템 혹은 장비 등을 확인할 수 있다.

특히 보존을 위한 시설과 장비는, 쉽게 접근할 수 있지만 외부 침입 위험이 없는 장소에 두어야 하며, 온도와 습도의 통제나 재해와 해충, 오염 등으로부터의 보호 · 안전 대책 등에 적합해야 한다. 전자기록을 보존하기 위해서는 기본적으로 백업 시스템을 운영해야 하며, 정기적인 백업과 다양한 매체로의 다중 복제, 백업본의 분산 보존, 백업본에 대한 접근 규정 등을 포함하여야 한다. 그 밖에 물리적 손상이나 데이터 손상을 막기 위한 유지 보수나, 최신 버전으로의 복사 등이 필요하다.

국가 법령에서도 기록의 안전한 보존을 위해 보존매체로의 수록과 보존환경의 유지, 소독 및 주기적인 상태 점검, 훼손된 기록의 수리 및 복원 등을 규정하고 있다.

표 8-1 보존서고 및 작업실 공간구성

<table>
<tr><th colspan="3">구분</th><th>종이기록</th><th>전자기록</th><th>시청각기록</th><th>행정박물</th></tr>
<tr><td rowspan="2">보존서고</td><td rowspan="2">서고면적</td><td>고정식</td><td>1만 권당 99m^2</td><td>1십만 장당 80m^2</td><td>오디오 1만 개당 30m^2
비디오 1만 개당 68m^2
사진필름앨범1만 권 236m^2
영화필름 1천 캔당 30m^2</td><td rowspan="2">실소요공간</td></tr>
<tr><td>이동식</td><td colspan="3">고정식 면적의 40~60퍼센트 내외</td></tr>
<tr><td rowspan="2">작업실</td><td colspan="2">작업실 면적</td><td colspan="4">근무인원 1명당 m^2 (장비공간 별도)</td></tr>
<tr><td colspan="2">열람실 면적</td><td colspan="4">근무인원 및 열람좌석 1명당 7m^2 (열람좌석은 개가식, 폐가식으로 구분하고 특수매체 열람공간 별도)</td></tr>
</table>

표 8-2 보존서고 및 전시관 등의 보존환경 기준

<table>
<tr><th colspan="2">구분</th><th>종이기록물</th><th>전자기록물</th><th>시청각기록물</th><th>행정박물</th></tr>
<tr><td rowspan="2">보존환경유지기준</td><td>온도(℃)</td><td>18~22℃</td><td>18~22℃</td><td>필름매체류: -2~2℃
자기매체류: 13~17℃</td><td>18~22℃</td></tr>
<tr><td>습도(%)</td><td>40~55%
(변화율 10% 이내)</td><td>35~45%
(변화율 10% 이내)</td><td>필름매체류: 25~35%
자기매체류: 35~45%
(변화율은 10% 이내)</td><td>40~50%
(변화율 10% 이내)</td></tr>
<tr><td rowspan="2"></td><td>공기질</td><td colspan="4">미세먼지(PM-10): 50$\mu g/m^3$
이산화황(SO_2): 0.05ppm 이하
산화질소(NOx): 0.05ppm 이하
오존(O_3): 0.05ppm 이하
포름알데히드(HCHO): 120$\mu g/m^3$
일산화탄소(CO): 10ppm 이하
휘발성유기화합물(VOC): 400 $\mu g/m^3$</td></tr>
<tr><td>조명</td><td colspan="4">보존서고 100~300룩스, 전시관 50~200룩스 (원본전시 기준)</td></tr>
</table>

표 8-3 보존서고 등 장비(괄호는 최소 기준)

항온항습	온습도	소화	보안	소독처리
구비	구비	자동소화 (가스식 휴대형)	폐쇄회로 감시 (이중잠금)	구비

보존매체로의 수록은 원본 기록보다 보존성이 강한 보존매체를 이용하여 안전한 보존을 보장하는 방법으로서, 마이크로필름 또는 전자매체로 기록의 내용을 옮겨 보존하는 방법이다. 또한 보존매체 수록은 그때그때 결정하는 것이 아니라 기록관리기준표의 단위과제별로 지정된 보존기간에 의해 준영구 이상의 중요 가치가 있는 기록을 대상으로 병행보존, 원본만 보존, 대체보존 등의 방법으로 구분하여 적용된다. 이는 기본적으로는 비전자기록을 대상으로 하는 규정이지만, 보존가치가 매우 높은 전자기록도 마이크로필름 등 육안으로 식별이 가능한 보존매체에 수록하여 관리하여야 한다. 이처럼 체계적인 절차에 의해 만들어지는 보존매체 수록본은 원본과 같다고 인정된다.

한편, 상담기관, 기록관리실과 같은 보존장소는 보존환경을 유지하고 보안유지와 재난대비를 위한 업무를 수행해야 한다. 시행령에서는 보존서고의 환경에 대한 표준적인 기준을 제시하고 있다. 아울러 서고에 기록을 배열하는 방식도 규정하고 있는데 일반적으로 보존대상인 기록의 형태와 해당 기록의 업무부서 등을 구분하여 배치하도록 하고 있다. 또 서고번호와 서가번호를 표시하고 이를 등록하여 기록의 보존위치를 식별할 수 있게 하며, 서고의 관리책임자를 지정해 서고의 출입과 기록의 입 · 출고가 통제되도록 하여야 한다. 중요 기록은 서고 외 지역으로의 반출을 금함을 원칙으로 하고, 부득이한 사유로 반출할 때에는 기관장 등의 승인을 받아야 한다. 출입 인원, 보존시설, 전산장비 및 기록 등으로 구분하여 보안대책을 수립 · 시행하여야 하며, 기록의 대피 우선순위, 근무자 안전규칙 등을 포함하는 재난대비책을 수립 · 시행하여야 한다.

비전자기록을 보존하기 위한 서고공간은 점차 비중이 적어질 것으로 생각되지만, 법령에서 규정하듯이 업무부서별로 배열하는 방식은 다시 고려해 봐야 한다. 조직적인 안정성의 문제도 있고, 상담기관과 같이 작은 규모의 서고를 효율적으로 운영하기 위해서도 그렇다. 물론 기록을 형태별로 구분하는 것은 불가피하겠지만, 그다음으로는 기록의 보존기간별로 구분하고 그 안에서 생산연도별로 배열하게 되면 일시적으로 보존되다가 폐기되는 기록의 공간이 효율적으로 운영될 수 있다. 기록이 폐기되는 자리에 새로운 기록이 입고되게 하는 방식이 사용될 수 있다면, 적은 공간이라도 성공적으로 운영될 수 있을 것이다.

중요 기록의 경우는 미생물과 해충에 의하여 손상이 발생되지 않도록 서고에 입고하기 전에 소독을 실시하여야 하며, 종이기록 중 산성화 정도가 수소이온농도(pH) 6.5 이하인 기록에 대하여는 서고에 입고하기 전에 탈산처리를 실시함을 원칙으로 한다. 또한 보존중인 기록에 대하여 정수점검(整數點檢)과 상태점검을 실시하여야 하는데, 기록이 정기적으로 점검될 수 있도록 점검주기에 맞춰 기록물점검계획서를 작성하고, 이에 따라 기록을 점검하여야 한다. 종이기록, 시청각기록 등에 대해 기본 재료의 보존성과 현재의 훼손도를 각각 3등급으로 구분하여 점검하는 방식을 사용한다.

기록 원본뿐만 아니라 보존매체 수록본까지도 상태검사 등의 대상이 되는 것은 물론이다. 전자기록의 상태를 검사하는 경우에는 저장장치에 수록된 전자파일에 대한 이용가능성 · 손상여부 등에 대한 주기적 검사와 저장장치의 이상 유무 등을 확인하여야 한다. 오류사항이 발견된 경우에는 즉시 복구하여야 한다. 이러한 보존기록의 점검주기는 〈표 8-4〉와 같다.

표 8-4 보존기록 점검주기

구분		정수점검	상태점검
종이기록물	상태평가 1등급	2년	30년
	상태평가 2등급	2년	15년
	상태평가 3등급	2년	10년
시청각기록물	영화필름	2년	2년
	오디오 · 비디오	2년	3년
	사진 · 필름	2년	10년
전자기록물	보존매체	2년	5년
행정박물	금속, 석재, 플라스틱 재질	2년	30년
	종이, 목재, 섬유재질	2년	10년

이러한 정기적인 상태점검의 결과에 따라서 훼손이 심한 중요 기록은 수리, 복원하거나 보존매체에 수록하는 등의 필요한 조치를 취하여야 한다. 기록의 수리나 복원은 원본 자체에 대해 해당 조치를 취하게 되는 것인 만큼 기록의 변형이나 영향을 최소화할 수 있도록 필요한 조치를 강구하여야 하며, 기록의 복원 전 형상을 보존매체에 수록하여 보존하는 한편, 어떠한 조치를 실시하였는지 구체적으로 기록하여야 한다.

상담기관에서 이러한 전문적인 보존처리를 수행하기는 쉽지 않을 것으로 생각된다. 일반적인 사무실 환경의 서고를 작은 규모로나마 갖추는 것이 우선 과제일지 모르겠다. 앞에서 소개한 많은 내용을 아웃소싱 방식으로 수행할 수도 있다. 경우에 따라서는 중요 기록을 선별하여 외부의 전문적인 보존기관에 위탁할 수도 있다. 그러나 그러기 위해서라도 기록의 안전한 보존과 관련한 이해를 갖추고 적합한 대안을 찾기 위한 숙고가 먼저 이뤄져야 한다.

2. 상담기록의 폐기

대부분의 상담기관은 개인의 사생활정보가 녹아 있는 상담내용이 외부에 유출되는 것을 막기 위해 노력해 왔다. 이를 위한 방법으로 상담기관은 모든 상담기록을 폐기하지 않고 보관하여 지난 10여 년간 기록을 유지 보관하고 있거나 혹은 전산화를 기점으로 아예 모든 비전자 상담기록을 폐기한 것으로 조사되었다. 그러나 이러한 현상은 상담기록의 특성을 충분히 고려하여 내린 결정은 아니다. 이는 상담기록의 체계적 관리에 대한 개념이 부재하고 원칙과 정책을 수립하지 못한 결과라고 해석할 수 있을 것이다.

기록관리 국제표준에서는 기록의 보존기간이 종료된 후 영구보존을 위해 기록관에 이관하거나, 혹은 더 이상의 보존이 필요 없는 경우에는 폐기하거나, 또는 아직 최종 판단을 내리기 힘들어 일시적으로 보류하는 등의 결정을 내리도록 규정한다. 이것을 기록관리 국제표준에서는 처분(disposal)이라고 부른다. 물론 이러한 처분의 결정은 정상적인 기록관리체계에서 일상적인 기록관리 업무의 하나로 수행되어야 한다. 이러한 처분 중에서도 가장 쟁점이 될 것은 바로 기록의 폐기라고 할 수 있다. 여기에는 다음과 같은 몇 가지 원칙이 적용되어야 한다.

- 담당자의 자의적인 결정이 아니라 승인에 의해서만 폐기할 수 있다.
- 현재 진행 중이거나 계류 중인 소송이나 조사와 관련된 기록은 폐기할 수 없다.
- 기록에 포함되어 있는 기밀정보는 노출되지 않은 채 폐기해야 한다.
- 폐기하도록 승인 받은 기록은 모든 사본도 함께 폐기해야 한다.

이처럼 기록을 물리적으로 완전히 폐기할 때는 이와 관련한 행위를 모두 기록으로 작성하여 유지해야 한다. 때로는 책임 있는 감독기구의 동의가 필요할 수도 있다. 물론 폐기 업체와 같이 계약을 맺은 제3자가 물리적 폐기 조치를 수행할 수 있는데, 이런 경우는 반드시 폐기가 정상적으로 집행되었다는 것을 입증하는 폐기확인서를 작성할 필요가 있다. 또한 폐기나 이관 등의 처분이 같은 시점에 수행될 기록들은 물리적으로 함께 보존되도록 하는 것이 효율적일 수 있고, 처분을 수행할 시점이 도래했을 때 이를 알려 주는 조치를 통해 처분 대상들을 쉽게 식별해서 추려 낼 수 있도록 하는 것도 하나의 방법이다.

전자기록인 경우에는 본질적으로 기록된 내용을 다시는 재현해 내지 못하도록 하는 방식을 적용하는 것이 원칙이다. 리포매팅(reformatting)이 되돌릴 수 없는 방식임이 확실하다면 리포매팅이나 덮어쓰기에 의해 폐기할 수도 있다. 분명한 것은 삭제 명령만으로는 데이터가 완전히 폐기되었음을 보장할 수 없다는 점이다. 삭제나 리포매팅, 덮어쓰기 등이 안전하지 못하거나 폐기에 적용할 수 없는 경우, 데이터가 저장된 매체 자체를 물리적으로 파기하는 것이 가장 적절한 대안이다.

우리나라의 국가 법령에서도 업무부서에서 생성되어 등록된 기록은 반드시 기록관으로 이관되어 폐기 절차를 밟아야 하고, 업무부서에서는 임의로 폐기할 수 없는 것으로 규정하고 있다. 폐기절차를 밟게 되는 기록은 물론 일정 기간 동안만 보존하도록 하는 유한보존의 기록이며, 준영구로 책정되는 기록도 70년간 보존한 후에는 이러한 폐기절차를 밟아야 한다.

폐기절차는 기본적으로 3단계로 진행된다. 우선 기록을 생성하여 업무를 수행했던 업무부서의 의견조회로 시작된다. 이 과정을 통해서 더 이상 업무 차원에서의 이용이나 보존의 필요가 있는지 여부를 확인하게 되고, 만일 업무부서에서 좀 더 참고할 필요가 있어서 보존기간을 일정 기간 동안 연장해 달라고 요청해 오는 기록은 마땅히 폐기 대상에서 제외해야 한다. 업무담당자의 입장에서 봐도 아주 중요한 역사적 의미가 있는 기록이어서 폐기하지 말고 영구보존으로 변경해 달라고 요청할 수도 있다. 반대로 업무상의 이용이나 보존의 필요가 없다는 의견을 보내오는 기록은 다음 단계로 기록관리 전문요원의 심사에 넘기게 된다.

전문요원은 기록관리에 관한 전문적인 교육과 훈련을 받아 채용된 인원으로, 업무 이외의 차원에서 기록이 갖는 가치를 집중적으로 검토하여 폐기 여부를 판단하게 된다. 이 단계에서도 판단하기 곤란하여 보류를 요청하거나 혹은 업무 이외의 가치가 없다고 판단하여 폐기를 요청할 수 있다. 만일 업무 차원에서의 이용은 끝났다고 하더라도 기록이 지닌 다양한 가치로 인해, 특히 기관 차원의 역사를 서술하거나 외부의 연구자나 교사, 학생, 일반 시민 등으로부터 여러 가지 목적으로 이용 요청이 있을 만하다고 판단될 경우에는 영구보존 대상으로 변경을 요청할 수 있다.

업무부서나 전문요원 모두가 폐기해도 되겠다고 판단한 기록만 마지막 단계인 기록물평가심의회에 상정하여 다시 판단을 구한다. 이 단계에서도 마찬가지로 보존기간 연장 및 보류, 영구보존 대상으로 선별, 폐기 등의 결과를 얻게 될 것이다. 기록물평가심의회의 위원은 기록의 보존가치 평가에 적합하다고 인정되는 5명 이내의 외부(민간) 전문가 및 소속 인원(공무원)으로 구성하되, 2명 이상의 외부(민간) 전문가를 반드시 포함하여야 한다. 여기서 소속 인원(공무원)이라고 하는 것은 기록관의 소속 인원(공무원)이 아니라 해당 기관의 소속 인원(공무원)으로 이해되며, 외부(민간) 전문가는 기록의 잠재적인 이용자를 대변하는 관련 분야나 기록관리 분야 등의 존재로 이해할 수 있다. 정말 외부의 이용이 없겠는지를 확인하는 최종 단계인 것이다.

결국 업무부서나 전문요원, 평가심의회 등으로부터 이번에 폐기하지 말고 보존기간을 연장하거나 보류 혹은 영구보존으로 변경하기를 요청받는 경우는 이를 원칙적으로 수용해야 한다. 이들 모두가 폐기를 결정한 대상만이 실제로 폐기될 수 있다. 이상의 절차를 거치면 마지막으로 기관장의 결재를 얻어 집행해야 하며, 물리적인 폐기 자체를 전문요원이 직접 확인하고 서명하도록 되어 있다.

이렇게 기록에 책정된 보존기간에 따라서 폐기절차를 밟는 것 이 외에도 기록의 폐기는 진행된다. 앞에서 설명했던 대체보존, 즉 원본은 폐기하고 보존매체에 수록된 사본 형태의 진본으로 대신 보존하는 방식을 적용하게 되는 경우나, 혹은 물리적 훼손이 심각해서 불가피하게 원본을 폐기하게 되는 경우 등이 이에 해당한다. 이 역시 앞에서 설명한 기본 절차를 거쳐야 하는 것은 물론이다. 다만, 국제표준에서 제시하고 있는 것과 같이 평상시 운용하였던 일반적인 사본들도 추적하여 함께 폐기 처리하는 규정은 갖추고 있지 않다.

청소년상담기관을 대상으로 한 연구에서는 한 해에 2만 건 이상의 파일이 발생한다는 통계가 있을 정도이니, 상담기록의 적절한 폐기와 처분에 대한 논의가 불가피하다는 것을 시사한다(이효선, 2002). 그러나 현재 사용되고 있는 상담기록의 대부분은 기록의 보존기간을 표기하고 있지 않다. 이는 상담기록의 보존과 폐기 등에 대한 기본 인식과 장치가 마련되어 있지 않다는 것을 보여 준다. 모든 기록을 다 영구보존한다는 것은 바람직하지 않다. 오히려 불필요한 기록을 보존함으로써 공간과 자원의 낭비를 초래하고 관리할 대상이 많아짐에 따라 관리자의 부담과 관리에 대한 주의를 분산시킴으로써 철저하게 관리되어야 할 기록에 대한 부주의를 가져올 수도 있다. 특히 상담에 대한 인식과 수요가 증대되고 상담기록의 학술적 이용이 요구되고 있는 현실 속에서, 모든 상담기록을 비밀이라고 하여 폐기하지 않고 창고 속에 꽁꽁 숨겨 놓는 것 역시 무원칙에 가깝다. 보호되어야 할 개인정보를 담고 있는 상담기록을 위한 평가방법이 적극적으로 모색되어야 한다.

실제 상담기관 30곳을 대상으로 한 연구에서, 상담기록의 보존기간을 설정하지 않은 채 보존하고 있는 기관은 16곳으로 50% 이상의 기관이 기록보존의 기간 및 폐기연한에 대한 의사결정이 되어 있지 않았다. 물론 이 중

많은 기관은 기록을 전산 서버에 보관하고 있어, 실제 기록의 보존을 위한 물리적인 공간의 부담은 크지 않다. 하지만 상담자의 개인기록이나 메모 혹은 상담과정에서 직접 작성한 기록 및 기타 상담의 진행 속에서 생성된 기록(사진, 일기, 영상물, 일반문서 등)은 전산화하기 힘들고 명확한 관리 조치가 진행되지 못하고 있는 것도 사실이다.

미국의 상담기록관리 지침에 의하면, 기록의 처분과 관련하여 "심리학자는 더 이상 자신이 직접적으로 기록을 통제하지 못하여 기록을 처분하려 할 때, 치료의 지속성, 기록에 대한 적절한 접근을 보장하기 위해 기록 이관을 계획한다. 심리학자는 기밀성을 유지하고 기록의 복구를 방지할 수 있는 방법을 이용하려 노력한다."(APA, 2007)라고 규정하고 있다.

> "심리학자는 기록의 이관과 폐기, 이 두 가지에 책임을 진다. 장애, 죽음 및 원치 않은 사퇴와 같은 예상치 못한 일에 대비하여, 심리학자는 기록의 통제 및 관리를 위해 훈련된 사람이나 기관에 의해 규정이 만들어지는 등 처분 계획이 세워지길 원할 것이다. 다른 경우에는, 심리학자가 진료를 그만두거나 은퇴하여 업무를 떠나려 계획하기 전에, 비슷한 처리 방식이 만들어지거나, 내담자의 기록에 대한 통제와 관리가 유지되길 바랄지도 모른다. 어떤 상황에서는 심리학자가 내담자에게 기록의 관리에 있어서 변동이 있음을 알릴 방법에 대해 생각할 수 있다. 이는 특히 상담을 시작했거나, 최근에 상담을 끝낸 내담자들에게 중요하다. 심리학자는 법률 및 규제 요구사항에 따라서, 지역신문에 올리는 등 기록의 폐기 계획이나 기록의 보호권 이관과 같은 변화를 주변에 알려야 하는 상황도 있을 수 있다는 점에 유의해야 한다."

또한 폐기를 결정하였다면 그 과정에서 상담기록에 담긴 개인정보 등이 노출되지 않도록 각별히 유의해야 한다.

> "기록의 기밀유지에 있어서 고려해야 할 사항들은 기록을 폐기하려 할 때 더욱 중요해진다. 기록을 분쇄해서 옮길 때, 관리자는 기록의 기밀이 유지되도록 주의해야 하는데, 구체적으로는 기록 폐기를 책임지는 사람들과 기밀 유지 계약을 맺는 방법이 있다. 기록 처분 방식을 고려할 때, 심리학자는 분쇄기에 넣어 기록을 복구 불가능하게 만드는 등 여러 방법을 찾는다. 전자기록을 폐기할 때는 심리학자가 컴퓨터 하드드라이브 및 외부 백업파일 보관기기, 다른 전자기록 저장소를 정리하는 것과 같은, 기록을 완전히 지우는 데에 필요한 기술적인 전문지식을 갖고 있지 않을 수 있기에 더 많은 어려움이 있다. 비록 기록을 지우기 위한 모든 방법을 동원했어도 기록이 완전히 지워지지 않아 그쪽 방면의 전문가들이 기록에 접근할 수 있을지 모른다. 심리학자는 관련 매체 전체를 없애거나 기억장치를 깨끗이 비우는 등 전자기록을 지울 적절한 방법을 찾기 위해 전문가의 도움을 요청할 수 있다."

기록의 폐기는 보존의 필요가 완전히 소멸되어, 기록 실체와 함께 기록을 통해 기억되어 온 정보를 완전히 제거하는 행위를 말한다. 그러나 역사적 또는 연구적 가치를 지닌 기록을 선별하여 보존하는 것이 상담활동 그 자체에는 도움이 되지 않는다는 이유로 폐기해 버려서는 안 된다. 만일 상담 분야에서도 전문적인 아카이브즈를 설립 · 운영하게 된다면, 중요 상담기록의 이관이야말로 가장 합리적인 처분 결정이 될 수 있다. 당장의 일일 수는 없다고 한다면, 대신에 상담기관이 자체적으로 기록관리실을 운영한다는 전제에서 폐기절차를 설계하는 것이 필요하다.

우선 이미 기록관리기준표를 제정하여 운영한다면, 각 기록시리즈에 속하는 기록철별로 보존기간이 부여될 것이며, 그에 따라 보존기간이 종료되는 기록철들을 추려 낼 수 있을 것이다. 기록관리실의 기록관리요원이 각 상담실별로 혹은 상담자별로 보존기간이 만료된 기록을 다시 추려서 폐기 여부에 대한 의견을 조회하고, 국가 법령과 같이 폐기 대상으로 의견을 제시한 것만 다시 영구보존 등 장기보존의 필요 여부를 기록관리요원이 검토할 수 있다. 여기서도 다시 폐기대상으로 판단된 기록을 추려, 법령상 기록물평가심의회에 해당하는 해당 상담기관의 기록관리위원회에 심의를 상정할 수 있다. 기록관리위원회는 상담기관의 상담실장 및 행정실장, 기록관리실장 등을 당연직 위원으로 하고, 1인 이상의 관련 외부 전문가를 위촉하면 충분히 소기의 목적을 달성할 수 있다. 폐기절차의 최종 결과는 기관장에게 보고하여 결재를 얻어 집행하게 된다.

물론 이렇게 폐기절차를 운영하는 가운데서도 또 기록이 만들어져야 한다. 국가 법령에서는 폐기절차별로 취합되는 의견을 통합한 서식이 제시되어 있는데, 물론 각 부서나 심의회 등에 상정할 때에는 공문을 통해서 진행해야 한다.

표 8-5 기록물평가심의서 양식

기록물철 분류번호	생산 연도	기록물철 제목	보존기간 만료일	처리과		기록물관리전문요원		심의회 의견
				처리의견	사유	평가의견	사유	

이러한 폐기절차를 운영한 결과는 상담기록관리기준표에서 제시하고 있는 것처럼 폐기심의기록시리즈와 폐기기록목록시리즈로 축적될 수 있을 것이다.

표 8-6 상담기록의 폐기심의기록류 관리기준표

8-4	폐기심의기록류						
상담기록군		편철 기준	이관 시기	보존 기간	접근구분		
					권한	대상	허용범위
8-4-1	폐기심의기록시리즈	연도별	3년차	5년	담당자	원문	열/복/수
					내부인원	목록	열/복
					외부인	목록	열
8-4-2	폐기기록목록시리즈	연도별	2년차	영구	담당자	원문	열/복/수
					내부인원	원문	열/복
					외부인	원문	열/복

이에 따르자면, 폐기심의기록시리즈나 폐기기록목록시리즈에 속하는 기록은 매년 상담기록의 폐기절차가 진행됨에 따라 연도별로 기록철을 편성하게 될 것이다. 대체로 기록관리실에서 이러한 폐기절차를 운영하게 될 것이므로, 각 상담실에서는 기록관리실로부터 접수한 의견조회요청의 기록과 그에 대한 회신의 기록을 묶어서 상담기록폐기철로 만들게 되고, 이를 3년차 정도에 기록관리실로 이관하게 될 것이다. 운영위원회에서도 기록폐기심의철을 만들어서 마찬가지로 3년차 정도에 기록관리실로 이관하면 될 것이다. 기록관리실은 이를 접수하여 종합한 기록을 다시 만들게 되고, 결국 폐기심의철을 연도별로 작성하게 되고 역시 3년 안에 보존서고로 이관하게 될 것이다. 이런 폐기심의기록시리즈는 대체로 보존기간을 길게 잡지 않아도 된다. 다만, 최종적으로 기관장의 결재까지 얻어서 폐기를 집행한 기록은 적어도 목록 수준에서는 영구보존을 하는 것이 일반적이다.

이상에서 살펴본 대로 기록의 영구보존을 위한 선별과 폐기는 동전의 양면과 같다. 불필요해진 기록을 적시에 적절한 절차에 의해 폐기해야만, 중요 기록을 대상으로 전문적인 보존처리에 집중할 수 있고, 그 결과 기록의 안전한 보존과 원활한 활용 또한 보장될 수 있다. 아무런 계획된 조치 없이 모든 기록정보를 보호하고 보존한다는 명분으로 방치하거나, 반대로 적절한 절차와 검토 없이 각 사무실에서 임의로 폐기하도록 허용하는 것은 결코 바람직하지 않다.

맺음말

상담기록으로 대표적인 것은 상담신청서, 접수면접기록, 치료계획, 과정노트, 변경된 상담계획서, 최종요약서 등이다. 이들은 각각의 독립적인 기록이지만 또한 진행되는 상담의 각 과정에서 서로 밀접하게 연결되어 있다. 이들 상담기록은 기록으로서의 일반적인 가치와 특성뿐만 아니라, 상담활동 자체의 특수성으로부터 비롯된 특별한 성격과 가치를 지니고 있다. 상담기록은 앞으로 개인의 법률적인 문제나 의료보험과 같은 재정적인 이유에서, 그리고 나아가서 사회적이고 공공적인 이유에서 공개되거나 활용될 기회가 더욱 늘어날 것이다.

상담기록의 체계적인 관리에 대한 논의는 매우 구체적이고 실천적인 수준에서 이루어져야 한다. 상담기록과 기록정보의 체계적이고 전문적인 취급과 관리를 위해서는 이미 전문적 성과를 거두고 있는 기록관리 분야의 학문적 · 실천적 관점의 도입이 필수적이다. 기록관리의 핵심적인 원리와 과학적 방법론에 기술적인 토대를 두고 상담기록의 특수성을 면밀히 분석하여 체계적인 상담기록 관리방법론을 모색해야 한다. 본문에서는 기록관리에 관한 국제적 표준과 국가 법령을 세부적으로 살펴보며 상담기록의 관리에 적용할 원칙과 기법에 대해 논의하였다. 기록관리의 관점에서 상담활동과 상담정보를 취급하려는 노력이 부족했고, 또 그 결과로 충분한 실행방식을 개발해 내지 못한 상황에서, 국제적 표준과 국가 법령을 자발적으로 수용하고 준수하는 것이 가장 효과적이며 현실적인 방법이라고 생각된다.

상담기록이 기록으로서의 가치를 간직할 수 있으려면 진본성, 신뢰성, 무결성, 이용가능성 등의 기본 요건을 유지할 수 있도록 체계적인 기록의 관리를 실천해야 한다는 기록학의 관점을 받아들여야 한다. 상담기록에 대한 책임이 상담자에게 있다는 기존의 관점에서 탈피하여, 상담기록의 관리에 관한 정책을 정립하고 관리체계를 수립하여 운영하는 책임은 본질적으로 상담기관의 기관장에게 있다는 것도 명확히 해야 한다. 이를 위해 상담기관의 기록관리규정과 기록관리기준표 등 제도적 장치가 필요하다는 것도 확인되었다. 기록의 종류와 성격에 따라 보존기간도 다르며 접근할 수 있는 권한도 다르게 통제해야 한다는 것도 확인하였다. 상담기록의 보안을 유지한다는 것은 단지 상담자가 내담자의 파일을 숨겨 놓듯이 간직하는 소극적인 개념이 아니라, 상담기록의 철저한 관리체계를 갖추어 허가받지 않은 수정이나 복사, 유출, 폐기 등의 행위를 통제하는 접근통제를 의미한다는 것도 알 수 있었다. 기록은 최종적으로 내담자와 상담자를 위해 적절하게 이용되어야 한다는 원칙을 확인하고, 나아가서 교육과 연구를 위해 적극적으로 활용되어야 하며, 또 이를 가능하게 할 출발로서 상담기록관리체계의 정비가 시급하다는 것에 공감할 수 있었다.

하지만 상담자가 기록관리의 원리에 충분히 익숙해지고 그에 필요한 기술을 습득하도록 하는 것은 현재의 상담자 교육과정으로는 기대하기 어려운 일이 아닐 수 없다. 상담 슈퍼비전에서도 이런 실제적인 문제들을 거의 다루지 않고 있기 때문에 상담자들은 각자 자신이 생각하는 대로 상담활동을 기록하고 보관할 수밖에 없는 형편이다. 공공 분야의 상담실처럼 상급기관의 기록관리체계의 일부로 포함되어 운용되는 곳도 있겠지만, 그렇다고 그 기관의 상담자들이 기록관리의 과정들을 명확히 인식하고 있다고 하기도 어려울 것이다. 그럼에도 불구하고, 상담자들은 언제나 자신의 상담활동에 대한 기록화와 그러한 상담기록의 유지와 관리에 대한 일차적인 책임을 가지고 있으며, 그런 기록을 보다 생산적이고 발전적인 목적으로 활용할 수 있는 숨은 기회도 가지고 있다는 것은 분명한 사실이다.

상담기록의 관리와 관련해서 향후 지속적으로 연구해야 할 과제도 산적해 있다. 좋은 상담기록을 생산하는 적극적인 방법, 상담기록에서 보호되어야 하는 개인정보의 범위, 기록에 대한 법원이나 제3자의 요청에 적절히 대응하는 방법, 각 상담기관에 맞는 상담기록관리의 과정을 설계하는 방법, 상담의 중단이나 종결이 있을 상황에서 기록관리 계획을 세우는 것, 상담기록을 가장 적절히 통제하고 폐기하는 방법, 상담기록관리를 전자화하여 운영하는 방법, 상담기록 이용자의 요구를 파악하는 것, 상담기관별 상담기록의 접근권한을 통제하는 원리 등에 관한 질문이다. 상담자들의 진정 어린 고뇌와 수고가 깃든 상담기록이 상담활동의 품질을 높이고 상담과정을 효율화하는 데에 가장 유용한 도구이자 자원으로 사용되어야 한다.

{ 부록 1 }

상담기관 상담기록관리기준표(안)

상담기록 군		편철 기준	이관 시기	보존 기간	접근구분		
					권한	대상	허용범위
1. 상담연구개발기록류							
1-1	상담정책개발기록류						
1-1-1	청소년상담복지프로그램 개발기록시리즈	사안별	2년차	영구	담당자	원문	열/복/수
					내부인원	원문	열
1-1-2	상담복지평가모형 개발기록시리즈	사안별	2년차	영구	담당자	원문	열/복/수
					내부인원	원문	열
1-1-3	상담복지매뉴얼 개발기록시리즈	사안별	2년차	영구	담당자	원문	열/복/수
					내부인원	원문	열
1-1-4	사회복지발전방안 개발기록시리즈	사안별	2년차	영구	담당자	원문	열/복/수
					내부인원	원문	열
1-2	상담기법연구및보급기록류						
1-2-1	프로그램개발기록시리즈	사안별	2년차	영구	담당자	원문	열/복/수
					내부인원	원문	열
1-2-2	연구지및사례집 발간기록시리즈	호수별	2년차	5년	담당자	원문	열/복/수
					내부인원	원문	열
1-2-3	연구지및사례집 원고시리즈	호수별	2년차	5년	담당자	원문	열/복/수
					내부인원	원문	열/복
1-2-4	상담연구기록시리즈	사안별	2년차	영구	담당자	원문	열/복/수
					내부인원	원문	열

상담기록 군		편철기준	이관시기	보존기간	접근구분		
					권한	대상	허용범위
2. 상담자양성교육기록류							
2-1	청소년상담사양성교육기록류						
2-1-1	청소년상담사 자격검정기록시리즈	회차별	3년차	영구	담당자	원문	열/복/수
					당사자	목록	열/복
					외부인	목록	열/복
2-1-2	청소년상담사 자격증발급대장시리즈	연도별	5년차	준영구	담당자	원문	열/복/수
					당사자	목록	열
					내부인원	원문	열/복
2-1-3	청소년상담사 자격취득자주소록시리즈	연도별	2년차	3년	담당자	원문	열/복/수
					당사자	목록	열
2-1-4	청소년상담사 연수기록시리즈	회차별	3년차	5년	담당자	원문	열/복/수
					당사자	원문	열/복
					내부인원	원문	열/복
					외부인	원문	열/복
2-1-5	청소년상담사 연수자주소록시리즈	연도별	2년차	3년	담당자	원문	열/복/수
					당사자	목록	열
2-1-6	청소년상담사 연수교재원고시리즈	회차별	2년차	5년	담당자	원문	열/복/수
					내부인원	원문	열/복
2-2	교수요원양성교육기록류						
2-2-1	교수요원양성교육 기록시리즈	회차별	2년차	5년	담당자	원문	열/복/수
					당사자	원문	열/복
					내부인원	원문	열/복
					외부인	원문	열/복
2-2-2	교수요원양성교육 참가자주소록	회차별	2년차	3년	담당자	원문	열/복/수
					당사자	목록	열

상담기록 군		편철 기준	이관 시기	보존 기간	접근구분		
					권한	대상	허용범위
2-2-3	교수요원양성교육 교재원고시리즈	회차별	2년차	5년	담당자	원문	열/복/수
					내부인원	원문	열/복
3. 상담운영기록류							
3-1	접수면접기록류						
3-1-1	상담예약접수부시리즈	분기별	2년차	3년	담당자	원문	열/복/수
					내담자	원문	열
					내부인원	원문	열
3-1-2	상담배정기록시리즈	분기별	2년차	3년	담당자	원문	열/복/수
					내담자	목록	열
					내부인원	원문	열
3-1-3	상담실배정사용일지시리즈	연도별	2년차	3년	담당자	원문	열/복/수
					내부인원	원문	열
3-2	개인상담기록류						
3-2-1	개인상담대장시리즈	연도별	5년차	영구	담당자	원문	열/복/수
					내부인원	원문	열
3-2-2	개인상담기록시리즈	내담자별	2년차	10년	담당자	원문	열/복/수
					내담자	목록	열/복
3-2-3	개인상담관련기록시리즈	내담자별	2년차	10년	담당자	원문	열/복/수
					내담자	원문	열/복
3-2-4	개인상담지원요청 처리대장시리즈	연도별	3년차	영구	담당자	원문	열/복/수
					내부인원	목록	열
3-3	집단상담기록류						
3-3-1	집단상담대장시리즈	연도별	3년차	영구	담당자	원문	열/복/수
					내담자	원문	열
					내부인원	원문	열/복
					외부인	원문	열/복

상담기록 군		편철 기준	이관 시기	보존 기간	접근구분		
					권한	대상	허용범위
3-3-2	집단상담기록시리즈	사안별	2년차	10년	담당자	원문	열/복/수
					내담자	목록	열/복
					내부인원	원문	열/복
					외부인	목록	열/복
3-4	온라인상담기록류						
3-4-1	온라인상담근무대장시리즈	종류별	2년차	3년	담당자	원문	열/복/수
					내부인원	원문	열
3-4-2	전화상담대장시리즈	분기별	2년차	5년	담당자	원문	열/복/수
					내담자	원문	열/복
					내부인원	원문	열/복
3-4-3	채팅상담대장시리즈	분기별	2년차	5년	담당자	원문	열/복/수
					내담자	원문	열/복
					내부인원	원문	열/복
3-4-4	비밀상담대장시리즈	분기별	2년차	5년	담당자	원문	열/복/수
					내담자	원문	열/복
					내부인원	원문	열/복
3-4-5	연계상담대장시리즈	분기별	2년차	5년	담당자	원문	열/복/수
					내담자	원문	열/복
					내부인원	원문	열/복
3-4-6	사이버상담대장시리즈	분기별	2년차	5년	담당자	원문	열/복/수
					내담자	원문	열/복
					내부인원	원문	열/복
3-5	심리검사기록류						
3-5-1	심리검사지사용대장시리즈	연도별	2년차	3년	담당자	원문	열/복/수
					내부인원	원문	열/복

상담기록 군		편철 기준	이관 시기	보존 기간	접근구분		
					권한	대상	허용범위
3-5-2	심리검사신청 처리대장시리즈	분기별	2년차	5년	담당자	원문	열/복/수
					내부인원	원문	열/복
4. 상담자계속교육기록류							
4-1	인턴제운영기록류						
4-1-1	인턴선발기록시리즈	기수별	3년차	5년	담당자	원문	열/복/수
					당사자	목록	열/복
					내부인원	목록	열/복
4-1-2	인턴관리기록시리즈	기수별	2년차	5년	담당자	원문	열/복/수
					당사자	목록	열/복
					내부인원	원문	열/복
					외부인	목록	열/복
4-1-3	인턴교육기록시리즈	기수별	2년차	5년	담당자	원문	열/복/수
					당사자	원문	열/복
					내부인원	원문	열/복
					외부인	원문	열/복
4-1-4	인턴교육자료원고시리즈	기수별	2년차	5년	담당자	원문	열/복/수
					내부인원	원문	열/복
4-1-5	인턴슈퍼비전운영 기록시리즈	기수별	2년차	5년	담당자	원문	열/복/수
					당사자	원문	열/복
					내부인원	원문	열/복
					외부인	원문	열/복
4-1-6	인턴슈퍼비전기록시리즈	기수별	2년차	5년	담당자	원문	열/복/수
					당사자	원문	열/복
4-2	슈퍼비전운영기록류						

상담기록 군		편철 기준	이관 시기	보존 기간	접근구분		
					권한	대상	허용범위
4-2-1	슈퍼비전운영기록시리즈	연도별	2년차	5년	담당자	원문	열/복/수
					당사자	원문	열/복
					내부인원	원문	열/복
					외부인	원문	열/복
4-2-2	슈퍼비전기록시리즈	상담원별	2년차	10년	담당자	원문	열/복/수
					당사자	원문	열/복
4-2-3	소양교육교수요원 주소록시리즈	연도별	2년차	3년	담당자	원문	열/복/수
					당사자	목록	열
4-3	소양교육운영기록류						
4-3-1	소양교육운영기록시리즈	연도별	2년차	5년	담당자	원문	열/복/수
					당사자	원문	열/복
					내부인원	원문	열/복
					외부인	원문	열/복
4-3-2	소양교육교수요원 계속교육기록시리즈	연도별	2년차	5년	담당자	원문	열/복/수
					당사자	원문	열/복
					내부인원	원문	열/복
					외부인	원문	열/복
4-3-3	소양교육자료원고시리즈	연도별	2년차	5년	담당자	원문	열/복/수
					내부인원	원문	열/복
5. 일반인교육기록류							
5-1	자원봉사자교육기록류						
5-1-1	자원봉사자교육 운영기록시리즈	회차별	2년차	5년	담당자	원문	열/복/수
					내담자	원문	열/복
					내부인원	원문	열/복
					외부인	원문	열/복

상담기록 군		편철 기준	이관 시기	보존 기간	접근구분		
					권한	대상	허용범위
5-1-2	자원봉사자 계속교육기록시리즈	연도별	2년차	5년	담당자	원문	열/복/수
					당사자	원문	열/복
					내부인원	원문	열/복
					외부인	원문	열/복
5-1-3	자원봉사자 교육자료원고시리즈	회차별	2년차	5년	담당자	원문	열/복/수
					내부인원	원문	열/복
5-1-4	자원봉사자주소록시리즈	연도별	2년차	3년	담당자	원문	열/복/수
					당사자	목록	열
					내부인원	목록	열/복
5-2	공개강좌운영기록류						
5-2-1	공개강좌운영기록시리즈	회차별	2년차	5년	담당자	원문	열/복/수
					내부인원	원문	열/복
					외부인	원문	열/복
5-2-2	공개강좌자료원고시리즈	회차별	2년차	5년	담당자	원문	열/복/수
					내부인원	원문	열/복
6. 통계관리기록류							
6-1	통계관리기록류						
6-1-1	연간통계기록시리즈	종류별	2년차	영구	담당자	원문	열/복/수
					내부인원	원문	열/복
					외부인	원문	열/복
6-1-2	월간통계기록시리즈	종류별	2년차	3년	담당자	원문	열/복/수
					내부인원	원문	열/복
					외부인	원문	열/복
6-1-3	주간및일간통계기록시리즈	종류별	2년차	3년	담당자	원문	열/복/수
					내부인원	원문	열/복
					외부인	원문	열/복

상담기록 군		편철 기준	이관 시기	보존 기간	접근구분		
					권한	대상	허용범위
7. 상담기록관리기록류							
7–1	상담기록발급기록류						
7-1-1	상담확인서발급기록시리즈	연도별	2년차	5년	담당자	원문	열/복/수
					신청자	원문	열/복
7-1-2	상담확인서발급대장시리즈	연도별	2년차	5년	담당자	원문	열/복/수
7-1-3	소견서발급기록시리즈	연도별	2년차	5년	담당자	원문	열/복/수
					신청자	원문	열/복
7-1-4	소견서발급대장시리즈	연도별	2년차	5년	담당자	원문	열/복/수
7-1-5	상담경력확인서 발급기록시리즈	연도별	2년차	5년	담당자	원문	열/복/수
					신청자	목록	열/복
7-1-6	상담경력확인서 발급대장시리즈	연도별	2년차	5년	담당자	원문	열/복/수
7–2	기록관리위원회운영기록류						
7-2-1	기록관리위원회 운영기록시리즈	연도별	3년차	3년	담당자	원문	열/복/수
					내부인원	원문	열/복
					외부인	원문	열/복
7-2-2	기록관리위원회 회의록시리즈	연도별	3년차	영구	담당자	원문	열/복/수
					내부인원	원문	열/복
					외부인	목록	열/복
7–3	열람서비스기록류						
7-3-1	상담기록 열람대장시리즈(내부용)	연도별	2년차	10년	담당자	원문	열/복/수
					신청자	원문	열
7-3-2	상담기록열람요청서시리즈	연도별	2년차	준영구	담당자	원문	열/복/수
					신청자	원문	열/복
7-3-3	상담기록 열람요청처리대장시리즈	연도별	2년차	10년	담당자	원문	열/복/수

상담기록 군		편철 기준	이관 시기	보존 기간	접근구분		
					권한	대상	허용범위
7-3-4	상담기록공개심의서시리즈	연도별	2년차	10년	담당자	원문	열/복/수
					신청자	목록	열/복
					내부인원	목록	열/복
					외부인	목록	열/복
7-3-5	상담기록발행 검토회의록시리즈	연도별	2년차	10년	담당자	원문	열/복/수
					내부인원	원문	열/복
					외부인	목록	열/복
8. 상담기록관리기록류							
8-1	인수인계기록류						
8-1-1	상담기록인수인계서시리즈	연도별	2년차	영구	담당자	원문	열/복/수
					내부인원	원문	열/복
8-1-2	발간자료간행번호 대장시리즈	연도별	3년차	영구	담당자	원문	열/복/수
					내부인원	원문	열/복
8-2	보존목록류						
8-2-1	보존기록목록시리즈	연도별	2년차	3년	담당자	원문	열/복/수
					내부인원	원문	열/복
					외부인	원문	열/복
8-2-2	보존정보자료목록시리즈	연도별	2년차	3년	담당자	원문	열/복/수
					내부인원	원문	열/복
					외부인	원문	열/복
8-2-3	발간자료목록시리즈	연도별	2년차	3년	담당자	원문	열/복/수
					내부인원	원문	열/복
					외부인	원문	열/복
8-3	보존처리기록류						

<table>
<tr><th colspan="2" rowspan="2">상담기록 군</th><th rowspan="2">편철 기준</th><th rowspan="2">이관 시기</th><th rowspan="2">보존 기간</th><th colspan="3">접근구분</th></tr>
<tr><th>권한</th><th>대상</th><th>허용범위</th></tr>
<tr><td rowspan="3">8-3-1</td><td rowspan="3">보존매체수록
작업기록시리즈</td><td rowspan="3">매체별</td><td rowspan="3">2년차</td><td rowspan="3">영구</td><td>담당자</td><td>원문</td><td>열/복/수</td></tr>
<tr><td>내부인원</td><td>원문</td><td>열</td></tr>
<tr><td>외부인</td><td>원문</td><td>열</td></tr>
<tr><td rowspan="3">8-3-2</td><td rowspan="3">수리복원작업기록시리즈</td><td rowspan="3">연도별</td><td rowspan="3">2년차</td><td rowspan="3">영구</td><td>담당자</td><td>원문</td><td>열/복/수</td></tr>
<tr><td>내부인원</td><td>원문</td><td>열</td></tr>
<tr><td>외부인</td><td>원문</td><td>열</td></tr>
<tr><td rowspan="2">8-3-3</td><td rowspan="2">재난대비기록시리즈</td><td rowspan="2">연도별</td><td rowspan="2">3년차</td><td rowspan="2">5년</td><td>담당자</td><td>원문</td><td>열/복/수</td></tr>
<tr><td>내부인원</td><td>원문</td><td>열/복</td></tr>
<tr><td>8-4</td><td colspan="7">폐기심의기록류</td></tr>
<tr><td rowspan="3">8-4-1</td><td rowspan="3">폐기심의기록시리즈</td><td rowspan="3">연도별</td><td rowspan="3">3년차</td><td rowspan="3">5년</td><td>담당자</td><td>원문</td><td>열/복/수</td></tr>
<tr><td>내부인원</td><td>목록</td><td>열/복</td></tr>
<tr><td>외부인</td><td>목록</td><td>열</td></tr>
<tr><td rowspan="3">8-4-2</td><td rowspan="3">폐기기록목록시리즈</td><td rowspan="3">연도별</td><td rowspan="3">2년차</td><td rowspan="3">영구</td><td>담당자</td><td>원문</td><td>열/복/수</td></tr>
<tr><td>내부인원</td><td>원문</td><td>열/복</td></tr>
<tr><td>외부인</td><td>원문</td><td>열/복</td></tr>
<tr><td>8-5</td><td colspan="7">상담기록관리실운영기록류</td></tr>
<tr><td rowspan="3">8-5-1</td><td rowspan="3">기록관리실운영기록시리즈</td><td rowspan="3">연도별</td><td rowspan="3">2년차</td><td rowspan="3">영구</td><td>담당자</td><td>원문</td><td>열/복/수</td></tr>
<tr><td>내부인원</td><td>원문</td><td>열/복</td></tr>
<tr><td>외부인</td><td>원문</td><td>열/복</td></tr>
<tr><td rowspan="2">8-5-2</td><td rowspan="2">기록관리실근무일지시리즈</td><td rowspan="2">연도별</td><td rowspan="2">2년차</td><td rowspan="2">3년</td><td>담당자</td><td>원문</td><td>열/복/수</td></tr>
<tr><td>내부인원</td><td>원문</td><td>열</td></tr>
<tr><td rowspan="2">8-5-3</td><td rowspan="2">서고출입대장시리즈</td><td rowspan="2">연도별</td><td rowspan="2">2년차</td><td rowspan="2">3년</td><td>담당자</td><td>원문</td><td>열/복/수</td></tr>
<tr><td>내부인원</td><td>원문</td><td>열</td></tr>
</table>

{ 부록 2 }

상담기록관리규정(안)

제1장 총칙

제1조 (목적)

이 규정은 전문상담기관의 효율적인 상담활동을 지원하기 위하여 상담기록의 안전한 보존 및 효율적 활용, 개인정보의 보호 등 상담기록의 관리에 필요한 사항을 정함을 목적으로 한다.

제2조 (적용범위)

이 규정은 전문 상담기관이 상담활동과 관련하여 생산 · 접수한 기록에 대하여 적용한다. 단, 국가의 관련 법령 및 당해 상담기관의 관련 규정 등에 근거하여 상담기록과 그 밖의 행정기록 등 각종 기록을 함께 통합하여 관리하는 경우는 해당 법령 및 규정에 따르되, 필요할 경우 상담기록에 한하여 이 규정을 적용할 수 있다.

제3조 (정의)

이 규정에서 사용하는 용어의 뜻은 다음과 같다.

1. "상담기록"이란 전문 상담기관이 상담업무와 관련하여 생산하거나 접수한 문서 · 도서 · 대장 · 카드 · 도면 · 시청각물 · 전자기록 등 모든 형태의 기록정보 자료와 행정박물(行政博物)을 말한다.
2. "기록관리"란 기록의 생산 · 접수 · 등록 · 분류 · 정리 · 이관(移管) · 수집 · 평가 · 폐기 · 보존 · 공개 · 활용 및 이에 부수되는 모든 업무를 말한다.
3. "상담기록관리기준표"란 상담업무활동에 기반한 상담기록의 분류체계와 그

에 따른 상담기록의 관리기준을 정한 표를 말한다.

4. "단위과제"란 전문 상담기관의 상담업무활동을 유사성과 독자성 등을 고려하여 세분한 업무를 말한다.
5. "기록시리즈"란 하나의 단위과제를 반복 수행하여 축적되거나 혹은 동일한 단계에서 축적된 동일한 성격을 지니는 기록의 단위로서, 동일한 관리조치가 시행될 기록철의 집합체를 말한다.
6. "기록철"이란 기록관리의 기본단위로서 특정의 상담업무와 직접 관련된 기록을 편철한 묶음을 말한다.

제2장 상담기록관리실

제4조 (기록관리실)

① 상담기록의 관리와 관련한 정책과 제도를 운영하며 종결된 사안의 상담기록을 전문적으로 보존관리하고 이용서비스를 제공하기 위하여 기록관리실을 설치한다.

② 제1항의 규정에 따라 설치 · 운영하는 기록관리실은 다음 각 호의 업무를 수행한다.

1. 상담기록의 관리에 관한 기본정책의 수립 및 제도의 개선
2. 기록관리기준표의 제 · 개정 및 운영
3. 상담실의 기록관리에 관한 지도 및 감독
4. 상담실 상담인력에 대한 교육 및 훈련
5. 종결된 사안의 상담기록에 대한 보존 및 이용제공
6. 보존기간이 만료된 유한보존 기록의 평가 및 폐기
7. 장기보존 기록의 보존처리 및 전시, 간행 등 활용제공
8. 그 밖에 본 규정에서 정하는 사항

③ 기록관리실은 보존서고, 정리작업실, 열람실 및 사무실 등의 공간으로 구성되며, 관련 법령에 규정된 기준에 따라 기록의 보존관리에 적합한 시설과 장비, 인력을 갖추어야 한다.

제5조 (기록관리요원)

상담기록의 체계적 · 전문적인 관리를 전담하기 위하여 기록관리실에 기록관리 분야의 전문인력을 배치해야 한다.

제6조 (기록관리위원회)

① 다음 각 호의 사항을 심의하기 위하여 기록관리실에 기록관리위원회를 둔다.

1. 기록관리에 관한 규정의 제 · 개정 및 폐지
2. 기록관리 기본정책 및 주요사업의 수립
3. 유한보존 기록물의 폐기 심의
4. 비공개 기록의 공개요청에 대한 심의
5. 기타 위원회의 장이 심의에 부치는 사항

② 제1항의 규정에 따라 설치 · 운영하는 위원회는 상담실장 및 행정실장, 기록관리실장을 당연직 위원으로 하고, 1인 이상의 관련 외부 전문가를 위촉한다.

제3장 상담기록관리기준표

제7조 (기록관리기준표)

① 상담기록의 효과적인 관리를 위하여 상담기록 분류체계와 기록관리기준을 연계한 기록관리기준표를 운영한다.

② 상담기록 분류체계는 상담업무의 기능, 종류, 절차 등에 의거한 단위과제와, 해당 단위과제를 수행하면서 생성되는 기록의 동질성에 따라 구분되는 기록시리즈로 구성한다.

③ 기록시리즈별 관리기준은 편철기준, 보존기간, 이관시기, 접근구분 등의 관리기준을 포함한다.

④ 상담실은 신설 또는 변경된 상담업무에 대하여 사안 발생 즉시 기록관리실과 협의하여 기록시리즈를 신설 혹은 지정받아야 한다.

⑤ 기록관리실은 매년 연말까지 신설된 기록시리즈 및 보존기간 등의 기록관리

기준을 확정하여 기록관리위원회의 심의를 거쳐 기록관리기준표를 확정해야 한다.

제8조 (편철기준)

① 기록시리즈의 하위 기록철의 구성을 표준화하기 위하여 기록을 일관된 방식으로 기록철로 묶는 기록시리즈별 편철기준을 정하여 운용한다.

② 기록시리즈의 편철기준은 상담실의 상담원과 기록관리실의 기록관리요원이 협의하여 확정한다.

제9조 (보존기간)

① 상담기록의 보존기간은 별표 1에 따라 영구 및 준영구, 10년, 5년, 1년으로 구분하며, 기록의 보존기간은 기록관리기준표의 기록시리즈별로 상담실의 업무상 필요와 관련 법규 등에 따라 정한다.

② 제1항의 규정에도 불구하고 상담실의 상담원 및 기록관리실의 장은 기록관리기준표에 규정된 기록시리즈별 기준에도 불구하고 특정 기록철의 보존기간을 달리 책정할 수 있다.

③ 보존기간의 기산일은 상담활동의 해당 사안이 종결된 해의 그다음 해 1월 1일로 한다.

제10조 (이관시기)

상담실과 기록관리실은 서로 협의를 통하여 상담활동이 종결된 기록임에도 불구하고 빈번히 참고하거나 감사 등의 필요에 대비하기 위해 해당 상담기록을 상담실에 보관해야 하는 기간을 파악하고, 이후 기록관리실로 해당 상담기록을 이관할 시기를 기록시리즈별로 지정, 운영해야 한다.

제11조 (접근구분)

① 상담기록은 시리즈별로 해당 기록철에 접근할 수 있는 권한을 구분하여 관리한다.

② 접근권한은 일반 외부인, 내담자 및 대리인, 당사자, 담당 상담원 및 업무계통의 내부 인원, 내부의 전체 인원 등으로 구분하여 기록시리즈별로 접근권자의 범주를 정한다.
③ 접근대상은 상담기록의 목록과 원문 허용, 목록만 허용 등으로 구분하여 기록시리즈별로 정한다.
④ 접근행위는 단순열람, 복사(출력) 및 복제, 수정 등으로 구분하여 기록시리즈별로 정한다.
⑤ 제1항 내지 제4항에도 불구하고, 구체적인 기록정보의 열람 및 이용과 관련해서는 공개 관련 절차를 따른다.

제4장 상담실의 기록관리

제12조 (기록관리의 책임)

상담실의 상담원은 상담활동과 관련하여 생산 또는 접수한 기록의 등록 · 분류 · 편철 · 정리 등의 관리를 실행해야 한다.

제13조 (기록의 생산)

① 상담원은 효율적이고 책임 있는 상담활동을 위하여 모든 과정 및 결과가 기록으로 생산 · 관리되도록 하여, 상담활동의 사실과 내용을 기록으로 입증할 수 있어야 한다.
② 상담원은 공식적으로 결재 또는 접수한 기록을 포함하여, 상담활동과 관련하여 작성된 보고 및 검토, 참고한 내용 등을 기록으로 작성하여 관리하여야 한다.
③ 상담원은 개인정보 및 사생활 정보를 기록할 경우 상담 및 연구활동에 필요한 정도에서만 작성해야 한다.

제14조 (기록건의 등록)

① 상담실의 전자문서시스템 및 상담업무시스템은 상담기록을 생산 또는 접수

한 때에 전자적 방식의 등록이 가능하도록 설계되어야 한다.

② 홈페이지 등을 통해 작성되는 상담기록의 경우나 비전자기록의 경우 출력 후 전자화하는 방식을 이용하거나 혹은 별도의 전자파일로 첨부하는 방식으로 전자문서시스템에 옮겨 전자적으로 등록할 수 있다.

③ 제2항에도 불구하고 비전자기록의 경우 전자화하지 않는 경우 해당 비전자기록을 편철하여 관리하되, 등록은 전자적 방식의 등록프로그램으로 실행하여야 한다.

③ 제1항 및 제2항에 따른 등록번호는 고유한 식별이 가능하도록 구성하여야 하며, 상담실명과 생산연도별 등록 일련번호 등의 방식을 적용한다.

④ 기록의 본문과 첨부물의 규격 차이가 심하거나, 상호 다른 기록 매체로 구성되어 있는 등 첨부물을 본문과 분리하여 관리할 필요가 있는 경우에는 별도로 등록하여야 한다.

⑤ 기록건의 주요 등록사항은 시스템구분, 등록번호, 제목, 일자, 담당자, 수신 혹은 발신의 구분, 기록의 형태, 해당 기록건이 귀속될 기록철의 설정, 공개구분 등으로 구성한다.

제15조 (기록철의 등록)

① 상담실의 전자문서시스템 및 상담업무시스템은 상담기록철의 전자적 등록이 가능하도록 설계되어야 한다.

② 특정의 동일한 상담활동에서 전자기록철과 비전자기록철이 만들어지는 경우 주요 등록정보를 동일하게 부여하여야 한다.

③ 기록철에 부여하는 분류번호는 고유한 식별이 가능하도록 구성하여야 하며, 상담실명과 시리즈명, 해당 시리즈 내에서의 연도별 기록철 일련번호 등의 방식을 적용한다.

④ 기록철의 주요 등록사항은 시스템구분, 분류번호, 제목, 생산연도(시작연도와 종결연도), 담당자 및 보존기간, 보존장소, 이관시기, 접근구분 등 관리기준을 포함해야 한다.

제16조 (기록의 분류 및 편철)

① 상담실은 기록관리기준표에 따라 상담실별, 상담업무의 단위과제별, 기록시리즈별로 기록을 분류 · 편철하여 관리해야 한다.

② 상담기록은 기록관리기준표에 기록시리즈별로 편철기준을 정하여 적용하되, 실제 수행하는 특정 상담활동별로 관련 기록만으로 편철하는 것을 원칙으로 한다.

③ 비전자기록철은 표지 및 보존상자 등의 적합한 용기에 담아 안전하게 관리하여야 하며, 기록철의 표지에는 해당 기록철의 분류번호를 표시하여야 한다.

제17조 (비전자기록의 유형별 편철방법)

① 업무가 진행 중에 있거나 또는 업무에 활용 중인 일반문서류는 문서파일에 발생순서 또는 논리적 순서에 따라 끼워 넣어 관리한다. 일반문서류의 기록물철당 편철량은 100매 이내로 함을 원칙으로 하되, 편철하여야 할 기록물의 양이 지나치게 많은 경우에는 두 권 이상으로 나누어 편철하고, 각 기록물철에는 동일한 제목과 분류번호를 부여하고 괄호 안에 총권 및 호수만 다르게 표시하여야 한다.

② 카드류는 처리과에서 비치활용기간이 종료될 때까지 편철하지 않은 상태로 카드보관함에 넣어 관리하며, 비치활용이 끝난 카드류는 30건을 기준으로 카드류 보존봉투에 넣어 편철한 후 이를 보존상자에 넣어 관리한다.

③ 사진 · 필름류는 그 사진 · 필름의 규격에 적합한 보존봉투 혹은 앨범에 넣어 편철한 후 보존상자에 넣어 관리한다.

제18조 (기록의 정리)

① 상담실은 매년 2월 말까지 전년도에 종결처리된 상담활동의 기록에 대하여 다음의 사항을 포함하여 기록정리를 완료해야 한다.

1. 등록되지 않은 기록이 있는지 여부를 확인하고 누락기록을 추가로 등록
2. 등록정보와 실제 기록이 일치하는지 여부를 확인하여 미비사항을 보완
3. 공개 여부 및 비밀 여부를 확인하여 필요한 경우 수정

4. 누락된 기록의 등록번호 표기
5. 기록물을 종결연도별 · 단위과제별 · 보존기간별로 구분하여 보존상자에 편성
6. 그 밖에 기록관리실의 장이 정하는 기록정리에 관한 사항

② 제1항에 따른 기록정리의 결과는 기록 및 기록철의 등록정보에 최종 반영하여야 한다.

제19조 (기록의 보관)

① 상담실은 상담기록의 안전한 보관과 보안유지를 위하여 개폐장치가 장착된 서류함을 운영해야 한다.

② 상담활동이 진행 중이거나 종결되어 상담기록관리실로 이관하기 전까지 상담기록은 상담실 서류함에 보관하여야 한다.

③ 상담실 서류함에 보관하는 상담기록의 관리 및 보안은 해당 상담업무를 담당하는 상담원이 책임진다.

제20조 (기록생산현황 통보)

① 상담실은 기록정리가 끝난 후 매년 2월 말까지 기록관리실의 장에게 전년도의 기록생산현황을 통보하여야 한다.

② 전자문서시스템에 의한 기록생산현황은 전자문서시스템을 통하여 제출하고, 기타 기록의 생산현황은 기록 및 기록철의 등록대장을 제출하는 것으로 한다.

제21조 (기록의 이관)

① 상담실은 상담활동이 종결되어 정리를 마친 기록 중에서 기록관리기준표에 의해 지정된 이관시기가 도래한 상담기록을 매년 3월 말까지 기록관리실로 이관하여야 한다.

② 상담기록을 이관할 때에는 해당 상담기록을 보관하고 있던 상담원과 기록관리실의 기록관리요원이 상호 검수를 통하여 이상이 없음을 확인하고 인수인

계서에 서명 및 날인하여야 한다.

③ 전자문서시스템 및 상담시스템에 의해 생성된 전자기록은 전산시스템을 통해 해당 기록의 이관 사실을 확인하고, 시스템으로부터 격리하는 방식의 보존용 전자디스크에 담아 기록관에 이관해야 한다.

제5장 상담기록관리실의 보존관리

제22조 (기록의 인수)

① 기록관리실이 상담실로부터 기록을 인수할 때에는 원본 및 진본의 확인 및 이관목록의 일치 여부, 물리적 상태 등의 검수절차를 거쳐야 한다.

② 기록관리실의 장은 검수절차 과정에서 미비사항 또는 오류사항을 발견한 경우에 이를 상담실로 즉시 통보하여야 하며, 상담실은 미비사항 또는 오류사항을 수정 · 보완한 후에 재이관하여야 한다.

③ 기록관리실의 장은 인수절차가 종료되면 그 결과를 해당 상담실에 통보하여야 한다.

제23조 (주요 기록정보 자료 등의 수집)

기록관리실의 장은 기타 상담 분야의 주요 기록정보 자료를 수집할 수 있으며, 이를 위한 조사 및 연구와 기증 · 구매 · 위탁 · 복제 등의 수집 방식에 따른 비용을 예산에 편성하여야 한다.

제24조 (수집 기록의 등록)

① 기록관리실의 장은 상담실로부터 이관받은 기록 및 수집한 기타 기록정보 자료에 대하여 체계적인 등록정보를 구축하여 관리하여야 한다.

② 제1항의 기록관리실 보존기록의 등록정보는 전자적 방식으로 구축하여야 하며, 이용자의 편의와 효율적 관리를 위해 전문적인 분류체계 및 목록체계를 갖추어야 한다.

제25조 (비전자기록의 전자적 관리)

① 기록관리실의 장은 기록정보서비스를 확대하기 위하여 비전자기록의 전자화 계획을 수립 · 시행하여야 한다.

② 제1항에 해당하는 비전자기록의 원본은 영구 및 준영구 보존의 대상을 제외하고는 폐기할 수 있으며, 이 경우 전자화된 진본으로 관리해야 한다.

③ 제2항에 따라 원본 비전자기록을 폐기할 때에는 상담실의 의견조회와 기록관리위원회의 심의를 거쳐야 한다.

제26조 (전자기록의 보존관리)

① 기록관리실의 장은 전자기록의 진본성 · 무결성 · 신뢰성 및 이용가능성이 보장되도록 관리정보 메타데이터와 행정전자서명(행정전자서명이 아닌 전자서명을 포함한다) 및 시점확인 정보 등에 대한 검증을 실시하고, 주기적으로 장기보존포맷을 변환하여야 한다.

② 전자기록의 저장은 진본성, 이용가능성 등이 유지될 수 있는 방법이나 형식으로 처리하여야 하며, 승인 받지 아니한 접근, 폐기 등으로부터 전자기록을 보호하는 방안을 수립 · 시행하여야 한다.

③ 기록관리실의 장은 각종 재난 등에 의한 전자기록의 손실을 방지하기 위하여 데이터, 기록매체, 시스템 등에 대한 전자적 복구 체계를 수립 · 시행하여야 한다.

제27조 (중요 기록의 보존매체 수록)

① 기록관리실의 장은 보존 중인 기록 중 보존기간이 영구 및 준영구인 비전자기록에 대하여 안전한 보존을 위하여 보존매체에 수록하여 관리해야 한다.

② 제1항에 따라 기록을 수록하는 보존매체의 종류와 규격은 한국산업규격(KS)을 만족하는 안전필름 및 한국산업규격(KS) 또는 국제규격을 만족하는 전자매체로 한다.

③ 기록관리실의 장은 중요 기록의 보존매체 수록을 외부업체에 위탁할 수 있다. 다만, 개인정보 등 기록의 비공개 정보가 유출되지 않도록 필요한 조치

를 취하여야 한다.

제28조 (중요 기록의 보존처리)

① 보존기간이 영구 및 준영구인 비전자기록은 미생물과 해충에 의하여 손상이 발생되지 않도록 서고에 입고하기 전에 소독과 탈산처리를 실시함을 원칙으로 한다.

② 시청각기록은 안전한 보존 및 활용을 위하여 매체변환, 매체수록 등 필요한 조치를 취하여야 한다.

③ 보존기간이 영구 및 준영구인 기록 중 훼손된 기록은 복원을 시행하여야 한다.

제29조 (서고관리)

① 기록관리실은 기록을 안전하게 보존관리하기 위하여 보존환경의 유지, 보안대책 및 재난대비 계획 수립 · 시행 등 필요한 조치를 취하여야 한다.

② 기록물관리기관의 장은 서고별로 관리책임자를 지정하여 서고의 출입과 기록의 입 · 출고가 통제되도록 하여야 한다.

③ 기록관리실은 형태, 보존기간 등을 구분하여 기록을 서고에 배치하고, 그 위치정보를 관리용 목록에 포함시켜야 한다.

④ 기록관리실은 보존 중인 기록에 대하여 정기적인 정수점검(整數點檢)과 상태점검을 실시하여야 한다.

제30조 (기록의 폐기)

① 기록관리실은 매년 5월 말까지 전년도에 보존기간이 만료된 기록의 목록을 상담실에 통보하여 폐기 여부에 대한 의견을 들어야 한다.

② 상담실이 폐기를 요청한 기록은 기록관리실의 기록관리요원이 다시 폐기 여부에 대한 심사를 실행하고, 최종적으로 기록관리위원회의 심의를 거쳐 폐기 여부를 결정해야 한다.

③ 보존기간이 준영구인 기록은 70년이 지난 후 폐기 여부에 대한 절차를 거쳐 폐기를 결정한다.

④ 제1항 내지 제2항의 절차를 거치면서 폐기하지 않기로 결정한 기록은 보존기간을 다시 책정해야 한다.

⑤ 기록관리실의 장은 기록 폐기의 시행을 외부업체에 위탁할 수 있다. 다만, 기록의 폐기가 종료될 때까지 기록관리실의 소속 직원이 입회하여 감독하는 등 기록이 유출되지 않도록 필요한 조치를 취하여야 한다.

제31조 (기록관리 현황점검)

기록관리실의 장은 필요한 경우 상담실의 기록관리에 관한 점검을 실행할 수 있으며, 시정이 필요하다고 판단되는 경우에는 상담실에 필요한 조치를 요청할 수 있다.

제32조 (기록관리교육)

기록관리실의 장은 필요할 경우 상담실의 인원을 대상으로 기록관리 관련 교육을 실시할 수 있으며, 특히 신입 인원에 대해서는 입사 후 3개월 이내에 기본교육을 실시하여야 한다.

제33조 (간행물의 관리)

① 상담실이 간행물을 발간하는 때에는 15일 이내에 3부를 기록관리실에 송부하여 보존 · 활용되도록 하여야 한다.

② 기록관리실의 장은 제1항에 따라 송부받은 간행물의 활용가치가 없어진 경우에는 보존용 1부를 제외한 나머지 간행물은 파기할 수 있다.

제34조 (시청각기록의 관리)

① 상담실은 다음 각 호의 어느 하나에 해당하는 사항에 대하여 시청각기록을 생산하여야 한다.

1. 주요 국내 · 외 인사의 업무상의 방문과 관련되는 사항
2. 상담실의 주요 행사
3. 국내 · 외 관련 기관과의 조약 · 협약 · 협정 · 교류 등의 추진과 관련된 주

요 활동

4. 증거적 가치가 매우 높아 그 현장 또는 형상을 시청각기록으로 보존할 필요가 있는 사항
5. 그 밖에 시청각기록물의 생산이 필요하다고 인정되는 사항

② 상담실은 상담활동과 관련하여 필요하다고 판단하는 경우 동영상 촬영 및 녹음 등의 방식으로 시청각기록을 생산할 수 있다.

③ 상담실은 시청각기록을 생산한 경우 보존기간의 기산일로부터 1년이 경과하기 전에 기록관으로 이관하여야 한다.

④ 기록관리실의 장은 상담실의 요청이 있거나 기록관리실의 직원이 직접 작성할 필요가 있다고 판단하는 경우 소속 직원을 파견하여 시청각기록을 생산할 수 있다.

제6장 상담기록의 공개와 보호

제35조 (기록의 공개 여부 구분)

① 다음의 각 호에 해당하는 정보를 포함하는 상담기록은 공개하지 않을 수 있다.

1. 국가의 법률 또는 법률에서 위임한 명령(국회규칙 · 대법원규칙 · 헌법재판소규칙 · 중앙선거관리위원회규칙 · 대통령령 및 조례로 한정한다)에 따라 비밀이나 비공개 사항으로 규정된 정보
2. 개인의 성명, 주민등록번호, 주소 등 개인정보 및 상담을 통해 취득된 사생활 관련 정보. 단, 공개하는 것이 공익이나 개인의 권리 구제를 위하여 필요하다고 인정되는 정보는 해당되지 않는다.
3. 법인 · 단체 또는 개인(이하 "법인 등"이라 한다)의 경영상 · 영업상 비밀에 관한 사항으로서 공개될 경우 법인 등의 정당한 이익을 현저히 해칠 우려가 있다고 인정되는 정보. 단, 사업활동에 의하여 발생하는 위해(危害)로부터 타인의 생명 · 신체 또는 건강을 보호하기 위하여 공개할 필요가 있는 정보나, 위법 · 부당한 사업활동으로부터 타인의 재산 또는 생활을 보

호하기 위하여 공개할 필요가 있는 정보는 해당되지 않는다.

② 상담실은 생산 및 접수한 기록을 등록할 때에는 공개 구분의 기준을 참고하여 당해 기록의 공개 여부를 구분하여야 하며, 기록관리실로 기록을 이관할 때에 당해 기록의 공개 여부를 재구분하여 이관하여야 한다.

③ 기록관리실은 비공개인 상태의 보존기록에 대하여 매 5년마다 상담실의 의견 조회와 기록관리위원회의 심의를 거쳐 공개 여부를 재구분해야 한다.

④ 개인정보 및 사생활 정보를 포함한 기록을 제외하고, 비공개 기록은 30년이 경과하면 모두 공개함을 원칙으로 한다. 다만, 상담실로부터 비공개 기간의 연장 요청이 있는 경우에는 기록관리위원회의 심의를 거쳐 당해 기록을 공개로 재구분하지 아니할 수 있다.

제36조 (기록의 공개 처리)

① 상담기록의 공개 신청에 대한 접수와 처리는 기록관리실이 담당하며, 기록관리실은 기록의 이용 신청의 편의를 제공하기 위하여 관련 시설과 장비를 구비하고 목록을 작성, 비치하여야 한다.

② 상담실이 보관하고 있는 기록에 대한 공개청구가 접수된 경우는 기록관리실이 상담실로부터 공개 여부에 대한 의견과 기록을 제공 받아 검토한 후 공개 여부를 결정한다.

③ 기록관리실이 보존하고 있는 기록에 대한 공개 청구가 접수된 경우는 공개 여부에 대한 구분의 내용과 기록을 검토한 후 공개 여부를 결정한다.

④ 비공개 결정의 통보에도 불구하고 신청자의 불복이 있는 경우 기록관리실의 장은 10일 이내에 기록관리위원회를 소집하여 공개 여부를 심의하고 그 결과에 따라 처리한다.

⑤ 보존기간이 만료되기 전 6개월 이내에 공개 신청이 있는 경우는 상담실의 의견조회와 기록관리위원회의 심의를 거쳐 공개하는 것을 원칙으로 한다.

⑥ 기록관리실은 기록의 공개 신청 및 처리에 관한 기록을 체계적으로 작성, 관리하여야 한다.

제37조 (비공개 기록의 이용제공)

① 기록관리실의 장은 비공개 기록에 대하여 이용 신청이 있는 경우 당해 청구가 다음 각 호의 어느 하나에 해당하는 경우에는 제한적으로 제공할 수 있다.

1. 개인정보 및 개인의 사생활에 관한 정보로서 본인 또는 그 법정대리인이 열람을 신청한 경우
2. 범죄의 수사나 법원의 재판, 형의 집행 등을 비롯하여 국가의 법률에 특별한 규정이 있는 경우
3. 본인 또는 그 법정대리인이 의사표시를 할 수 없는 상태에 있거나 주소불명 등으로 사전 동의를 받을 수 없는 경우로서 명백히 본인 또는 제3자의 급박한 생명, 신체, 재산의 이익을 위하여 필요하다고 인정되는 경우
4. 통계작성 및 학술연구 등의 목적을 위하여 필요한 경우로서 비공개 부분을 제거하거나 알아볼 수 없는 형태로 제공하는 경우

② 제1항에 해당하는 경우는 기록관리위원회의 심의 및 의결을 통하여 해당 기록정보를 제공해야 하며, 이 경우에도 이용신청자에게 이용 목적, 이용 방법, 그 밖에 필요한 사항에 대하여 제한을 하거나, 비공개 정보의 안전성 확보를 위하여 필요한 조치를 마련하도록 요청하여야 한다.

제38조 (보존기록의 활용)

기록관리실의 장은 중요 기록의 기술(記述), 전시, 자료집 간행, 콘텐츠 구축 및 온라인 서비스 등의 사업을 추진하여 전문적인 상담활동 및 학술연구를 지원해야 한다.

별표 1 상담기록의 보존기간 책정기준

보존기간	일반기준
영구	1. 상담과 관련한 제도나 주요 정책의 개발, 결정, 변경과 관련된 기록 2. 연간 업무계획과 그 결과 및 심사분석, 외부기관의 평가 등에 관한 기록 3. 국가 및 사회적 범죄, 질병, 사건, 사고와 관련된 중요 상담활동의 기록 4. 국가, 지역사회, 관련 기관 등의 역사 서술에 이용될 만큼 중요한 상담활동의 기록

	5. 사례자료집, 연보, 백서 등 상담활동의 연혁과 변천사를 규명하는 데 이용될 만큼 중요한 상담활동의 기록 6. 공식 브리핑이 필요할 정도로 사회적으로 주목된 상담활동의 기록 7. 외부 교육기관 혹은 사회단체 등과의 교류활동에 관한 주요 기록 8. 상담의 개시와 결과를 요약하여 작성하는 관련 대장류 9. 상담전문인력의 자격 검정 관련 기록 10. 상담 관련 연간 통계 기록 11. 그 밖에 역사자료로서의 보존가치가 높다고 인정되는 상담활동의 기록 12. 상담기록의 보존 및 폐기 관련 기록
준영구	1. 의료기관이나 기타 국가기관과 연계된 상담활동의 기록 2. 예외적인 방식 혹은 새로운 방식으로 수행된 상담활동의 기록 3. 국가 및 지역사회의 요청이나 협력을 통해 수행된 상담활동의 기록 4. 개인적인 범죄, 질병 등 장기적이고 반복적으로 지속될 상담활동의 기록 5. 내담자 및 법정대리인 등으로부터 이용 신청이 접수된 상담활동의 기록 및 신청서 6. 상담인력의 자격 관리 기록
10년	1. 예정된 종결 단계까지 진행된 상담활동의 기록 2. 용역, 계약 등의 방식으로 수행된 상담활동의 기록 3. 정보제공 및 내부열람의 신청 접수 및 처리에 관한 기록 4. 기타 내담자가 제출한 상담 진행과정의 기록
5년	1. 온라인 및 전화를 통한 상담활동의 기록 2. 예정된 종결 단계까지 진행되지 못하고 중단된 상담활동의 기록 3. 각종 발간물 및 교재류의 원고 4. 각종 교육프로그램 운영 기록 5. 각종 검사와 관련한 처리결과의 기록 6. 상담관련 발급 처리 기록
3년	1. 상담활동의 배분 등 업무분장 관련 기록 2. 상담실의 운영과 관련한 일반적인 기록 3. 주간 · 월간 업무계획 및 통계 관련 기록 4. 교육 및 연수 등과 관련된 각종 주소록
1년	단순한 자료요구, 업무연락, 통보 등의 기록

{ 부록 3 }

기록관리지침서

미국심리학회

서 문

이 지침서는 상담자를 교육하고, 전문적인 기록관리에 관한 결정을 내릴 때 사용할 기본 틀을 제공하기 위함이다. 연방법과 주의 법, 미국심리학회(American Psychology Association, 2002b)의 상담자 윤리규정 및 행동규범(Ethical Principles of Psychologists and Code of Conduct, 이후 윤리강령)에서도 심리적 서비스에 대한 적절한 기록의 유지와 관리를 요구한다. 기록의 성질 및 범위는 그 심리적 서비스의 목적과 환경에 좌우되기 때문에 상담자들은 자신이 속한 특정한 전문적 맥락과 책임범위에서 올바른 기록관리를 위해 법과 윤리적 요구사항을 알아야 한다. 하지만 이 지침서는 이러한 요구사항을 완전히 서술하거나, 법적 조언을 제공하기 위한 것은 아님을 밝힌다.

상담 계획, 제공되는 서비스와 내담자에 관한 기록은 내담자(client)[1]와 상담자 모두에게 도움이 된다. 상담 계획 및 상담과정에 관한 기록을 작성하고 보관함으로써 상담자는 자신의 일을 모니터링 할 수 있다. 특히 내담자와 접촉했던 공백기간이 길거나 내담자들이 다른 전문가를 찾는 경우 기록은 더욱 중요해질 수 있다. 또한 기록은 법적 · 윤리적 소송 문제가 발생했을 경우 내담자와 상담

1) client란 용어는 심리적 서비스(심리치료)를 받는 아동이나 청소년, 어른, 노년층, 가족, 집단, 기관, 공동체 또는 다른 집단을 의미한다. 비록 내담자(client)와 서비스를 받는 사람(service recipient)이 반드시 같은 존재(APA Ethics Code, Standard 3.07)가 아닐 수 있으나, 일반적으로 client는 서비스를 받는 사람을 말한다.

자 양쪽을 보호해 준다. 상담기록은 일반적으로 상담서비스에 대한 제3자의 비용지불(third-party reimbursement)에 있어서 필수적이다.

기록관리 과정에서는 특정 전문적 맥락에서의 요구사항들뿐 아니라 법률 요건과 윤리규범, 다른 외부 제약들도 고려해야 한다. 어떤 상황에서는 하나의 고려사항이 그 외의 사항과는 다른 행동을 요구할 수 있는데, 그 사이의 균형을 맞추는 것은 상담자의 몫이다. 이 지침서는 이러한 상황에서 상담자의 결정을 돕기 위한 것이다.

지침서와 언어의 사용

심리적 서비스는 여러 잠재적인 내담자들(potential clients)을 위해 광범위한 환경에 적용될 수 있다. 이 지침서는 서비스(즉, 평가, 진단, 예방, 치료, 심리요법, 상담 등) 제공자들에게 전반적인 안내를 제공하기 위해 씌어졌다. 지침서를 일부 영역(즉, 산업조직, 컨설팅)으로 확대시킬 때 비록 같은 원칙 중 일부는 유용할 수 있지만, 아마 어느 정도는 수정이 필요할 것이다.

지침서(guidelines)란 상담자의 전문적인 태도와 노력, 행동을 제시하고 권고하기 위한 글이다. 지침서는 의무적이고 강제적인 체계를 동반할 수 있는 규범과는 달리, 그저 더 나은 결과를 위해 자율적으로 사용된다. 이는 상담자들에게 그 방면의 지속적 · 조직적인 개발과 수준 높은 업무수행을 용이하게 하기 위함이지, 모든 전문적인 상황마다 의무적으로 철저히 적용하기 위함은 아니다. 이 지침서는 확정적인 것도 아니며, 이를 상담자들의 결정보다도 우선하려는 의도도 없다.

이 지침서는 상담기록관리와 관련된 적절한 행동방침 및 실천을 위한 일반적인 틀을 제공하기 위해 마련되었다. 기록관리 과정은 윤리규범과 법, 규제사항들에 의해 통제된다. 이 지침서에서, 특히 윤리규범과 법의 의무 조항을 기반으로 하고 있는 특정 지침에는 더욱 지시적인 언어가 사용되었다. 그러나 일부 영역은 강제적인 규범 및 규정에 적시되지 않았다. 여기에는 더 자율적인 언어가 씌어졌다. 이 문서는 상담자들이 자신의 기록관리 방침이나 절차를 확립하는 데 도움을 주고 안내하기 위한 것이다.

APA 규정은 일반적으로 각 기관의 기록관리지침서의 필요성을 확립하는 기초가 된다. 또한 지침서의 진술에 근거한 각 기관의 기록관리 경험을 기술한 문헌들에 의해 이 규정은 타당화되는 것이 필요하다. 하지만 정확한 경험에 의거한 자세한 문헌은 찾기 어렵다. 따라서 이 지침들은 우선적으로, 이 문서의 개발에 사용된 윤리적 · 법적 요구사항을 검토하는 APA 전문가위원회(APA Board of Professional Affairs, 이후 BPA)와 전문가실무기준협회(Committee on Professional Practice and Standards, 이후 COPPS)의 APA 규정을 기반으로 한다.

주의 법 및 연방법과의 상호작용

각 주의 법과 연방법 및 규정들은 심리학적 기록들의 관리를 통제한다. 이 지침서에서는 최대한 법, 규정들과 대체로 일맥상통한 지침들을 제공하려 노력한다. 이 지침서와 어느 주의 법 및 연방법, 규정들이 상충하는 일이 생길 경우, 법과 규정이 지침서보다 우선한다. 상담자들은 관련 문제를 확인하고 법과 윤리적 규정을 모두 준수하는 방식으로 갈등을 해결하기 위해 자신들의 교육과 훈련을 동원할 것이다.

HIPAA

1996년 「건강보험양도 및 책임에 관한 법(Health Insurance Portability and Accountability Act, 이후 HIPAA)」의 적용을 받는 상담자들은 HIPAA의 보안규칙과 개인정보 보호규칙(HIPAA Administrative Simplification, Regulation Text, 45 CFR Parts 160, 162와 164를 참조; 미국 보건인권청, 2006)하에 확실한 기록관리 요구사항과 고려사항들에 대해 잘 알아야 한다. 이 지침서에는 기록관리에 영향을 미치는 HIPAA 요구사항 및 고려사항들이 명시된다. 그러나 HIPAA 규정 준수를 위한 요구사항들의 자세한 범위까지는 이 문서에서 다루고 있지 않다.

HIPAA와 관련된 규정과 설명은 아마도 이 지침서가 유효한 한 계속해서 바뀔 것이다. 그러므로 상담자들을 위한 HIPAA 정책에 관한 다른 정보를 참고하는 것을 권장하는 바다.[2)]

만 료

이 지침서는 2007년 2월 16일(APA 대표위원회에서 채택된 날)로부터 10년 후에 만료(Expiration)되도록 되어 있다. 이 날짜 이후, 이용자들은 이 문서의 유효성 여부를 알기 위해 APA 실무위원회에 문의할 수 있다.

배 경

1988년 APA의 BPA는 이 지침서가 상담자들을 위한 기록관리에 있어서 유용한지를 COPPS에서 확인하도록 요청했다. 그리고 상담자들과의 인터뷰를 통해 지침서의 유용성을 증명하였다. COPPS는 상담기록관리와 연관된 주 법률과 규정들을 조사하고, 관련 영역에서 분명하지 않은 부분이 어떤 것인지를 확인하였다. 조사결과를 기반으로, BPA는 COPPS에서 기록관리지침서(COPPS, 1993)를 만들도록 지시했고, 이는 이후에 APA 규정으로 채택되었다.

BPA는 오랜 시간 동안 지침들을 검토하는 과정에서 지침의 관련성과 적용범위를 확실히 하기 위해, 전자통신매체와 같은 급격히 변화하는 기술들로 인해 생겨나는 새로운 문제들에 대해서는 다루지 않을 것임을 결정하였다. HIPAA가 상담기록관리와 깊이 관련되어 있음을 분명히 했다. 특히 HIPAA의 개인정보 보호규칙과 보안규칙은 의학 및 정신건강 기록의 개발, 유지, 보존, 안전과 관련이 있다. 이를 고려하여 BPA는 COPPS에 기록관리지침서를 개정하

---

2) 상담자들을 위한 HIPAA에 관련된 자료들과 HIPAA 규정 준수에 대한 것은, 단독으로든 APA Insurance Trust(APA Practice Organization & APA Insurance Trust, 2002)와 협력하여, 미국 보건성과 인권청(OCR) 웹사이트(www.hhs.gov/ocr/hipaa/), APA Practice Organization(2003, 2005)에서 작성된 문서들로 확인할 수 있다.

도록 하였다.

COPPS는 APA 회원의 현재 지침서에 대한 경험을 평가하였다. 1993년 기록관리지침서는 개정 가능성을 감안하여 회원들과 대중의 반응을 보기 위해 APA 웹사이트에 게재되었다. APA 모니터(APA Monitor: 미국심리학회에서 발간되는 월간소식지)에는 지침서에 대한 논평이 실렸고, 이후 주정부와 지방 및 상담심리 단체와 APA의 각 부서에도 널리 퍼졌다. COPPS는 현재 통용되는 기록관리에 대한 전문서적들을 조사했다. 1993년 기록관리지침서 개발 이후 폭넓게 수정된 윤리강령(APA, 2002b) 관련 조항들은, 정신건강전문직의 윤리강령과 관련 규정들과 비교하여 정밀히 검토되었다. 또한 COPPS는 HIPAA를 포함해 현재 연방법과 주의 법, 규정들과도 어떤 관계가 있는지 살펴보았다. COPPS는 APA 법률통제사무국(Practice Directorate Legal and Regulatory Affairs Office)와 APA 윤리국(Ethics Office)에 의해 회원들에게서 받은 기록관리 업무에 대한 질문들을 검토하였다. 대부분의 질문들이 기록의 내용과 기록관리 및 유지, 전자기록 등 급속히 변화하고 있는 기록관리에 관한 주의 법과 연방법의 요구사항들을 준수하는 것에 관한 내용이었다. 결국 APA는 규정들의 논리 구성에 있어서 일관성을 유지하기 위해 다른 APA의 업무 지침서들을 검토했다.

제안된 개정판 시안을 작성한 뒤, COPPS는 APA 윤리 및 법률사무소(APA Ethics and Legal offices)에서 조언을 구하고, 법인조직의 의견들을 반영하였다. BPA는 의견수렴요청서 시안을 검토하고 승인했다. 의견수렴요청서에서 얻은 조언은 APA 부서와 개별 회원들에게서 받은 것이었다. 2004년 7월 30일과 2006년 8월 11일, COPPS는 APA 회원들의 조언을 구하였으며 그 결과를 APA 연차대회에서 발표했다. 비평과 권고사항은 COPPS에 받아들여졌고, 개정된 시안은 2006년 11월 9일 BPA에 제출되었다. BPA는 시안에 대해 원칙적으로 동의하고, 2006년 12월 8~9일에 열린 회의에서 이사회 승인 안건으로 제출되어 이사회의 승인을 받았다. COPPS는 시안을 추가 수정하고 BAP에서 제안한 변경사항도 포함시켰다. 최종 시안의 승인을 얻기 위해 2007년 2월에 열린 회의에서 위원회에 회부되었고, 2007년 2월 16일에 통과되었다.

지침서

지침 1. 기록에 대한 책임

상담자는 자신의 상담기록의 유지와 보유에 대한 책임이 있다.

이유

상담자는 기록을 유지하고 개발하는 데에 전문적 · 윤리적 책임이 있다(윤리강령, Standard 6.01). 상담자의 기록은 곧 그들의 전문적 업무의 반영이자 기록이다. 몇몇 상황에서 그 기록은 상담자와 타인에게, 당시에 왜 그러한 조치를 취했는지 설명할 수 있는 유일한 방법이 된다. 따라서 상담자는 기록을 통해 양질의 전문적인 상담을 지속하기를 원한다. 만일 상담자가 상담과 계산 청구에 관련한 질문을 받을 때 정확한 기록은 상당한 도움이 된다.

적용

상담자는 상담과정과 내담자에 관한 기록을 수월하고 정확하게 기입하려 노력한다. 상담자들은 상담자와 그에 권한을 갖는 다른 사람들의 편의에 맞게 기록을 일관되게 정리하도록 권유된다. 상담자들은 기록을 다루는 사무실 직원과 건물 직원이 고객의 비밀정보관리(윤리강령, Standards 2.05 그리고 6.02)와 관련된 윤리적 · 법적 기준을 잘 알고 준수하기 위해 적절히 훈련되었는지 확인한다. 상담자는 윤리강령에 부합하도록 상담을 제공하는 기관의 방침에 따라 내담자의 기록들을 관리한다. 기관의 정책 및 절차와 윤리강령 사이에 갈등이 발생할 경우, 상담자는 윤리강령(Standard 1.03)에 명시된 대로 충돌의 원인을 찾아 가능한 윤리강령을 유지하는 선에서 적절히 해결하도록 한다.

지침 2. 기록의 내용

상담자는 자신의 관할 지역에서 요구되는 바에 따라, 현재 일어나는 일에 대해(current), 정확하고(accurate), 적절한(pertinent) 상담기록을 유지하려 노력하고 있다. 기록에는 심리상담의 성격 · 전달 · 과정과 결과 등의 정보, 또한 그와 관련된 비용에 관한 내용이 포함된다.

이유

윤리강령(Standard 6.01)은 왜 상담자들이 기록을 만들고 유지해야 하는지 그 이유를 제시했다. 윤리강령에 근거하여, 상담자는 다음과 같은 이유에 따라 상담기록에 무엇이 필요하지 결정한다. 첫째, 좋은 상담서비스를 제공하고, 둘째, 상담서비스 전달에 있어서 공동 전문가들을 지원하고, 셋째, 상담자의 부상, 장애, 죽음 또는 상담자 변경의 경우에도 전문 서비스의 지속성을 보장하며, 넷째, 필요한 기록관리나 교육을 제공하고, 다섯째, 상환 및 계약, 법률에 따른 행정적 요구와 관련된 문서를 제공하고, 여섯째, 특히 중대한 상황에서 의사결정을 효율적으로 기록하고, 일곱째, 상담자들이 법률 및 규제상 항의에 효과적으로 대응할 수 있게 하기 위해 어떤 기록이 필요한지 결정한다.

적용

상담자는 기록 내용을 정할 때, 심리상담의 성격, 기록된 정보의 출처, 기록의 사용 의도, 상담자의 전문적인 의무 등의 요소들을 고려한다. 병원, 진료소, 교도소, 연구단체에서는 기록의 양식, 기록되어야 할 자료, 기록의 생산기간을 규정하여 의무화한다. 상담자는 오직 서비스를 제공하는 그 목적(윤리강령, Standard 4.04)과 밀접한 관련이 있는 정보들만 포함시키려 노력한다. 상담자들은 내담자의 기록에 사용되는 언어(예: 모욕적 단어들, 병리적 언어)가 끼치는 잠재적 영향력에 대해 민감해야 한다.

얼마나 상세하게 기록할 것인가에 대한 고려

상담자는 상담내용을 얼마나 자세히 기록할지를 결정한다. 상담자는 내담자를 보호하는 것과 법적 · 윤리적 요구사항과 위험 요소 사이에서 적절한 균형을 이루도록 한다. 만일 기록을 요구 받을 경우, 애매모호한 용어로 기록된 정보로는 충분하지 않을 수 있다(예: 치료의 지속성, 범죄와 업무상 과실 및 각 주의 면허인가 위원회의 항의로부터의 방어 등). 그러나 일부 내담자들은 상담자가 최소한의 기록만을 가지고 사생활과 정보에 대해 최대한 보호해 주길 바랄 수 있다. 물론 최소한의 기록만을 관리한다면, 기록관리에 있어서 고생도 덜하고, 의도치 않은 사실이 폭로될 염려도 어느 정도 없앨 수 있다. 하지만 기록을 상세하게 남기는 것이 필요하다는 타당한 이유가 있는 주장도 제기되고 있다. 치료제공자가 치료적 상호작용의 경향이나 패턴을 잘 알 수 있도록 해 주고, 소송관련 문제가 생겼을 때 이용할 수 있도록 치료의 상세한 부분을 재현해 주며, 관리와 상담을 더욱 효과적으로 제공할 수 있다는 점이다.

내담자의 소망　여러 가지 이유로, 내담자들은 한정된 치료 기록들만이 유지되기를 바랄 수 있다. 어떤 경우에는 내담자가 매우 제한적인 기록만 남기도록 요구할 수 있는데, 이때 상담자는 과연 그러한 조건에서 상담을 지속할 것인지를 판단해야 한다.

긴급/재난구조환경　상담자가 위기중재서비스(crisis intervention services)를 제공할 때 작성되는 기록들은 다른 때보다 충실하지 못할 수 있다. 상담자는 기록에 관해서 감독기관의 안내를 받을 것이다. 예를 들어, 재난구조기관들은 최소한의 신분확인정보, 서비스 데이터, 제공된 서비스의 대략적인 개요, 서비스 제공자(기관)에 대한 것만 기록으로 남기도록 요구할 수도 있다. 단기간에 제공되는 서비스나 위급 상황에서는 자세한 기록들을 남기기 여의치 않을 수 있다. 비행기 추락이나 허리케인과 같은 재난구조 상황에서는 현장에서 필요한 간결한 조치만 취할 뿐, 그리 자세한 것까지 기록하는 것은 사건 이후라 해도 불가능할지도 모른다는 것이다.

기록의 변경과 파기　많은 법규와 규정, 증거 관련 규칙에서는 한번 기록된 정보를 변경하거나 없애는 것을 금지하고 있다. 소송의 맥락에서 보면, 법정 요구에 따라 소환되거나 필요로 할 때 기록이 변경되거나 제거되었을 경우, 상담자에게 그 책임을 물을 수 있다. 상담자들은 기존 기록을 변경하기 전에 그와 관련된 주의 법 및 연방법에 자문을 구해야 한다. 또한 그러한 변경에 대한 기록들을 작성해 두어야 한다.

법률/제도 몇몇 법률과 규정에서는 특정 정보를 포함하도록 강제하거나 혹은 특정 정보를 제외시키는 것을 금지하기도 한다. 숨겨진 유년기록(juvenile records)과 HIV(에이즈) 검사 결과를 참고하는 것이 금지되어 있는 기록관리 규칙이 있다. 약물의존 치료에 관한 정보의 공개를 요구하는 법률도 그 예다. 상담자는 기록 세부사항을 결정할 때, 앞과 같은 법규와 규정들에 주의를 기울여야 한다.

기관/환경 상담자들은 기록의 세부 사항을 결정함에 있어서 상담기관의 규정과 제도를 참고하도록 한다(지침 10 참조).

제3자 계약(Third-party contracts) 상담자는 그리 상세하지 않은 기록을 가지고 있을 때, 제3자 지불인과의 계약에서 벗어나는지 살핀다. 대부분의 제3자 지불인과의 계약에는 기록에 구체적 정보가 요구된다. 상담자가 이에 서명하고도, 지불인과의 계약을 준수하지 않는다면 상담자는 불리한 상황에 처하게 된다(예: 이전에 받은 비용의 상환이나 법적 조치).

심리 상담 기록은 다음 세 가지 종류의 정보를 포함할 수 있다.

내담자 파일의 정보

- 식별 정보(예: 이름, 내담자 고유번호)
- 연락처(예: 전화번호, 주소, 가까운 친척)
- 비용과 요금 정보
- 적절한 후견인 및 보호자의 상태
- 치료에 대한 사전 동의 및 승인 문서(윤리강령, Standard 3.10)
- 비밀포기각서와 정보공개 동의 및 승인 문서(윤리강령, Standard 4.05)
- 공개 의무화된 비밀 정보(예: 아동학대 고발, 법원명령 후 석방_release sec-

ondary to a court order) 제출

- 질병과 진단관련 기록의 제출 및 상담 요청의 이유를 제시
- 알맞게 상담을 갱신할 계획(예: 치료 계획, 관리 계획, 개입 일정, 지역사회 개입_community interventions, 상담계약)
- 건강 및 발달 이력

각 내담자와의 실질적인 접촉을 위한 정보

- 상담 날짜와 회기 기간
- 상담 유형(예: 상담, 평가, 치료, 교육)
- 전문적 중재 및 접촉의 방식(예: 치료법, 소개, 편지, 이메일, 전화 접촉)
- 내담자에 대한 공식적 · 비공식적 평가

상황에 따라 다른 특정 정보

- 전문적 중재에 대한 내담자의 응답 및 반응
- 자기 자신이나 타인에 대한 위험성과 관련된 현재 위험요소들
- 사용된 다른 치료방법들(약물치료, 생체 자기 제어 치료)
- 긴급 조정(예: 특별히 조정된 세션, 입원 등)
- 향후 개입 계획
- 상담자와 내담자의 상호작용에 있어서 질적인 정도(상담내용의 깊이 등)를 언급하는 정보
- 예후(豫後)
- 평가 및 요약 데이터(예: 심리적 테스트, 한정 응답식 면담, 행동평가, 행동일지)
- 다른 전문가와의 상담 또는 위탁
- 상담할 때 사용되는 전화, 우편, 이메일 주소
- 관련 있는 문화적 · 사회정치적 요소들

지침 3. 기록의 비밀유지

상담자는 상담과정에서 알게 된 정보에 대한 비밀보장을 위하여 필요한 합리

적인 체제를 설립하고 유지한다.

이유

기록의 비밀보장은 법과 규정, 윤리적 기준에 의해 통제된다(윤리강령, Standards 4.01 그리고 6.02). 비밀보장은 심리상담 제공에 있어서 대단히 중요하다. 비밀 유지는 내담자의 사생활을 보호하고 심리관련 직종에 대한 신뢰감을 형성한다.

적용

상담자는 내담자들의 비밀을 보호하는 방식으로 기록을 유지한다. 상담자는 자필 및 전자기록의 의도치 않은 공개 및 승인 받지 않은 사항의 폭로를 막기 위한 방법을 개발한다(예: HIPAA, 자격증에 관한 법, 학대에 관한 의무적인 보고). 상담자는 정보공개와 관련된 법률 및 규제 사항들을 하나라도 더 알기 위해 노력한다(예: 어느 사법권 내에서는 정신건강 기록들과 성병 및 약물의존 치료 기록들의 재공개가 금지되어 있다). 상담자들이 사무직이나 테스트 인원을 고용할 때, 윤리강령(Standards 2.05) 규칙에 따라 피고용인이 능숙하게 일을 수행할 수 있도록 그에 적합한 교육과정을 거치도록 한다. 그러므로 상담자는 피고용인들에게 비밀보호의 요구사항과 기록보호를 위한 절차, 관련허가를 받거나 외부의 요구를 받은 상황에서 정보공개에 대한 내용을 교육한다(예: 법에 규정된 기록 및 법원 명령).

어쩌면 상담자들은 누가 기록에 접근해야 하는지 분명하지 않은 상황을 겪게 될 수 있다. 예를 들어, 부모의 이혼 후 치료를 받는 아이들의 경우에 아이의 부모가 다른 한쪽 부모에게 상담기록이 비밀로 유지되길 바랄 수 있다. 또 아직 어린 나이의 청소년이 부모나 보호자에게 상담기록이 비밀로 유지되기를 바랄 수도 있다. 미성년자는 치료(예: 임신 문제) 동의에 대한 법적 권리를 갖지만, 그럼에도 부모가 상담기록에 접근할 수 있도록 계속 요구하는 경우도 있다. 상담자는 윤리강령(법적으로 금하지 않는 한, 내담자를 대신하여 법적 권한을 가진 사람에게 정보를 공개할 수 있다; 윤리강령, Standard 4.05)과 문제관련 주정부의 법 및 연방 규정을 따르도록 한다. 결혼 해체 후, 상담자들은 부모 중 한쪽이 기록의 공개를 원하지 않는 경우 그 부모 중 다른 한쪽에 공개해야 할지 어떨지 분명하지 않은 상황에서는, 법원에서 이미 아이의 진료 기록에 접근할 수 있는 사람을 지정해 놓았는지 알아보아야 한다.

지침 4. 기록관리 과정의 공개

적절한 시기에 상담자가 내담자에게 기록관리 과정의 성격과 그 범위를 알린다(비밀보장의 예외조항도 포함; 윤리강령, Standard 4.02).

이유

사전 동의는 전문 심리상담 절차(윤리강령, Standard 3.10, 8.02, 9.03, 10.01)에 있어서 윤리적 · 법적 기반이 되는 부분이고, 기록관리 절차 공개는 그 과정의 일부라 할 수 있다.

적용

APA의 윤리강령에 따라 상담자들은 상황에 맞게 전문적 상담관계를 시작하기 전에 사전 동의를 얻고 기록한다. 어떻게 기록이 유지되는지 내담자가 알기를 원하거나 기록을 필요로 할 것으로 예상될 때 기록관리 절차가 공개될 수 있다. 이는 특히 기록관리 절차가 비밀유지에 영향을 미치거나 내담자가 기록유지에 대해서 요구된 절차와는 다른 기대를 가지고 있을 경우 더욱 중요하다.

기록이 유지되는 방식은 내담자가 예상치 못한 방식으로 내담자에게 잠재적으로 영향을 미칠 수 있다. 상담자들은 이러한 상황에 대해서 내담자에게 미리 알려 주는 게 좋다. 예를 들어, 어떤 의료 환경에서 내담자 기록은 기관 직원들 대부분이 볼 수 있는 전자기록의 일부가 될 수 있다(지침 10 참조). 어떤 교육적 환경에서는 기관 및 주, 연방 규정이 기록관리 절차에 영향을 끼쳐서, 학교 상담 기록에 접근할 수 있는 사람들의 범위가 확대될 수도 있다.

상담자가 내담자 기록에 대해 정보공개를 위한 적절한 허가를 받는다면, 사람들은 상담자 및 내담자의 동의 없이도 얼마든지 그 내용을 배포할 수 있다. 상담자는 상담 초기나 기록을 공개해도 좋다는 동의가 떨어지기 전에 이러한 가능성을 내담자에게 알리기를 원할지도 모른다. 예를 들어, 소송 상황에서 정보가 공개된 후에 기록이 공개 부문에 들어가 버려서 누구나 접근 가능해질 수도 있다. 원치 않은 재공개가 일어날 수 있는 또 다른 예로는, 내담자의 요청으로 그러한 기록을 다룰 다른 치료 전문가에게 기록이 보내졌을 때다. 기록을 보낸 이후에는 더 이상 그 통제권이 그것을 보낸 상담자에게 있지 않기 때문이다.

지침 5. 기록의 유지

상담자는 기록의 정확성을 보장할 수 있도록 기록을 유지하고 기록관리를 체계화하며, 상담자 및 다른 사람들이 합법적인 절차를 통해 기록을 이용하기 쉽게 하기 위해 노력한다.

이유

심리상담기록의 이용가능성은 기록의 체계적인 업데이트와 기록관리의 논리적 체계화에 의해 좌우된다. 내담자 기록을 빈틈없이 정확하게 남기게 하고 효율적으로 검색할 수 있게 한다면 내담자에게도 유용함은 물론이고, 상담 진행과 개입과정을 상담자가 지켜볼 수 있게 될 것이다. 상담자가 사망하거나 어떠한 장애를 겪게 되거나 예기치 않게 다른 전문가가 내담자를 담당하게 될 경우, 정확하게 잘 정리된 최신 기록들은 내담자를 지속적으로 관리할 수 있게 할 것이다(지침 13 참조).

적용

상담자는 내담자에게 제공되는 상담을 돌아보고 내담자의 상태에 맞춰 바꿔가기 위해 현재의 기록을 최근 것으로 갱신해 나가야 한다. 그렇기에 상담자는 기록을 보관하고 검색할 수 있도록 정리하기 위해 여러 방법을 동원할 수 있다. 그 가운데 일관성과 논리성을 반영할 수 있는 방법들이 가장 유용할 것이다. 예를 들어, 파일 라벨링 시스템(a logical file labeling system)은 기록검색 및 복구에 편리하다. 상담자는 내담자 파일을 둘 이상으로 나누려 할 수도 있다.

HIPAA에 의해 규정된 심리상담기록은 반드시 다른 기록들과는 따로 보관하게 되어 있다. 다른 전문가들과 공유하는 내담자 정보는 따로 다른 섹션에 보관될 것이다. 또한 상담자는 자료를 체계화하고 편리하게 이용할 수 있게 내담자 본인, 혹은 내담자의 가족 및 이전 상담자와 같은 제3자에게서 얻은 자료를 위한 추가적인 섹션을 만들 수 있다. 여기에는 행동평가 및 기록들(behavioral ratings or logs), 메모, 일기, 내담자의 자녀에게서 받은 편지, 사진 및 비디오, 연하장 같은 것도 포함될 수 있다. 심리검사 자료는 공개되기 전에, 파일 중에서 따로 묶어 지정한 부분을 주의 깊게 숙고한 후 공개 여부를 결정하기 위해 충분히 검토할 필요가 있다.

특별히 신경 써야 할 부분은, 내담자 기록에 포함되어 있던 자료가 재공개되는 것이다. 요청과 동의를 받고서 상담자가 내담자 기록을 공개했을 때, 상담자는 현재 기록에 포함된 내담자의 과거 상담자의 기록도 함께 공개해야 하는가에 대해 의문을 갖는다. 상담자는 상황에 따라 심리치료노트(psychotherapy notes)[3]에 대한 HIPAA 규정, 요청된 기록의 범위, 내담자의 의견을 고려해야 한다. 예를 들어, 상담자가 내담자에 대한 의견형성에 근거가 된 '모든 기록들'을 제출하라는 소환장[4]을 받은 경우, 보통 제3자 정보가 포함된 기록들까지도 모두 공개해야 한다. 그럼에도 불구하고, 상담자는 이러한 기록요청에 대해 내담자에게 사전에 알림으로써 그에 대한 이의 제기를 할 만한 충분한 시간도 가질 수 있다.

지침 6. 보안

기록이 무단접근, 훼손, 파기로부터 안전하도록 상담자는 적절한 절차를 거쳐야 한다.

---

3) HIPAA 개인정보 보호규정(개인 식별 의료정보의 프라이버시 기준, 2002) 참조.

4) "Strategies for Private Practitioners Coping With Subpoenas or Compelled Testimony for Client Records or Test Data" 참조(APA, Committee on Legal Issues, 2006, or http://content.apa.org/journals/pro/37/2/215.pdf).

이유

상담자는 내담자의 사생활을 존중하고 비밀을 유지한다(윤리강령, 원칙 E). 적절한 보안 절차는 기록에 대한 무단접근이나 기록의 손실로 인해 내담자와 상담자 양쪽에게 심각한 문제가 생기지 않도록 보호한다.[5] 어떠한 방식으로든 정보의 유출을 막고 기록을 보호하기 위해 기록에 대한 접근이 제한된다. 기술의 발달은 상담자들이 기록, 특히 전자기록을 안전하게 지키는 데 큰 도전이 되고 있다(지침 9 참조).

적용

상담자들은 상담의 문서기록과 전자기록의 비밀을 보호하기 위해 철저한 보안 계획을 세운다.[6] 보안 계획에는 기록이 유지되는 매체와 기록에 접근하는 매체, 이 두 가지 요소를 고려한다.

유지 상담자들은 문서기록을 훼손시킬 수 있는 요소(예: 불, 물, 곰팡이, 벌레)로부터 기록을 안전하게 보호할 수 있는 장소에 보관하도록 권장된다. 다른 사고나 자연재해로부터 지킬 수 있게 요약된 기록들을 별도로 복사해서 보관해 둘 수도 있다. 마찬가지로, 자기매체나 다른 전자매체에 저장된 전자기록도 손상을 일으킬 만한 위험 요소(예: 전기장이나 전력과다 및 단전, 바이러스 침투, 해충, 다른 파괴적인 시스템으로 인한 기계적 손상 등)로부터 보호할 필요가 있다. 상담자들은 파일 및 시스템 백업파일, 그리고 별도 저장된 자료를 포함한 전자자료를 보관할 계획을 세운다.

---

5) HIPAA에 따라 전자기록을 보관하는 상담자들을 위해, HIPAA 보안 규칙은 손실의 위험이나 전자기록에 대한 무단접근, 이러한 위험들에 대처하기 위한 자세한 정책 및 절차에 있어서 자세한 분석을 필요로 한다(보안 규칙에 대한 자세한 내용은 health insurance reform: security standards, 2003 참조).

6) 상담자가 HIPAA를 따르고 전자기록을 유지한다면, HIPAA 보안 규칙은 전반적으로 이러한 기록들에 대한 보안 정책 및 절차의 개발을 필요로 할 것이다(보안 규칙에 대한 자세한 내용은 health insurance reform: security standards, 2003 참조).

접근 문서자료의 경우, 사무실이나 창고의 자물쇠 달린 캐비닛이나 컨테이너 보관함에 넣어 잘 잠가 두는 것으로 보안문제를 해결할 수 있다. 전자기록의 경우에는, 보안 절차들을 통해(예: 암호, 방화벽, 데이터 암호화 및 인증시스템) 무단 접근으로부터 전자기록을 보호한다. 법, 규정, 요구사항들 및 윤리규정(예: 윤리강령, Standard 6.02; HIPAA 개인정보 보호규정 및 보안 규칙)과 절차에 따라, 상담자들은 적절히 훈련된 전문가들이나 합법적인 필요에 의해 기록을 찾는 사람들의 접근을 통제한다.

지침 7. 기록의 보존

상담자는 해당 법률과 규정을 인식하고, 법적 · 제도적 · 윤리적으로 요구되는 기간 동안 기록을 보존하기 위해 노력한다.

이유

다양한 상황(예: 내담자, 치료제공자, 법적 절차 등으로 인해 기록이 요구되는 상황)으로 인해 내담자와의 상담이 종료된 후, 상담자에게 내담자의 상담기록 공개가 요청된다. 뿐만 아니라 제공된 상담의 성격 및 내용, 이유에 대한 정보를 가지고 있는 것이 상담자에게 유익하다. 기록을 통해 이전에 제공된 상담의 성격이나 상담 당시 내담자의 심리적 상태와 같은 법적인 쟁점을 확실히 할 수 있기에, 이는 단순히 내담자나 상담자들의 이익만을 위해서가 아니라 효과적으로 법적 분쟁을 해결하고 법을 공정하게 집행할 뿐 아니라 사회의 이익을 위한 것이기도 하다.

적용

특별한 요구사항이 없다면, 상담자들은 내담자가 성인일 경우 그동안 제공된 상담기록들을 상담 마지막 날부터 7년간, 미성년자의 경우엔 성인이 된 시점으로부터 3년간 그 기록을 보관하게 되어 있다. 어떤 상황에서는 상담자가 그 기간보다 더 오랫동안 기록을 가지고 있고 싶어 할 수 있다. 기록을 보유하고 있어서 얻을 만한 잠재적인 유익을 위해, 사생활 유출과 같은 위험부담을 지면서까지 쓸모없는 낡은 정보를 계속 가지고 있을 수도 있다(지침 8 참조).

기록을 계속 보유할지, 폐기할지 결정하기까지 많은 내적 갈등을 겪게 된다. 이 결정은 상담을 받은 사람과 상담자 양자의 비용 및 이득과 관련된 문제다. 상담자와 내담자의 마지막 연락 후 7년 동안 어떠한 이유로 기록이 필요해질지 알 수 없다. 예를 들어, 정신병리 치료의 초기기록은 이후 진단 및 치료에 있어서 유용할지 모른다. 반대로, 기록이 가능한 한 바로 처분되는 게 나은 경우도 있다. 예를 들어, 훗날 내담자가 자신의 미성년자일 적의 행동이 폭로됨으로 인해 모욕을 당하거나 난처한 상황이 생길 수 있다. 또한 기록을 오랜 기간 보유하는 것은 상담자에게 업무상 힘들고 비용도 많이 드는 일이다. 상담자는 기록을 계속 보존할지, 처분할지 결정함에 있어서 신중해야 한다.[7)]

지침 8. 기록의 맥락 유지

상담자는 기록이 만들어진 상황에 따른 맥락, 그 맥락이 기록의 내용에 어떤 영향을 끼치는지 주의를 기울인다.

이유

기록은 내담자들(이전 내담자들을 포함해서)의 삶에 큰 영향을 미칠 수 있다. 때때로 내담자 기록에 있는 정보는 일시적으로 특정한 상황에 따른 맥락(context)에서만 구체적으로 진정한 의미를 나타날 수 있다(예: 상담이 이루어지고 기록이 작성된 그 기간과 상황). 맥락은 계속해서 변화되기 때문에 정보의 연관성과 의미 또한 변할 수 있다. 기록의 맥락을 유지함으로써, 자료의 잘못된 해석 및 사용으로 인해 잘못된 편견이 생기거나 하는 피해로부터 내담자를 보호할 수 있다.

적용

치료나 평가에 대한 내용을 문서로 작성할 때, 상담자는 내담자의 심리적 상

---

7) HIPAA 보안 규정의 적용되는 경우, 이러한 정보들을 포함하는 환자의 전자정보와 장치들의 처분을 위해 특정 요건 및 고려사항들을 설정한다(보안 규칙에 대한 자세한 내용은 health insurance reform: security standards, 2003 참조).

태에 영향을 미칠 수 있는 상황적 요인들에도 주의를 기울여야 한다. 상담자는 주로 어떠한 위기나 큰 외부 스트레스를 안고 있는 사람들을 다루고 평가하게 된다. 스트레스로 인해 내담자는 평소 자신의 심리적 특성과는 다른 행동을 보일 수 있다. 예를 들어, 심각한 학대에 시달리는 아이는 인지력 평가에서 지금 당장은 낮은 지수를 보일 수 있다. 또한 상담자는 정신병리로 인해 폭력적인 모습을 보이는 내담자에 대한 상담기록을 작성할 때, 그 행동의 앞뒤 맥락을 주의해서 기록해야 한다. 상담자는 기록이 작성된 맥락과 관련 정보를 보존하는 방식으로 기록을 생산하고 유지한다.

지침 9. 전자기록

전자기록도 문서기록과 마찬가지로 보안, 무결성, 비밀보장 및 접근통제가 지켜져야 할 뿐 아니라, 해당 법과 윤리적 요구사항에 대한 준수가 이루어지며, 보호되도록 작성되고 유지되어야 한다.

이유

전자적 방식과 매체를 사용하는 상담자는 전자기록을 사용함에 있어, 전자기록만이 갖는 독특한 측면들을 이해해야 한다. 기록의 비밀보장 한계, 기록 보안 방법, 기록의 무결성을 지키기 위한 색다른 시도들이 있음을 알아야 한다. 전자기록을 유지하려는 상담자들은 대부분 전자기록에 따르는 위험에 대한 자세한 분석을 요구하는 HIPAA 보안 규칙의 적용을 받을 것이다. 가령 HIPAA를 따르지 않는다 해도, 위험요소를 분석하는 게 바람직할 것이다. HIPAA 개인정보보호규정 및 보안 기준은 개인 건강 정보가 내담자의 개인정보를 보호하기 위한 방식으로 만들어졌는지 확인하는 것과 같은 사무적인 업무를 전문종사자가 면밀히 조사하는 일에 도움을 준다. 상담정보의 검색이나 상담정보를 보호하는 적절한 방법을 알려 주고, 이러한 숨겨진 정보를 공개하기 위해 필요한 것이 무엇인지를 분명히 해 준다. 이 부분에 대한 논의는 보안 규정에 대한 요구사항 이외의 사항들도 다루고 있다.

상담서비스 전달, 상담료 지불, 기록저장매체 사용 기술이 급속하게 변화하는 것은 상담자로 하여금 어떻게 이러한 매체와 기술을 사용하여 상담기록을 안전하게 유지하는 데 기존의 표준안을 적용할 수 있을지에 대해 고심하게 만든다. 내담자와 이메일로 연락을 주고받을 경우, 상담자들은 전자기록의 안전한 전달 · 보관 · 처분에 대한 문제로 깊이 고민하게 된다. 전자기록은 만들고 전달하고 공유하기는 쉽지만, 비밀정보가 의도치 않게 공개될 위험이 있다.

적용

상담자들은 자신들이 일하는 특정 상황에 맞게 보안 방법들을 개발해 왔다. 기록을 생산하거나 확인할 때 내담자의 사회보장번호보다는 사례식별번호를 사용하고, 온라인 검사방법과 채점체계를 사용한다. 내담자의 상담기록을 보관하기 위한 컴퓨터나 다른 기기, 전자기억장치에는 비밀번호나 암호를 사용할 수 있다.[8] 상담자들은 전자매체를 사용해서 교육과 상담을 진행할 때 발생하는 특정 문제가 무엇인지 알기 위해 힘쓴다.[9]

지침 10. 조직 환경에서의 기록관리

조직 환경(예: 병원, 학교, 공공기관, 교도소)에서 일하는 상담자들은 APA 윤리강령뿐만 아니라, 해당기관 내 기록관리 규정 및 절차를 따르려 노력한다.

이유

기관의 환경마다 기록관리 방식에 차이가 있다. 기관의 기록관리는 다른 방식의 절차와는 상당히 다르다. 조직 환경 속에서 일하는 상담자들은 기관 내의 관습과 정해진 전문적 지침서, 윤리 기준 및 법률 · 규제 사항들 사이에서 갈등을 빚을지 모른다. 게다가 기록의 소유권과 책임에 대해서도 언제나 분명하게 명시되지는 않는다. 보통 다양한 서비스 제공자들이 기록에 접근하여 참여하기 때문이다. 이는 잠재적으로 상담자가 어느 정도 기록과 그 비밀유지에 통제력

8) 독자는 이 문제에 대한 자세한 안내에 있어서 HIPAA 보안 규칙(Security Rule)을 참조할 수 있다.

9) HIPAA 보안 규칙 참조.

을 행사할 것인지에 영향을 준다.

적용

상담자가 기관이나 조직 환경에서 상담했을 경우 기록관리와 관련된 세 가지 주제가 제기된다. 그것은 기관 내외의 요구사항들 간의 갈등, 기록에 대한 소유권, 기록에 대한 접근이다. 상담자는 용인된 기록관리 요구사항 및 지침을 충족시키고 다른 규율의 필요에 따라 기록을 유지하기 위해, 기관 내의 동료에게 자문을 구하기도 한다. 게다가 기관과 관련된 지방 법률, 주의 법 및 연방법, 규정과 기록 유지 관행을 살펴보기도 한다. 기관 내의 규정 및 절차와 윤리강령 간에 마찰이 생길 경우, 상담자들은 그 갈등 원인이 무엇인지를 명확히 하고 관련된 윤리 조항을 밝히고, 가능한 한 그 관련 의식에 따라 갈등을 해결하도록 한다(윤리강령, Standard 1.03).

기록관리의 관례는 상담자가 기관과 맺고 있는 법률관계가 어떠한지에 따라 달라진다. 일부 환경에서는 상담기록의 소유권을 기관이 가지며, 상담자가 기관을 떠날 때 소유권이 이전되지는 않는다. 그러나 기관에 남아 있는 동안에는 기록의 소유권 및 책임이 상담자에게 있다. 그렇기에 상담자로서는 이러한 문제에 대해서는 미리 착오의 여지가 없도록 면밀하게 확인하는 편이 좋다.

보통 기록작성 및 유지 규정에서는 단순히 상담서비스와 관련된 문제뿐 아니라, 그와 관련된 모든 규율의 요구사항들이 반영된다. 심리치료팀이 서비스 전달에 관여함으로써, 아무래도 다른 사람들(예: 의료진, 간호사, 보조원들 및 다른 서비스 제공자들)이 내담자의 기록에 접근하게 되고, 개인 개업 세팅(independent practice settings)보다 더 기록에 대한 접근 폭이 넓어질 수밖에 없다. 그러다 보니 상담자는 기록관리에 있어서 큰 통제력을 발휘하기 힘들어진다. 상담자들은 기록관리에 관한 기관 규정의 개발과 개선을 위해 계속해서 노력해야 한다.

여러 학문 분야에 걸친 학제적 기록은 일반적 상담기록과 동일한 수준의 비밀보장성을 갖추고 있지 않다는 점에 유의해야 한다. 이러한 환경 속에서 일하는 상담자는, 정보에 대한 폭넓은 접근에 대해 민감한 것이 좋다. 만일 기관 내 규칙, 법률 및 규정 요구사항에 의해 허용된 경우, 상담자는 치료 기록과 같은

더욱 민감한 정보들을 별도의 비밀파일에 넣어 보관해도 된다.[10)]

지침 11. 다수의 복합적 내담자를 대상으로 한 상담기록

상담자는 부부와 연인 상담, 가족상담, 집단상담을 할 때, 모든 구성원의 사생활 및 비밀정보 보호를 위해 기록관리 절차에 더욱 주의를 기울여야 한다.

이유

여러 내담자를 상대할 때 기록관리는 더욱 복잡해진다. 왜냐하면 기록에는 내담자 한 명씩 개별적인 정보만 담긴 게 아니기 때문에, 합법적으로 정보를 공개하는 데 있어서 다른 내담자들의 비밀정보도 함께 공개될 수 있기 때문이다.

적용

상담자는 내담자의 개인정보를 보호하면서 합법적인 공개를 용이하게 하기 위한 방식으로 기록을 관리한다. 여러 사람이 관련된 상담인 경우, 우선 기록들마다 그것이 어떤 내담자의 정보인지를 명확히 해야 한다(윤리강령, Standards 10.02 그리고 10.03).

여러 내담자를 상담할 때의 기록관리에는 약간의 우려되는 문제들이 있다. 첫째로, 상담 초기에 내담자의 사전 동의 과정의 일환으로 제공된 정보(윤리강령, Standard 10.02)에는 기록이 어떻게 보관될지(예: 공동으로 혹은 별도로), 누가 정보에 접근할 수 있는지에 대한 내용이 포함될 것이다. 부부와 연인 상담, 가족상담, 집단상담에 대한 기록을 작성함에 있어 상담자는 먼저 그 기록의 주인(내담자)이 누구인지를 명확히 해야 한다. 특히 집단상담의 경우, 모든 내담자들을 위해 완전한 개별 기록을 만들고 유지하는 것이 타당할 것이다. 반면에 내담자

---

10) HIPAA 보안 규칙에 의해 '심리치료 기록'이라 정의된 치료 기록의 보안을 높이기 위해 기록들은 반드시 다른 기록들과는 따로 보관해야 한다. 만일 심리치료 기록에 그 기록을 작성한 상담자만이 접근할 수 있다면, 내담자로부터의 HIPAA complaint authorization이 없을 것이다(개인정보 보호규정과 관련된 세부사항을 보고 싶다면, Standards for Privacy of Individually Identifiable Health information, 2002 참조).

가 부부나 연인 혹은 가족일 경우, 해당 기록이 하나일 수 있다. 이는 실질적인 문제, 윤리적 지침과 제3자 정보제공 요구사항들에 의해 많이 좌우될 것이다. 기록 공개에 있어서는, 추후 요청에 따라 관련 당사자에 의해 공개가 되어야 할 부분만 공개할 필요가 있다. 이 점을 감안할 때, 상담자는 처음부터 각 내담자의 기록을 별도로 보관하도록 해야 할 것이다. 그 외에도 상담자는 여러 내담자들의 정보를 포함한 기록의 공개와 관련된 법률 및 규정 요구사항들을 자세히 알 필요가 있다.

지침 12. 재무 기록

상담자는 재무기록의 정확성을 유지하기 위해 노력한다.

이유

정확하고 완벽한 재무기록 관리는 정확한 청구서를 발부하는 데에 도움이 된다(윤리강령, Standards 6.04 그리고 6.06). 상담료에 대한 합의와 기관의 방침이 고용 전 선별과정이나 재난 시 긴급 상담서비스와 같은 여러 종류의 심리적 서비스에는 필요하지 않지만, 상담서비스의 비용을 문서화하기 시작할 때 유용하게 쓰인다. 정확한 재무기록은 비용 지불자에게 지불의무의 성격을 정해줄 뿐 아니라, 정확히 어떤 서비스에 대한 비용이 청구되었고 지불되었는지를 보여준다. 최신 기록관리를 통해 상담자와 내담자에게 누적 잔액을 알려 주는데, 만일 재무기록에 불확실한 부분이 남아 있다면 상담자와 내담자의 관계에 악영향을 끼칠 것이다.

적용

재무기록에는 제공되는 서비스의 종류와 기간, 내담자의 이름, 상담비용, 비용 합의, 언제 어디서 얼마나 비용이 청구되었는지 등에 대한 내용이 적절히 포함되어 있다. 상담료 합의 및 규정, 계약, 체납액 조정 문제, 고용인 부담에 관한 문제들과 기록정보 수집에 관한 문제에는 많은 주의가 필요하다.

비용 계약 및 비용 정책 상담의 재무기록은 청구비용과 지불계약조건을 알 수 있는 비용 합의 및 규정 내역서부터 시작된다. 기록에는 잠재적으로 누구에게 지불책임이 있는지, 빠졌던 약속들을 어떻게 처리할지에 대한 내용과, 제3자 지급 사전증인 요구사항의 확인, 고용인 부담 및 조정에 대한 동의, 지불일정, 미지급 잔액에서 발생하는 이자, 납부 절차가 진행될 경우 비밀유지의 중단과 재정적 논쟁을 해결할 방법에 대한 내용을 포함한다(윤리강령, Standard 6.04).

물물교환 계약과 비용 거래 물물교환 계약과 비용 거래를 정확히 기록하면 상담자가 어떻게 비용을 지불받았는지에 대한 내용을 확실하게 보여 주는 데 도움이 된다. 그리고 각각의 재무 및 물물교환 거래의 출처, 성격, 날짜를 지정해서 명확히 하면 상담비용을 상품으로 대신할 경우 그 교환을 용이하게 해 준다. 물물교환 계약의 협상에 있어서 상담자가 위치적으로 우위를 차지할 가능성이 있기 때문에, 상세한 설명서는 상담자와 내담자 양쪽을 보호하는 역할을 한다. 이러한 문서는 계약 체결에 있어서 처음부터 합의가 착취적이거나 불법적인 것이 아니라는 것을 반영할 수 있다(윤리강령, Standard 6.05).

균형 조정 제3자 지급인 및 내담자와의 협의 결과에 있어서 어떠한 조정이 있었다면, 그 날짜와 그에 대한 설명 및 이유를 적어 두는 게 좋다. 이는 관계에 영향을 줄 수 있는 잠재적인 오해들을 줄이고, 상호 간의 책임을 확실히 할 수 있다.

수집 상담자들은 정보수집에 들었던 노력 및 수집 서비스를 이용하고 싶은 의도에 대한 내용을 문서에 포함시킬지 고려해 볼 수 있다.

지침 13. 기록의 처분

상담자는 더 이상 자신이 직접적으로 기록을 통제하지 못하고 기록을 처분하려 할 때, 치료의 지속성 · 기록에 대한 적절한 접근을 보장하기 위해 기록 이관을 계획한다. 상담자는 비밀보장성을 유지하고 기록의 복구를 방지할 수 있는

방법을 찾으려 노력한다.[11)]

이유

내담자 기록은 변화의 시점에 특별히 관리되어야 한다(예: 퇴직, 재배치, 죽음). 기록 이전 계획은 윤리강령(Standard 6.02)과 많은 법률 및 규정에서 요구되는 것이다. 이러한 계획은 치료의 지속성과 비밀보장성을 유지하게 한다. 또한 윤리강령(Standards 6.01 그리고 6.02)에서도 상담자들이 비밀을 지키면서 기록을 처분하도록 요구한다.

적용

상담자는 기록의 이관과 폐기, 이 두 가지에 책임을 진다. 장애, 죽음 및 원치 않은 퇴직과 같은 예상치 못한 일에 대비하여, 상담자는 기록의 통제 및 관리를 위해 훈련된 전문가를 배치하거나 혹은 기관에 의해 관련 규정이 만들어지는 등 처분계획이 세워지기를 원할 것이다. 혹은 상담자가 상담을 그만두거나 은퇴하여 업무를 떠나려 계획하기 전에, 비슷한 처리방식이 만들어지거나, 내담자의 기록에 대한 통제와 관리를 유지하길 바랄지도 모른다.

어떤 상황에서는 상담자가 내담자에게 그들의 기록관리에 있어서 변동이 있음을 알릴 방법에 대해 생각한다. 이는 특히 상담을 시작했거나, 최근에 상담을 끝낸 내담자들에게 중요하다. 상담자는 법률 및 규제 요구사항에 따라서, 지역 신문에 올리는 등 기록의 폐기 계획이나, 기록의 보호권 이관과 같은 변화를 주변에 알려야 한다.

기록의 비밀유지에 있어서 고려해야 할 사항들은 기록을 폐기하려 할 때 더욱 중요해진다. 예를 들어, 기록을 분쇄해서 옮길 때, 상담자는 기록의 비밀이 유지되도록 주의해야 한다. 즉, 기록을 폐기처리할 때, 기록 폐기를 책임지는 사람들과 비밀보장 계약을 맺는다. 기록 처분 방식을 고려할 때, 상담자는 기록을 분쇄기에 넣어 복구 불가능하게 만드는 등 여러 방법을 찾는다. 전자기록을 폐

11) HIPAA 보안 규칙 참조.

기할 때는 상담자가 컴퓨터 하드드라이브 및 외부 백업파일 보관기기, 다른 전자기록 저장소를 정리하는 것과 같은, 기록을 완전히 지우는 데에 필요한 기술적인 전문지식을 갖고 있지 않을 수 있기에 더 많은 어려움이 있다. 비록 기록을 지우기 위한 모든 방법을 동원했어도 기록이 완전히 지워지지 않아 그쪽 방면의 전문가들이 기록에 접근할 수 있을지 모른다. 상담자는 관련 매체 전체를 없애거나 기억장치를 깨끗이 비우는 등 전자기록을 폐기하는 적절한 방법을 찾기 위해 기술 전문가의 도움을 요청할 수 있다.[12)]

결 론

이 '기록관리지침서'는 기록의 관리, 유지 및 기록의 처분에 대한 틀을 제공하고 이에 있어서 어떤 내용이 포함되는지를 설명해 준다. 여기에는 전자기록들, 기관 내 기록관리시스템과 여러 내담자가 관련된 특별한 상황들에 대한 내용도 다룬다. 이는 상담자와 내담자가 상담을 지속하고 평가하기 용이하게 하고, 법적 · 윤리적 소송 절차에 있어서 상담자와 내담자를 보호하기 위함이다.

이 지침서는 단순히 연습을 위해서가 아니라, 실제적으로 상이한 여러 문제들을 해결하기 위한 전반적인 개념적 모델 및 전략을 마련하기 위해서 만들어졌다. 전문적인 활동 상황이기에 요구사항은 너무도 다양하고 복잡하다. 각 상황에 맞는 기록 생산 · 관리 · 처분에 대한 자세한 지침서를 만들긴 힘들겠지만, 현재 문서는 여러 전문적 상황에 적용하기에는 더없이 유용한 지침이 될 것이다. 단, 법률 및 규제 규정들과 기준이 있는 경우엔, 이 지침서보다 그 기준들이 우선시된다.

12) 전자기록 파기에 관한 HIPAA 보안 규칙 요구사항 참조.

기록관리지침서 참고문헌

저자는 다음의 참고자료들과 검증된 규정(예: 미국심리학회 윤리규정, HIPAA 규정)에 의거하였으며, 관련된 지침을 제공하는 사람들의 자문을 구했다. 하지만 이는 상담자들이 기록관리에 있어서 최선의 결정을 내릴 때 사용할 수 있는 완전한 목록은 아니며, 의사 결정을 지도하기 위한 총체적인 지식을 대표하기 위해 만들어진 것도 아니다. 다만, 주 및 연방 규정들과 연합하여, 기록관리에 있어서 적절한 틀을 제공하는 토대를 마련한다.

일반 참고문헌

American Psychological Association. (2002a). Criteria for practice guideline development and evaluation. *American Psychologist, 57*, 1048-1051.

American Psychological Association. (2002b). Ethical principles of psychologists and code of conduct. *American Psychologist, 57*, 1060-1073.

American Psychological Association. (2005). Determination and documentation of the need for practice guidelines. *American Psychologist, 60*, 976-978.

American Psychological Association, Committee on Legal Issues. (2006). Strategies for private practitioners coping with subpoenas or compelled testimony for client records or test data. *Professional Psychology: Research and Practice, 37*, 215-222.

American Psychological Association, Committee on Professional Practice and Standards. (1993). Record keeping guidelines. *American Psychologist, 48*, 984-986.

American Psychological Association, Committee on Professional Practice and Standards. (2003). Legal issues in the professional practice of psychology. *Professional Psychology: Research and Practice, 34*, 595-600.

Benefield, H., Ashkanazi, G., & Rozensky, R. H. (2006). Communication and records: HIPAA issues when working in health care settings. *Professional Psychology: Research and Practice, 37*, 273-277.

Falvey, J. E., & Cohen, C. R. (2003). The buck stops here: Documenting clinical supervision. *Clinical Supervisor, 22*, 63-80.

Fisher, C. (2003). *Decoding the ethics code: A practical guide for psychologists*. Thousand Oaks, CA: Sage.

Kennedy, P. F., Vandehey, M., Norman, W. B., & Diekhoff, G. M. (2003). Recommendations for risk-management practices. *Professional Psychology: Research and Practice, 34*, 309-311.

Knapp, S., & VandeCreek, L. (2003a). *A guide to the 2002 revision of the American Psychological Association's ethics code*. Sarasota, FL: Professional Resources Press.

Knapp, S., & VandeCreek, L. (2003b). An overview of the major changes in the 2002 APA Ethics Code. *Professional Psychology: Research and Practice, 34,* 301-308.

Koocher, G. P., & Keith-Spiegel, P. (1998). *Ethics in psychology: Professional standards and cases*. New York: Oxford University Press.

Koocher, G. P., Norcross, J.C., & Hill, S. S., III. (Eds.). (1998). *Psychologist's desk reference*. New York: Oxford University Press.

Luepker, E. T. (2003). *Record keeping in psychotherapy and counseling: Protecting confidentiality and the professional relationship*. New York: Brunner-Routledge.

Merlone, L. (2005). Record keeping and the school counselor. *Professional School Counseling, 8*, 372-376.

Moline, M. E., Williams, G. T., & Austin, K. M. (1998). *Documenting psychotherapy: Essentials for mental health practitioners*. Thousand Oaks, CA: Sage.

Zuckerman, E. (2003). *The paper office* (3rd ed.). New York: Guilford Press.

기록의 내용

Barnett, J. (1999). Documentation: Can you have too much of a good thing? (Or too little?) *Psychotherapy Bulletin, 34*, 19–21.

Fulero, S. M., & Wilbert, J. R. (1988). Record-keeping practices of clinical and counseling psychologists: A survey of practitioners. *Professional Psychology: Research & Practice, 19*, 658–660.

Soisson, E. L., VandeCreek, L., & Knapp, S. (1987). Thorough record keeping: A good defense in a litigious era. *Professional Psychology: Research and Practice, 18*, 498–502.

기록의 폐기

Halloway, J. D. (2003). Professional will: A responsible thing to do. *APA Monitor, 34*, 34–35.

Koocher, G. P. (2003). Ethical and legal issues in professional practice transitions. *Professional Psychology: Research and Practice, 34*, 383–387.

McGee, T. F. (2003). Observations on the retirement of professional psychologists. *Professional Psychology: Research and Practice, 34*, 388–395.

고지에 의한 동의

Pomeranz, A. M., & Handelsman, M. M. (2004). Informed consent revisited: An updated written question format. *Professional Psychology: Research and Practice, 35*, 201–205.

다수 내담자인 경우의 기록

Gustafson, K. E., & McNamara, J. R. (1987). Confidentiality with minors. *Professional Psychology: Research & Practice, 18*, 503–508.

Marsh, D. T., & Magee, R. D. (Eds.). (1997). *Ethical and legal issues in professional practice with families*. New York: Wiley.

Patten, C., Barnett, T., & Houlihan, D. (1991). Ethics in marital and family therapy: A review of the literature. *Professional Psychology: Research and Practice, 22*, 171–175.

Patterson, T. E. (1999). *Couple and family documentation sourcebook*. New

York: Wiley.

기술

Barnett, J. E., & Scheetz, K. (2003). Technological advances and telehealth: Ethics, law, and the practice of psychotherapy. *Psychotherapy: Theory, Research, Practice, Training, 40*, 86-93.

Cartwright, M., Gibbon, P., McDermott, B. M., & Bor, W. (2005). The use of email in a child and adolescent mental health service: Are staff ready? *Journal of Telemedicine and Telecare, 11*, 199-204.

Jacovino, L. (2004). The patient-therapist relationship: Reliable and authentic mental health records in a shared electronic environment. *Psychiatry, Psychology, and Law, 11*, 63-72.

Jerome, L. W., DeLeon, P. H., James, L. C., Folen, R., Earles, J., & Gedney, J. J. (2000). The coming of age of telecommunications in psychological research and practice. *American Psychologist, 55*, 407-421.

McMinn, M. R., Buchanan, T., Ellens, B. M., & Ryan, M. K. (1999). Technology, professional practice, and ethics: Survey findings and implications. *Professional Psychology: Research and Practice, 30*, 165-172.

Murphy, M. J. (2003). Computer technology for office-based psychological practice: Applications and factors affecting adoption. *Psychotherapy: Theory, Research, Practice, Training, 40*, 10-19.

Reed, G. M., McLaughlin, C. J., & Milholland, K. (2000). Ten interdisciplinary principles for professional practice in telehealth: Implications for psychology. *Professional Psychology: Research and Practice, 31*, 170-178.

Salib, J. C., & Murphy, M. J. (2003). Factors associated with technology adoption in private practice settings. *Independent Practitioner, 23*, 72-76.

사생활과 비밀보장

Knapp, S. J., & VandeCreek, L. D. (2006). Confidentiality, privileged communications, and record keeping. In *Practical ethics for psychologists: A positive approach* (pp. 111 –128). Washington, DC: American Psychological Association.

HIPAA 관련 자료

American Psychiatric Association. (2002). *Psychotherapy notes provision of the Health Insurance Portability and Accountability Act* (HIPAA) Privacy Rule: Resource document. Retrieved December 9, 2006, from http://www.psych.org/edu/other_res/lib_archives/archives/200201.pdf

American Psychological Association Practice Organization. (2003). *Getting ready for HIPAA: What you need to know now: A psychologist's guide to the Transaction Rule*. Retrieved December 9, 2006, from http://www.apapractice.org/apo/hipaa/trans.html#

American Psychological Association Practice Organization. (2005). *The HIPAA Security Rule primer*. Retrieved December 9, 2006, from http://www.apapractice.org/apo/hipaa/hipaa_security_rule.html#

American Psychological Association Practice Organization, & American Psychological Association Insurance Trust. (2002). *Getting ready for HIPAA: What you need to know now: A primer for psychologists*. Retrieved December, 9, 2006, from http://www.apapractice.org/apo/hipaa/apapractice.html#

Health Insurance Portability and Accountability Act of 1996, Pub. L. No. 104-191, 110 Stat. 1936 (1996). Retrieved December 9, 2006, from U. S. Department of Health and Human Services, Office for Civil Rights Web site: http://www.hhs.gov/ocr/hipaa

Health Insurance Reform: Security Standards; Final Rule, 45 C.F.R. Parts 160, 162, and 164 (2003). Retrieved December 9, 2006, from http://www.cms.hhs.gov/SecurityStandard/Downloads/securityfinalrule.pdf

Standards for Privacy of Individually Identifiable Health Information; Final Rule, 45 C.F.R. Parts 160 and 164 (2002). Retrieved December 9, 2006, from http://www.hhs.gov/ocr/hipaa/privrulepd.pdf

U. S. Department of Health and Human Services, Office for Civil Rights. (2006). *HIPAA administrative simplification: Regulation text: 45 CFR Parts 160, 162, and 164 (Unofficial version, as amended through February 16, 2006)*. Retrieved December 9, 2006, from http://www.hhs.gov/ocr/AdminSimpRegText.pdf

참고문헌

고기홍(2001). 개인상담 면접기록의 원리와 방법. 학생생활연구, 22. 제주대학교 학생생활연구소.

고향자, 현선미(2008). 청소년 상담의 사전 동의에 관한 고찰. 상담학연구, 9(1), 45-65.

곽호완(2004). 한국어 심리학 용어 정리와 사전 편찬: 인터넷 기반 심리학 사전의 개발. 심리학용어정리위원회 연차학술발표대회 논문집. 423-424.

곽호완(2004). 한국어 심리학 용어 정리와 사전 편찬: 인터넷 기반 심리학 사전의 개발. 한국심리학회 연차학술발표대회 논문집. 423-424.

권경인(2010). 집단상담 슈퍼비전 사례기록 모형 개발. 상담학연구, 11(1), 153-169.

권희영, 김춘경, 이수연, 최웅용(2012). 상담학사전 편찬 연구 2: 거시구조를 중심으로. 상담학연구, 13(6), 2943-2964.

김인규(2004), 상담구조화 내용 및 방법에 대한 고찰. 아시아교육연구, 5(2), 1-15.

김진숙, 강진구(2000). 청소년문제 유형분류체계 개발연구 VII. 청소년상담연구총서. 한국청소년상담원.

김창윤, 정범석, 이철, 한오수(2002). 정신과 전자의무기록 프로그램 개발. 신경정신의학, 41(1), 168-179.

김춘경, 권희영, 정종진, 이윤주, 김계원(2012). 상담학사전 편찬 연구 1: 미시구조를 중심으로, 상담학연구, 13(2). 799-818

서혜란 외(2004). 신뢰성 있는 전자기록관리를 위한 법적 기반에 관한 연구. 한국문헌정보학회지, 38(4), 194-218.

손현동(2007). 현행법에 나타난 학교상담자의 비밀보장과 그 한계 고찰. 청소년상담연구, 15(2), 3-14.

양돈규(2013). 심리학사전. 박학사

유정이, 두경희, 이아라(2014). 상담기록의 필수 목록 개발을 위한 상담전문가의 인식에 대한 델파이 연구. 상담학연구, 15(5), 1647-1667.

이광오(2004). 한국어 심리학 용어 정리와 사전 편찬: 코퍼스 기반 한국어 심리학 사전의 편찬, 한국심리학회 연차학술발표대회 논문집, 421-422

이원규(2002). 한국 기록관리제도의 이해. 서울: 진리탐구.

이원규(2015). 기록관리관련법령. 서울: 선인.

이장호, 최윤미(1992). 상담 사례연구집. 서울: 박영사.

이종범, 정진철, 이건남(2013). 학교생활기록부 진로관련 기록의 작성 · 관리 · 활용 실태 및 개선방안. 농업교육과 인적자원개발, 45(4), 23-52.

이효선(2002). 전문상담기관의 기록관리 방안연구: 한국청소년상담원을 중심으로. 명지대학교 기록과학대학원 석사학위논문.

임미선, 김경환, 김주한, 송명희, 김민정, 김연희(2009). 엄상정보검색(DW), 활용중심의 EMR 서식개발을 통한 의무기록 질 향상. 한국의료QA학회지, 3, 744-746.

정보와 도큐멘테이션 기술 위원회 산하 보존 기록/기록 관리 분과 위원회(2007). KS X ISO 15489-1:2007 문헌정보-기록관리-제1부: 일반사항.

정보와 도큐멘테이션 기술 위원회 산하 보존 기록/기록 관리 분과 위원회(2007). KS X ISO/TR 15489-2:2007 문헌정보-기록관리-제2부: 지침.

정봉교(2004). 한국어 심리학 용어 정리와 사전 편찬: 심리학 학술용어 표준화와 사전편찬, 한국심리학회 연차학술 발표대회 논문집, 419-420

최선, 고유림, 박정은, 신예지, 강민철(2012). 학교상담자 윤리강령에 대한 고찰: 학교상담학회 윤리강령 개정에 대한 제언을 중심으로. 상담학연구, 13(2), 505-524. 한국상담학회.

하혜숙, 조남정(2012). 개인상담 사전 동의에 관한 연구. 상담학연구, 13(3), 1101-1118.

하혜숙, 최은미(2013). 집단상담 사전 동의 형태에 따른 사용실태 비교 연구. 상담학연구, 14(2), 1033-1050.

한국기록관리학회 편(2008). 기록관리론: 증거와 기억의 과학. 서울: 아세아문화사.

한국기록학회(2008). 기록학 용어 사전. 서울: 역사비평사.

한국기록관리학회(2010). 기록관리론: 증거와 기억의 과학. 경기: 아세아문화사.

한국청소년상담원(2000). 청소년문제 유형 분류체계 개발연구 Ⅶ. 부산: 한국청소년상담원.

American Psychological Association. (2007). Record Keeping Guidelines.

Donald, E. W. (2012). *The Psychotherapy Documentation Primer*, John Wiley & Sons.

Hodges, S. (2011). *The Counseling Practicum and Internship Manual: A Resource for Graduate Counseling Student*. Springer Publishing Company.

Hughes, R. S. (2000). Cybercounseling and regulations: Quagmire or quest?, Bloom, J. W., & Walz, G. R. (2000), *Cybercounseling and Cyberlearning: Strategies and resources for the millennium*. Alexandria, VA, US: American Counseling Association.

http://www.zurinstitute.com/recordkeepingguidelines.html, www.zurinstitute.com

Luepker, E. T. (2003). *Record Keeping in Psychotherapy and Counseling: Protecting Confidentiality and the Professional Relationship*. Routledge, N.Y.

Luepker, E. T. (2012). *Record Keeping in Psychotherapy and Counseling: Protecting Confidentiality and the Professional Relationship* (2nd ed.). Routledge, N.Y

Moline, M. E., Williams, G. T., & Austin, K. M. (1998). *Documenting Psychotherapy: Essentials for Mental Health Practitioners*. SAGE Publications, N.Y.

Mitchell, R. W. (2007). *Documentation in Counseling Records*. American Counseling Association.

Pearce-Moses, R. (2005). *A Glossary of Archival and Records Terminology*. Archival Fundamentals Series II, Society of American Archivists, Chicago.

Rivas-Vazquez, R. A., Blais, M. A., Rey, G. J., & Rivas-Vazquez, A. A. (2001). A brief reminder about documenting the psychological consultation. *Professional Psychology: Research and Practice, 32*(2),

194-199.

Rosemary, A. T. (2003). *Counseling Techniques: Improving Relationships with Others, Ourselves, Our Families, and Our Environment.* Taylor & Francis Book, N.Y.

Shepherd, E., & Yeo, G. (2003). *Managing Records: a Handbook of Principles and Practice*. London: Facet Publishing.

Townes, B. L., Wagner, N. N., & Christ, A. (1967). Therapeutic use of psychological reports. *Journal of American Academy of Child Psychiatry, 6*, 698.

Weiger, D. E. (2012). *The Psychotherapy Documentation Primer* (3rd ed.). NJ: John Wiley & Sons.

Wiger. D. E. (2009). *The Clinical Documentation Sourcebook* (4th ed.). NJ: John Wiley & Sons.

Zuckerman, E. L. (2008). *The paper office: Forms, guidelines, and resources.* New York: The Guilford Press.

Zur Institute, Record Keeping Guidelines,

찾아보기

{ 저자 소개 }

유정이(Ryu Jeong-Yi)

서울대학교 사범대학 교육학과 졸업

서울대학교 대학원 교육상담학 석사, 박사

전 삼성그룹 상담실 선임상담원

　 한국청소년상담원 교수

현 안양대학교 교육대학원 상담심리전공 교수

〈주요 저 · 역서〉

한국학교상담사연구(저서, 2006, 한국학술정보)

진로상담이론(공저, 2010, 학지사)

건강한 상담자만이 남을 도울 수 있다(공역, 2003, 학지사)

심리치료의 거장(공역, 2008, 학지사)

상담 및 심리치료의 대인과정접근(공역, 2013, Cengage Learning)

〈저자와의 교신〉

jiryu@anyang.ac.kr

상담기관의 기록관리
Record Keeping in Counseling Institution

2015년 8월 20일 1판 1쇄 인쇄
2015년 8월 31일 1판 1쇄 발행

지은이 • 유정이
펴낸이 • 김진환
펴낸곳 • (주) 학지사
121-838 서울특별시 마포구 양화로 15길 20 마인드월드빌딩
대표전화 • 02)330-5114 팩스 • 02)324-2345
등록번호 • 제313-2006-000265호

홈페이지 • http://www.hakjisa.co.kr
페이스북 • https://www.facebook.com/hakjisa

ISBN 978-89-997-0760-5 93180

정가 20,000원

저자와의 협약으로 인지는 생략합니다.
파본은 구입처에서 교환해 드립니다.

이 도서의 국립중앙도서관 출판시도서목록(CIP)은 서지정보유통지원시스템 홈페이지(http://seoji.nl.go.kr)와 국가자료공동목록시스템(http://www.nl.go.kr/kolisnet)에서 이용하실 수 있습니다.
(CIP제어번호: CIP2015021680)